JOHN KENNETH GALBRAITH

DER GROSSE CRASH 1929

JOHN KENNETH GALBRAITH

DER GROSSE CRASH 1929

URSACHEN
VERLAUF
FOLGEN

FinanzBuch Verlag

Bibliografische Information der Deutschen Bibliothek:
Die Deutsche Bibliothek verzeichnet diese Publikation in der Deutschen Nationalbibliografie; detaillierte bibliografische Daten sind im Internet über **http://dnb.ddb.de** abrufbar.

Die Originalausgabe erschien erstmals 1954 unter dem Titel
The Great Crash 1929 by Houghton Mifflin Company, Boston, USA.

Übersetzung: Dr. Renate Oettinger
Lektorat: Christiane Kauer
Satz/Layout: Judith Wittmann
Druck: Druckerei Joh. Walch, Augsburg

JOHN KENNETH GALBRAITH · DER GROSSE CRASH 1929
Unveränderter Nachdruck 2009 der 4., völlig überarbeiteten Neuauflage
© 2005
FinanzBuch Verlag GmbH
Nymphenburger Straße 86
80636 München
Tel.: 089 651285-0
Fax: 089 652096

Für Fragen und Anregungen:
galbraith@finanzbuchverlag.de

ISBN 978-3-89879-455-8

INHALT

Einleitung

1929 und die Finanzkrise von 2007

von Prof. Dr. Max Otte

John Kenneth Galbraiths (1908–2006) *Der große Crash 1929* gehört zusammen mit Charles Mackays (1814–1889) *Außerordentliche populäre Irrnisse und der Wahnsinn der Massen*[1] und Charles P. Kindlebergers (1910–2003) *Manien, Paniken, Crashs – Die Geschichte der Finanzkrisen dieser Welt*[2] zu den drei großen Klassikern, die über Finanzkrisen geschrieben worden sind. Das faszinierende Buch hat mich seit meinen ersten Studientagen begleitet. Ich besitze zwei Ausgaben – eine aus dem Jahr 1988, die von Galbraith mit einem neuen Vorwort zum Börsencrash von 1987 versehen wurde und die »Neuauflage« aus dem Jahr 1962, die den für mich angenehmen Geruch von altem Papier verströmt, wenn ich sie öffne.

Im Vorwort der 1962er Ausgabe schreibt Galbraith: »Ich habe es nie mehr genossen, ein Buch zu schreiben als dieses; tatsächlich ist es das einzige, bei dem ich das Schreiben in keinerlei Weise als Ar-

1) Charles Macay: Extraordinary Popular Delusions and the Madness of Crowds. London 1852, (Dt.: Zeichen und Wunder – aus den Annalen des Wahns, Frankfurt 2001).

2) Charles P. Kindleberger: Manien, Paniken, Crashs – Die Geschichte der Finanzkrisen dieser Welt, Kulmbach 2001.

beit, sondern als Freude empfand.« Die grotesken Schwindel und Begebenheiten, die er schildert, das Wechselspiel von Leichtgläubigkeit, Euphorie, Panik und Betrug lassen uns heute manchmal schmunzeln. Allerdings entsteht auch ein gewisses Unbehagen. Was sich zunächst in der New Economy und dann mit der Subprime-Krise in der Mitte des ersten Jahrzehnts des neuen Jahrtausends abspielte, beschwört gewisse Déjà-vu-Erlebnisse herauf.

Im Sommer des Jahres 2007 wurde vielen Anlegern schlagartig klar, dass es Börsenzeiten geben kann, in denen nicht der grenzenlose Optimismus herrscht, sondern die Angst. Der Kollaps mehrerer Hedge-Fonds von Sowood Capital und Bear Stearns brachte eine Lawine ins Rollen, deren Ausmaß bis heute noch nicht abzusehen ist. Plötzlich wurde die (be-)trügerische Struktur der amerikanischen Immobilienfinanzierungen und der darauf begründeten Finanzderivate entlarvt, die von Banken und Anlegern in der ganzen Welt gehalten werden. Auch in Europa waren die Folgen dramatisch – der Beinahe-Zusammenbruch der SachsenLB und der IKB Industriekreditbank in Deutschland konnte nur durch massive staatliche Interventionen verhindert werden. Banken begannen, sich untereinander zu misstrauen. Die Zinsen für kurzfristige Kredite stiegen sprunghaft an und das Geld wurde knapp.

Obwohl die Notenbanken eine niemals da gewesene Summe an Geldern in den Markt pumpten – im ersten Jahr nach Ausbruch der Subprime-Krise waren es über eine Billion Dollar – brachen die Börsen massiv ein. Innerhalb eines Jahres stand der DAX um nahezu 30 Prozent tiefer. Die Aktien von großen Banken wie der UBS AG fielen zwischen Sommer 2007 und 2008 um 75 Prozent. Etliche davon wie UBS und Merill Lynch mussten Abschreibungen in zweistelliger Milliardenhöhe vornehmen. Nach dem Kollaps der ersten Hedge-Fonds im Sommer 2007 musste Bear Stearns Anfang 2008 selber vor der Insolvenz gerettet und von JP Morgan übernommen werden. Im Sommer 2008 kam es noch schlimmer: Die Aktien der staatsnahen amerikanischen Immobilienfinanzierer Federal National Mortgage Association (Fannie Mae) und Federal Home Loan Mortgage Corporation (Freddie Mac) fielen um beinahe 90 Prozent. Die Kreditversicherer MBIA und Ambac, auf deren Garantien ein Teil des Finanzsystems aufgebaut war, standen vor der Insolvenz. Auch hier musste der Staat eingreifen. Die Banken misstrauen ihren Gläubigern und auch sich gegenseitig. Kredite werden – wenn überhaupt – nur noch sehr zögerlich vergeben. Die Angst vor dem nächsten Super-GAU der Weltwirtschaft grassiert.[3]

Auf diese Weise kann eine Wirtschaftskrise beginnen. Während ich diese Zeilen schreibe, ist es keinesfalls sicher, dass die Baisse vorüber ist. An anderer Stelle schrieb ich: »Im Boom werden viele, auch schlechte Kredite vergeben, weil Optimismus und Euphorie vorherrschen. Gegen Ende – wenn der Boom in seine manische Phase übergeht – beginnen die Menschen dann zu glauben, dass der Wirtschaftszyklus abgeschafft sei. Das verführt sie dazu, Investitionen mit Geld zu tätigen, das sie nicht haben. Sie investieren in Unternehmen und Wertpapiere, die nur überleben können, wenn sich der Boom endlos fortsetzt. Sie arbeiten für Firmen, die schon eine kleinere Krise umwerfen würde. Ökonomen nennen das ›Fehlallokation von Kapital‹. Je länger sich diese Fehlallokation von Kapital fortsetzt, umso größer muss nachher die Bereinigung ausfallen. Die Investments, Arbeitsplätze und Unternehmen, die nur in einer perfekten Welt existieren können, müssen verschwinden, um Raum für neues, für gesundes Wachstum zu schaffen.«[4]

So ist *Der Große Crash 1929* ein heute wieder hochaktuelles Buch über eine Zeit, in der grenzenloser Optimismus schrittweise durch die Angst abgelöst wurde und die schließlich in der Großen Depression endete. Manche Parallelen zwischen der Zeit vor 1929 und vor 2007 sind schon fast beängstigend. Es lässt sich argumentieren, dass das Beben von 2007 durch die Investmentbank Goldman Sachs ak-

3) Max Otte: Der Crash kommt, Berlin 2008.
4) Max Otte: Der Crash kommt, Berlin 2008, S. 26, 48.

tiv ausgelöst wurde, als diese den hohen Hebel (das Leverage) ihres Hedge-Fonds »Global Alpha« zurückfuhr, der mit schätzungsweise 200 Milliarden Dollar im Markt engagiert war. (Allerdings wäre es sonst später in anderer Form ausgebrochen.) Auch 1929 stand Goldman Sachs mit zwei Investmentvehikeln, der Shenandoah und der Blue Ridge Corporation, im Zentrum der Spekulation. Und sowohl 1929 als auch 2007 fuhr Goldman Sachs beträchtliche Gewinne ein. Allerdings dürfte hier weniger eine Verschwörung vorgelegen haben, wie es einige vermuten, sondern Goldmann Sachs stand in beiden Episoden lediglich an der Spitze eines Systems, das sich insgesamt durch hemmungslosen Spekulationsgeist auszeichnete.

Waren in den Jahren nach der Jahrtausendwende »Hedge-Fonds« und »Private Equity« die Wunderwaffen des Kapitalismus und damit der Börsenspekulation, waren es vor 1929 die so genannten »Investment-Trusts«, börsennotierte Aktiengesellschaften, die gegründet wurden, um ihrerseits andere Unternehmen zu investieren. Bis auf die Rechtsform sehen diese Vehikel alle sehr ähnlich aus. Zwischen 1927 und 1929 nahm das Volumen der in Investment-Trusts investierten Mittel um das Elffache zu. Viele Trusts notierten zu einem Vielfachen des Wertes ihres Aktienportfolios. Galbraith: »Als Eigentum einer Investmentgesellschaft war das Portfolio für den Markt weit mehr wert, denn es war kombiniert mit der wertvollen, wenn auch nicht messbaren Mitwirkung der Finanzgenies.« In den 2000er-Jahren lief es ähnlich. Wenn eine Private-Equity-Gesellschaft in funktionierende Unternehmen investierte, phantasierte man sich ebenfalls massive Wertsteigerungen durch die Genialität der neuen Eigentümer herbei.

Private Equity war zunächst etwas für Wohlhabende. Nach einigen Jahren wurden dann solche Beteiligungen zunehmend auch in kleinerer Stückelung unter das gemeine Volk gebracht, damit auch dieses an der wundersamen Vermehrung des Reichtums teilhaben konnte. Kaum jemand fragte sich nach 2003, warum denn diese hervorragenden Geschäfte nicht von den Wohlhabenden selbst gemacht wurden. Kredite für gute Ideen gab es durch die leichte Geldpolitik der Notenbanken fast unbegrenzt. Der gesunde Menschenverstand sagt, dass irgendwo ein Haken an der Sache ist. Im Übrigen gleichen sich auch hier die Episoden. Schon 1929 hatte John J. Raskob die Idee, einen speziellen Investment-Trust für weniger Wohlhabende zu gründen.

Einen Unterschied gibt es aber doch zwischen den Investment-Trusts der 1920er-Jahre und den Private-Equity-Gesellschaften nach dem Jahr 2000. Wenn ich auch fest davon überzeugt bin, dass sich der Private-Equity-Boom als Blase herausstellen wird, wie damals die Blase der Investment-Trusts, und dass viele Private-Equity-Gesellschaften bereits heute wertlos sind, ist das Kapital der Investoren doch durch langfristige Verträge gebunden. Die Investoren werden also ihren Vermögensverlust nur schrittweise feststellen, was sich stabilisierend auf die Situation auswirkt. Das dennoch viele ihre gesamten, in Private Equity investierten Mittel verlieren werden, steht für mich außer Frage.

Das 1954 entstandene historische Essay *Der große Crash* war keinesfalls eine bloße literarische Fingerübung. Galbraith wollte gegen das Vergessen anschreiben und dazu beitragen, dass eine Katastrophe wie die von 1929 nicht noch einmal passieren konnte: »Der Große Crash von 1929 führte zu einer Implosion der Güternachfrage, setzte zeitweilig die Mechanismen der Kreditmärkte außer Kraft, stoppte das Wirtschaftswachstum und entfremdete unzählige Tausende vom Wirtschaftssystem. Die Ursachen des Crashs lagen alle in der spekulativen Orgie, die vorausging. Diese Orgien finden in bestimmten Intervallen statt, und die Länge der Intervalle hängt mit dem Zeitraum zusammen, den es dauert, bis die Menschen vergessen haben, was früher passiert war. Diejenigen, die diese Zeilen lesen und die Welt um sich herum betrachten, werden gelegentlich bemerken, dass die Erinnerung langsam verblasst. Die Aufgabe des Historikers ist es, die Erinnerung wachzuhalten.«

Zeit seines langen Lebens setzte sich Galbraith für soziale Gerechtigkeit und ein funktionierendes Wirtschaftssystem ein, was ihm in den USA oft den – für Amerikaner schlimmen – Vorwurf einhandelte, ein Sozialist zu sein. Galbraith selbst sah das ganz anders: »Ich bin ein Konservativer und daher geneigt, Gegenmittel für die selbstmörderischen Tendenzen unseres Wirtschaftssystems zu suchen – eine Neigung, die durch eine Verdrehung der Sprache oft als »radikal« bezeichnet wird. Eine dieser zerstörerischen Tendenzen ist die regelmäßig wiederkehrende spekulative Orgie. Sie dient keinerlei nützlichem Zweck. Und sie lenkt das Gewinnstreben von Zwecken, die normalerweise nützlich sind, zu solchen, die extrem schädlich sind.«

Dabei war der 2,05-Meter-Mann keinesfalls ein Sozialist oder Bohemien, sondern aristokratisch in Auftreten und Habitus. In seiner langen beruflichen Laufbahn war der aus Kanada stammende Galbraith Regierungsbeamter und in Washington verantwortlich für die Preiskontrollen im Zweiten Weltkrieg, Mitherausgeber des angesehenen Wirtschaftsmagazins »Fortune«, John F. Kennedys Botschafter in Indien und Vertrauter von Jawaharlal Nehru und Harvard-Professor. Ich traf ihn im April 1992 in Washington bei einem vom American Institute of Contemporary German Studies organisierten Vortrag über das Weltfinanzsystem. Der warme Frühlingstag ist mir noch genau in Erinnerung, da an diesem Tag Hans-Dietrich Genscher seinen Rücktritt als Außenminister der Bundesrepublik Deutschland ankündigte. Der damals 83-jährige Galbraith sprühte vor Humor und treffsicheren Einsichten in das Weltwirtschaftssystem und zog das Publikum vom ersten Augenblick an in seinen Bann. Wie John Maynard Keynes war er ein »Gentleman-Ökonom«, der über den Tellerrand seiner Disziplin hinausblickte und bereit war, seine Ideen in die politische Praxis umzusetzen.

Mit *Der Große Crash* hatte Galbraith nicht die Absicht, eine definitive Abhandlung der Großen Depression vorzulegen. Er setzte sich vielmehr das bescheidenere Ziel, Ursachen, Verlauf und unmittelbare Folgen des Börsenkrachs von 1929 zu analysieren. Seiner Ansicht nach bestand »wenig Zweifel daran, dass die Wirtschaft vor

1929 fundamental nicht gesund war.« Insbesondere in fünf Bereichen sah er Probleme 1. der ungleichen Einkommensverteilung, 2. der schlechten Struktur der Kapitalgesellschaften 3. der schlechten Struktur des Bankensystems 4. der unausgeglichenen Außenhandelsbilanz und 5. dem schlechten Zustand der Wirtschaftswissenschaften sowie den fehlerhaften Empfehlungen, die daraus folgten. Auch bei diesen von Galbraith genannten Ursachen gibt es etliche Parallelen zu den Jahren nach 2005:

1. An erster Stelle führt Galbraith die **ungleiche Einkommens- und Vermögensverteilung** auf. Wenn sich immer mehr Vermögen bei wenigen Haushalten konzentriert, können diese Haushalte ihr Vermögen nicht mehr ausgeben. Ein immer größerer Teil des Einkommens und Vermögens fließt in spekulative Zwecke. Damit wird die Wirtschaft immer krisenanfälliger. (Galbraith definiert »spekulative Anlagen« als solche, bei denen man auf die Wertsteigerung schaut und nicht auf die laufenden Erträge – Miete, Dividende und Zinsen.)

   Nach Galbraith erhielten fünf Prozent aller Haushalte 1929 ungefähr ein Drittel des gesamten Volkseinkommens. Die Einkommen aus Mieten, Zinsen und Dividenden – die im Großen und Ganzen vermögenden Haushalten zuzuordnen sind – waren ungefähr zweimal so hoch wie nach dem Zweiten Weltkrieg, als die Einkommensverteilung gleicher war. Nach mehr als zwanzig Jahren Globalisierung und ungefesselter Marktwirtschaft in den USA verdienten die 6,3 Prozent der Haushalte mit den höchsten Einkommen im Jahr 2004 wieder ungefähr ein Drittel des gesamten Volkseinkommens. Seitdem haben sich die Ungleichheiten verschlimmert, mit der Konsequenz, dass die Einkommen und Vermögen in den USA 2007 extrem ungleich verteilt waren und die Volkswirtschaft damit extrem gefährdet ist.[5]

5) Die offiziellen Statistiken geben dies leider nur verschlüsselt wieder. http://www.census.gov/hhes/www/income/income.html

2. Als zweite Hauptursache sieht Galbraith **die schlechte Struktur der Kapitalgesellschaften** an. Vor 1929 entstanden große Holdinggesellschaften und Investment-Trusts, die ihrerseits in Aktiengesellschaften investierten und so große Investmentpyramiden ermöglichten: Aktien von Holdinggesellschaften, die ihrerseits nichts anderes machten, als in bestehende Aktiengesellschaften zu investiere, konnten an die Börse gebracht werden, um weitere Gelder einzusammeln. Und je weiter sich diese Vehikel von der Realität entfernten, umso mehr konnte die Phantasie blühen.
Kaum etwas wiederholt sich in der Geschichte ganz genau. Aber jedem Crash geht eine Phase der Phantasie voraus – und die Phantasie benötigt ein Vehikel. Vor 1972 waren es die regulären, nach dem Zweiten Weltkrieg die neu entstandenen Aktienfonds, die das Kapital sammelten und wieder investieren. Das führte dazu, dass amerikanische Blue Chips, insbesondere die »Nifty Fifty« mit KGVs von 40 und mehr gehandelt wurden. Von 1965–1982 bewegte sich der Markt dann kaum. Der kurze Crash von 1987 wurde durch die so genannte »Portfolioversicherung« möglich gemacht, bei der es sich nicht um eine Versicherung, sondern eigentlich um eine Hedging-Strategie handelte.[6] Die Vehikel nach dem Jahr 2000 hießen »Verbriefte Produkte«, »Finanzderivate«, »Hedge-Fonds« und »Private Equity«. Viele Hedge- und Private-Equity-Fonds haben in den ersten Jahren des dritten Jahrtausends von der Tatsache Gebrauch gemacht, dass Fremdkapital aufgrund der leichtsinnigen Geldpolitik der Notenbanken leicht und billig zu haben war. Sie konnten sich oder die Unternehmen, die sie kauften, hoch verschulden. Und ein hoher Schuldenstand erhöht die Krisenanfälligkeit.

6) Richard Bookstaber: A Demon of our Own Design – Markets, Hedgefunds and the Perils of Financial Innovation, New York 2007.

3. Verbriefte Produkte und Finanzderivate gehören zur dritten von Galbraith identifizierten Ursache: der **schlechten Struktur des Bankensystems** in den Zwanziger- und Dreißigerjahren. Wenn eine Bank zusammenbrach, wurde das Vermögen anderer Banken eingefroren. Die Gläubiger hatten so eine Vorwarnung und konnten ihr Vermögen aus anderen Banken abziehen, was zu Kettenreaktionen führte. In den ersten sechs Monaten des Jahres 1929 brachen 364 Banken zusammen. Allerdings warnt Galbraith auch davor, alle Schuld den Bankern zuzuschieben: »Nach der Großen Depression wurden die Praktiken der Banken vor dem Crash einer ganzen Generation von Amerikanern als schlechtes Beispiel vorgehalten. Tatsächlich wurden viele dieser Praktiken erst durch die Große Depression schlecht. Kredite, die völlig solide waren, sahen auf einmal völlig unsolide aus, weil die Preise des Kreditnehmers oder seiner Sicherheiten kollabierten. Die Banker gaben sich dem leichtherzigen, optimistischen und unmoralischen Zeitgeist hin, aber nicht mehr als andere.«
   Nach dem Jahr 2000 nahmen die Banken aus meiner Sicht eine ursächliche Rolle bei der Bildung der Blase vor dem Jahr 2007 ein und verhielten sich oftmals äußerst unverantwortlich. Durch die Bündelung und Verbriefung konnten die Emittenten aus sehr schlechten amerikanischen Immobilienkrediten mit Hilfe der Rating-Agenturen erstklassige AAA-Anleihen zaubern, die viele Investoren auf der ganzen Welt in ihre Bücher nahmen. Damit waren die Risiken und schlechten Kredite über die ganze Welt gestreut, ohne dass man sie noch nachverfolgen konnte.
   Um eine einzige solche Anleihe zu bewerten, muss der Gläubiger ca. 300 Prospekte von jeweils ca. 300 Seiten, also 90.000 Seiten, lesen. Es darf gefragt werden, ob sich auch nur ein einziger Käufer dieser Produkte die Mühe gemacht hat, die Prospekte zu studieren. Charakteristisch ist hierbei das Vorwort des ehemaligen Vorstandsvorsitzenden der staatlich geretteten IKB Industriekreditbank in Düsseldorf im Geschäftsbericht des Jahres 2006. Dort

schreibt Ortseifen stolz, dass Verbriefungen und Finanzderivate der dynamischste Geschäftsbereich der Bank seien. Die Erläuterung, was ein staatlich geförderter Industriefinanzierer da zu suchen hat, blieb er schuldig.[7]
Finanzderivate machen mittlerweile das Fünffache des Weltsozialprodukts aus. Niemand kann ein Jahr nach Ausbruch der Krise genau sagen, welche Risiken hier verborgen liegen. US-Superinvestor Warren Buffett berichtet im Geschäftsbericht 2004 davon, wie schwer es war und wie viel Verluste anfielen, bis er die von ihm gekaufte Versicherung General Re aus dem Derivategeschäft gelöst hatte.[8]

4. Die **prekäre Situation der Außenhandelsbilanz**. Wenn Außenhandelsbilanzen unausgeglichen sind, entstehen Auslandsvermögen und korrespondierende Schulden. Bis zu einem gewissen Grad ist es bei Ländern wie bei Privatpersonen sinnvoll, Kredite zu geben und zu nehmen. Wenn allerdings die Ungleichgewichte zu groß werden, ist dies eine Quelle der Instabilität. In den Zwanziger- und Dreißigerjahren des letzten Jahrhunderts wies die Statistik einen Außenhandelsüberschuss für die USA auf. Dieser wurde von den Schuldnern teilweise bar bezahlt, teilweise wurden die Überschüsse aber auch durch Anleihen in den entsprechenden Ländern Lateinamerikas und zu einem geringeren Umfang Europas recycelt, in Lateinamerika teilweise unter Anwendung korrupter Praktiken.
   Heute sind die Vereinigten Staaten die bei Weitem größte Schuldnernation der Welt. Die Auslandsschulden haben ein Drittel des Bruttosozialprodukts überschritten und liegen mittlerweile bei fünf Billionen US-Dollar. Das ist mehr als die Schuldenquote der lateinamerikanischen Länder vor Ausbruch der Schuldenkrise 1982. Im Jahr 2007 hatten die USA ein Außenhandels-Bilanzdefizit von 815 Milliarden Dollar oder mehr als sechs Prozent des Brut-

7) Geschäftsbericht 2006 der IKB Industriekreditbank, Düsseldorf 2007.
8) www.berkshirehathaway.com

toinlandsprodukts. Dies sind absolut und relativ die historisch höchsten Zahlen. China und Japan halten nun 40 Prozent der Währungsreserven der Welt (1,9 von 5 Billionen US-Dollar). Die USA verfügen noch über ein Prozent der internationalen Währungsreserven.[9] Heute können sich die USA ihrer Auslandsschulden nur entledigen, indem sie mehr exportieren als importieren oder indem der Dollar drastisch abgewertet wird. Das erste Szenario würde eine drastische Reduktion der Importe mit verheerenden Folgen in den Exportländern Asiens und Europas zur Folge haben, das zweite würde zu einer Vermögensvernichtung in den Gläubigerländern und einem Vertrauensverlust in die Weltwährung Dollar führen. Beides kann in Zusammenhang mit der derzeitigen Finanzkrise dramatische Folgen haben.

5. Schließlich sind nach Galbraith auch die **fehlgeleitete Wirtschaftspolitik und falsche wirtschaftspolitische Ratschläge der Ökonomen** mit Schuld an der Länge und der Schwere der Rezession. Die Politik, nach 1929 den Haushalt ausgleichen zu wollen, führte zu einer weiteren Kontraktion der Nachfrage. Neben der falschen Fiskalpolitik waren die Verantwortlichen auch nicht bereit, die Geldpolitik zu lockern, weil sie das Wiederaufleben der Inflation fürchteten, einer damals eigentlich nicht vorhandenen Gefahr. Auch diese Politik verschlimmerte die Rezession.
   Heute stellt sich die Situation eher umgekehrt dar. Mehr als siebzig Jahre einer größtenteils expansiven Geldpolitik haben die von Galbraith gepriesenen Waffen der Geld- und Fiskalpolitik stumpf werden lassen. Als die amerikanische Notenbank nach dem Sommer 2007 Liquidität im Wert von mehreren hundert Milliarden Dollar schuf, brachte dies dem Markt kaum Beruhigung, Interbankengeld war nach wie vor kaum zu haben. Als nach dem Platzen der Blase in Japan der Staat ein nach den Regeln der keyenesianischen Wirtschaftspolitik mustergültiges Aktionspro-

9) http://mwhodges.home.att.net/reserves.htm

gramm startete und die Staatsverschuldung auf 150 Prozent des Bruttoinlandsprodukts stieg, hatte dies ebenfalls keine Auswirkungen: Japan befand sich mehr als 15 Jahre lang in einem Prozess der schleichenden Depression.[10]
So steht zu befürchten, dass uns nach 2007 einige magere Jahre erwarten, die von einem Prozess des »Deleveraging« begleitet werden, bei denen auf allen Ebenen die finanziellen Hebel und die Verschuldung reduziert werden. Geben die Notenbanken weiter Vollgas, droht uns stattdessen eine massive Geldentwertung und vielleicht eine Währungsreform. So oder so, die Exzesse seit den 1980er-Jahren werden nicht ohne Schmerzen auf ein Normalmaß zurückzuführen sein. Hoffen wir, dass Wirtschaftspolitiker wenigstens nicht wie 1929 jedes Mal treffsicher genau das Falsche tun werden.

Die Veröffentlichung von *Der große Crash 1929* ist mit einer Anekdote verbunden, die lustig wäre, wenn sie nicht entlarven würde, wie gedankenlos wir mit Geld umgehen und wie schnell wir so genannten Autoritäten vertrauen und unsere Verantwortung abgeben. Als Galbraith sein Buch 1955 bei einer Anhörung im Kongress vorstellte, wunderte er sich, dass alle Senatoren des Komitees bis zur Mittagspause im Raum blieben. Mittags hörte er dann, was passiert war: an diesem Tag war der Dow-Jones-Index massiv eingebrochen. Galbraith wurde im nationalen Fernsehen interviewt und gefragt, ob sich 1929 wiederholen könne. Er schloss dies nicht aus.

In den folgenden Tagen erhielt er unzählige Briefe von Anlegern: »Alle Absender waren mir nicht geneigt. Einige verleumdeten mich, andere wollten für mich beten und wieder andere drohten mir Gewalt an. Meine Frau war sehr besorgt über fünf Briefe eines Mannes in Florida, der sagte, dass er auf dem Weg nach Norden sei, um mich zu töten. Sie beruhigte sich, als ich darauf hinwies, dass alle fünf Briefe auf demselben Postamt in Florida aufgegeben wurde.« Einige

10) Max Otte: Der Crash kommt, S. 168ff.

Absender sagten, dass Sie dafür beten würden, dass Galbraith einen schweren Unfall haben würde. Am nächsten Tag brach sich Galbraith beim Skifahren in Vermont ein Bein. Nun bekam er Post von jenen, deren Glaube an einen allmächtigen und gerechten Gott durch diesen Unfall bestärkt worden war. Einige Tage später begann der Markt wieder zu steigen. Die Zahl der bösen Briefe an Galbraith wurde weniger. Schließlich kamen gar keine mehr.

Und ebenso, wie Galbraith in dieser Anekdote schnell zum Bösewicht wurde, werden die Menschen auch allzu bereitwillig irgendwelchen selbsternannten Finanzgenies hinterherlaufen, wenn sich die nächste Gelegenheit bietet. Korrektive gibt es für diese gelegentlich wiederkehrenden Epochen des Wahnsinns nur wenige und die allerwenigsten in der Finanzbranche selbst. Galbraith findet für diese denn auch harte Worte: »Selbst als in den späten 1920er-Jahren der Wahnsinn grassierte, blieben viele Männer an der Wall Street ziemlich vernünftig. Sie blieben aber auch ziemlich still. Das Verantwortungsbewusstsein der Finanzbranche für die Allgemeinheit ist nicht etwa gering. Es ist nahezu nicht vorhanden. Vielleicht liegt dies im System begründet. In einer Branche, deren Hauptantriebskraft es ist, viel Geld zu machen, heißt eine notwendige Regel ›leben und leben lassen‹. Sich gegen den Wahnsinn auszusprechen könnte bedeuten, diejenigen zu ruinieren, die sich von ihm haben hinreißen lassen. Deswegen schweigen die weisen Männer der Wall Street lieber. Die Narren haben daher das Feld für sich. Niemand pfeift sie zurück.«

Es wird immer wieder groteske Auswüchse des Finanzsystems geben. Keiner wird die Massen aufhalten, wenn sie spekulieren wollen. Wenn die Neuauflage von *Der große Crash* aber dazu beitragen kann, dass das Wissen über 1929 lebendig bleibt und sich hier und dort Inseln der Vernunft bilden, hat das Buch seinen Zweck erfüllt.

Köln, im Sommer 2008
Max Otte

Einleitung

1929 und der Börsenkrach von 1987

Eine der fruchtlosesten Diskussionen, die in philosophischen Kreisen geführt wird, dreht sich einmal um die Frage, ob die Geschichte sich ständig wiederholt; zum Zweiten rätselt man, inwieweit jene, die mit diesem Gesetz ihres oftmals leidvollen Verlaufs nicht vertraut sind, ihn deswegen immer wieder aufs Neue durchstehen müssen.

Während man in dieser Debatte nie zu einem schlüssigen Ergebnis kam, so kann doch in politischen, sozialen und wirtschaftlichen Dingen mit einiger Sicherheit behauptet werden, dass ähnliche Umstände zumindest teilweise zu ähnlichen Folgen führen. Das lässt sich auch an der gewaltigen Erschütterung des Börsenmarktes von 1929 und jener, die wir im Oktober 1987 erlebten, zeigen.

Es gibt oberflächliche, sogar augenfällige Parallelen zwischen den Ereignissen. Beide fanden, wie schon erwähnt, im Oktober statt. Vielleicht nimmt der Herbst einen besonderen psychologischen Einfluss auf die Stimmung der Finanzwelt; auch der Montag scheint in dieser Hinsicht ein unheilvoller Tag zu sein. Wahrscheinlich ließen professionelle Spekulanten und wohlhabende, aber im Börsengeschäft recht unkundige Bürger ihren Ängsten freien Lauf, als sie nach einem müßigen, arbeitsfreien Wochenende beschlossen, sicherzugehen und zu verkaufen. Das geschah am Montag, dem 21. Oktober 1929, an dem sich die bevorstehende Katastrophe erstmals andeutete. Als sich dieser Vorgang eine Woche später, am 28. Oktober, wiederholte, war der Weg für den katastrophalen Dienstag geebnet, der folgen sollte. Dasselbe ereignete sich an weiteren Montagen, zuletzt am 19. Oktober 1987, dem verheerendsten Datum in der Geschichte des Börsenmarktes seit dem Platzen der »South Sea Bubble« in den 1720er-Jahren oder dem Zusammenbruch von John Laws Spekulationen zur selben Zeit in Paris.

Aber man sollte sich nicht nur mit den oberflächlichen Übereinstimmungen verschiedener Tragödien befassen, selbst wenn die Menschen außer Geld dabei nichts verloren haben. Es gibt noch weitere beachtenswerte Parallelen zwischen 1929 und 1987, denn die Finanzwelt war in beiden Fällen denselben Umständen ausgesetzt. Folglich konnte man das Debakel vom Herbst 1987 auch vorhersehen, wenn man sich mit dem Jahr 1929 beschäftigt hatte[11] (und mit anderen Wohlstandsepochen, die nicht selten auch von finanziellem Wahnsinn geprägt sind). Die wichtigste Rolle spielte, man kann es kaum anders bezeichnen, ein unerschütterlicher Optimismus, der vor dem jeweiligen Oktober weitgehend handlungsbestimmend war. Während der vorhergehenden Jahre waren die Aktienmärkte zu vermeintlich grenzenlosem Umfang angewachsen. Es hatte Einschnitte gegeben, von denen manche als schwerwiegend galten, derer man aber schließlich wieder Herr wurde. Grundlegende Einflüsse täuschten voraussichtliche Zinsquoten, Gewinnaussichten oder allgemeines Wirtschaftswachstum vor und nährten den Glauben an einen ungetrübten Wertezuwachs, der in keinem Ver-

11) Ich verweise auf den Artikel »The 1929 Parallel« (The Atlantic, Januar 1987), in dem ich auf die Ähnlichkeit der Faktoren hinwies, die das Marktverhalten in den 1920er- bzw. 1980er-Jahren prägten und gestalteten: »Wir wissen, dass Spekulationsepisoden nie ganz beendet sind. Die klügste, obwohl für die meisten am schwersten zu übernehmende Einstellung ist, mit dem Schlimmsten zu rechnen.«

hältnis zur Realität stand. Wer Zweifel anmeldete, bekam zu hören, er sei nicht auf der Höhe der Zeit, wisse die neue Welt eines Calvin Coolidge und Herbert Hoover nicht zu schätzen oder, um von den letzten Jahren zu sprechen, die des innovativen und unbeugsamen Ronald Reagan. Der blinde Wohlstandsoptimismus verleitet Menschen und Institutionen zu der Annahme, alles werde sich zum Besten fügen und jeder sei dazu bestimmt, reich zu werden. Was zu dieser Einstellung in Widerspruch steht, wird als intellektuelle Mäkelei abgetan. Die Menschen sind umso leichtgläubiger, je glücklicher sie sind, stellte Walter Bagehot fest.

Das Spekulationsbedürfnis hängt mit diesem unerschütterlichen Optimismus aufs Engste zusammen, und es stellte in beiden Marktsituationen eine wichtige Rahmenbedingung dar: Die Werte wachsen an, und sie werden auch weiter anwachsen. Die betreffende Person oder Institution, mit mutmaßlichem finanziellem Scharfsinn oder diesbezüglich selbstversichertem Talent gerüstet, wird zwar mit dem großen Marktstrom schwimmen, aber, dem Riecher der erwähnten Begabung folgend, vor der nächsten ungünstigen Wende wieder aussteigen. So könnte man, um es zu wiederholen, das Spekulationsverhalten charakterisieren, wie es in Perioden kontinuierlichen Wirtschaftswachstums massiv zunimmt. Dies trifft auf die Jahre 1927, 1928 und in besonderem Maß auf den Winter, das Frühjahr und den herrlichen Sommer von 1929 zu.

Das Verhalten der Spekulanten ist von Natur aus wechselhaft. Schon von Anfang an impliziert es die Gründe für spätere Katastrophen. Was nun letztendlich den Drang der Massen, auszusteigen, ins Rollen bringt, ist unwesentlich. Wie immer, wird es auf ebenso eifrige wie banale Weise von Leuten diskutiert werden, die sich bemüßigt fühlen, eine ewig gültige Erklärung für sämtliche Marktereignisse zu finden. Wenn die Märkte perfekt wären, wie so manche Doktrin für sich in Anspruch nimmt, könnten sie nicht die Gründe für ihren eigenen Zusammenbruch einschließen. In der Tat birgt die Entwicklung des Spekulationsverhaltens eine höchst spezifische Eigendynamik, die notgedrungen auf den Absturz hinausläuft.

Ein dritter maßgeblicher Umstand, der damals wie heute unterschätzt wird, war die gesetzliche Verfügung von Steuererlässen, von denen hauptsächlich die Großverdiener profitierten – vor 1929 wurde sie von Andrew Mallons initiiert, die spektakulärere des Jahres 1987 ging von Ronald Reagan und der angepassten nationalen Wirtschaft aus. Beide Male musste die Investitionsbereitschaft gesteigert werden, und man wollte neue Firmen und Fabriken mit entsprechender Ausstattung gründen. In beiden Fällen wurden Finanzen in den Börsenmarkt geschleust; diese Aufgabe erledigten jeweils hochdotierte Leute mit Extrahonoraren.

Ein weiterer wichtiger Faktor, der den Jahren 1929 und 1987 gemeinsam war, kam im Bereich der Finanzgesellschaften zum Tragen, denen wir einmal unterstellen, dass sie sich Änderungen und neuen Entwicklungen bereitwillig anpassen. Das Spekulationsverhalten und der damit verbundene Optimismus werden von einer wie auch immer gearteten und nach allgemeiner Ansicht auch anerkennenswerten Neuerung geprägt. Während der Jahre vor dem 1929er-Börsenkrach waren in dieser Hinsicht die Investment-Trusts von Goldman Sachs und United Founders maßgebend. Zu ihnen gehörten viele kleinere Handlanger und Strohmänner, die keine selbstständigen Geschäfte tätigen sollten, sondern nur zu dem Zweck ins Leben gerufen wurden, einen gewissen Aktienbestand zu halten und manchmal auch von anderen Gesellschaften zu kaufen. Dem lag das eigentliche Ziel zugrunde, den Bereich der Kapitalanlage mit der alleinigen Weisheit jener Firmen zu steuern, die das besagte System etabliert hatten. So entstand die Pyramide der Holdinggesellschaften, von denen manche acht bis zehn Schichten tief waren. Auf diesem Weg wuchsen auch die Obligationen, und der Aktienbestand wurde in ausreichender Höhe gehalten, um die bestmögliche Kontrolle zu gewährleisten. Mit Hilfe derartiger Geschäftsstrukturen konnten die van Sweringen Brothers in Cleveland ein Eisenbahnimperium mit verschwindend geringem Personalaufwand lenken und Samuel Insall einen riesigen öffentlichen Versorgungsbetrieb, der so kompliziert war, dass er ihn womöglich selbst nicht mehr ganz durchschaute. Und es gab noch mehr solcher Imperien. Ihr gemeinsames Merkmal lag in der hochgepriesenen Institutionalisierung des »Leverage«, den wir im Folgenden »Hebelwirkung« nennen wollen: ein geringer gemeinsamer Aktienbestand, von dem eine Organisation mit weit verzweigter Verschuldung abhing.

Die Manifestierung vermeintlich innovativer Finanzgesellschaften im Jahr 1987 und kurz zuvor wollte man mit Fusionen und wahnwitzigen Erwerbsstrukturen begünstigen: Die Gesellschaften strukturierten sich um und kauften nach dem Prinzip des »Leverage« auf mehreren Wegen der Finanzierung Aktienbestände. Wie schon in den Zwanzigerjahren bestand die mutmaßliche Innovation jedoch nur aus einer Transformation der Schulden in Wertpapiere. Einzig neu war die Finanzierungsmethode der höchst zutreffend titulierten »Junk Bonds«.

Die Männer, die mit der Planung und Durchführung dieser Operationen betraut wurden, waren meist jüngeren Alters und genossen höchstes Ansehen für ihr Schaffen, genauso wie früher Insall, Harrison, Hopkins, die van Sweringens und nicht zuletzt der schwedische Streichholzkönig (und nebenberufliche Urkundenfälscher) Ivar Kreuger.

So wie ihre früheren Doppelgänger waren diese Männer für kurze Zeit sehr reich, und es sollten noch bittere Tage auf sie zukommen. Der Kapitalismus straft zu guter Letzt die, denen er zunächst am meisten geneigt scheint. Man kann nur hoffen, dass Ivar Kreugers Lebensweg nicht Schule machen wird: Am 12. März 1932 verließ er in Paris sein Haus, kaufte sich ein Gewehr und erschoss sich. Die Nachricht wurde so lange zurückgehalten, bis die New Yorker Börse geschlossen hatte. Vielleicht wird auch das Schicksal von Richard Whitney der aktuellen Generation erspart bleiben, dem in

Sing Sing inhaftierten Präsidenten und entschiedenen Fürsprecher der New Yorker Börse, oder das beider Vorsitzender der damals größten New Yorker Bankgesellschaften, National City und Chase National, die unehrenhaft entlassen wurden. Man könnte noch viele der angesehensten Börsenkenner zitieren, die seinerzeit auf äußerst unsanfte Weise zur Rechenschaft gezogen wurden. Finanzielle Hochschätzung kommt vor dem Fall. Von der aktuellen Generation ging es bereits Boesky und Levine so. Es bleibt zu hoffen, dass die derzeitigen Spekulanten auf freundlichere Art und Weise zu nützlicher Arbeit bewogen werden.

Die Betonung liegt auf »nützlich«. Die Betätigung der genannten Spekulanten während der Jahre 1929 und 1987 brachte alles andere als volkswirtschaftlichen Nutzen. Auch die große Zeit der Fusionen und »Junk Bonds« entpuppte sich schließlich als unbedeutenderer Aufguss früherer Jahre. 1929 war, um es zu wiederholen, das Prinzip des »Leverage« grundlegend für die Transaktionen. Festverzinsliche Obligationen traten plötzlich an die Stelle konventioneller Sicherheiten, die Dividenden eingebracht hatten und bei denen Zahlungsunfähigkeit nicht gleich in kleinere finanzielle Katastrophen oder gar den Bankrott mündete. Als weitere Folge war ein massives Anwachsen der körperschaftlich gebundenen Schulden festzustellen, etwa in der jährlichen Größenordnung von 130 bis 300 Billionen Dollar vor dem letzten Börsenkrach.

Es gibt noch eine weitere Parallele zwischen den Marktereignissen von 1929 und 1987, und zwar die Suche nach einem Sündenbock, den man für den Börsenkollaps verantwortlich machen konnte, obwohl er aller Voraussicht nach zwangsläufig folgen musste. Hier kommt nun eine Art von »Wirtschaftstheologie« ins Spiel, denn der Markt ist nicht nur perfekt gestaltet, sondern man kann ihn in einem gewissen Sinne sogar als heilig bezeichnen. Für seine Eigendynamik und die daraus resultierenden Katastrophen darf er nicht zur Rechenschaft gezogen werden. Etwas wankelmütige Ökonomen suchten und fanden schließlich auch Beweismittel für eine wirtschaftliche Stagnation während des vorhergehenden Sommers. Diese kam dem Markt zwar etwas verspätet, dann aber umso plötzlicher ins Bewusstsein. So bezeichnete man im Herbst 1987 prompt das nationale Haushaltsdefizit als allgemeine Ursache für das Börsendebakel. Dieses Defizit wies nun schon immer eine beachtliche Größe auf, und während Präsident Reagans Amtszeit war es noch mehr angewachsen, ohne dass man nachteilige Reaktionen auf dem Markt feststellen konnte. Plötzlich stilisierte man es zum Dreh- und Angelpunkt des Wall-Street-Unglücks. Offizielles Anliegen wurde nun, das Defizit zumindest mit einigen symbolischen Maßnahmen zu schließen. Ronald Reagan, der konservative Republikaner, war schon lange keine unbekannte Figur in der Finanzwelt mehr. In der Art und Weise, wie die Kaufmannsgilde dem alten Freund damals die Verantwortung für die entstandenen Probleme auf die Schultern lud, lag etwas ausgesprochen Undankbares.

Hier beginnen nun die Unterschiede zum Jahr 1929. Die Vereinigten Staaten spielten seinerzeit eine kleinere Rolle auf internationaler Ebene. Sie waren nicht nur Gläubiger, sondern auch Kreditgeber, und die offenen Forderungen überstiegen die Schulden bei Weitem. Sowohl das Regierungsbudget als auch die internationale Handelsbilanz waren über den republikanischen Tadel weit erhaben. Der Dollar-Segen hielt hartnäckig an und war vollständig durch Gold gedeckt. Gelder aus der ganzen Welt liefen um 1929 und zuvor in der Wall Street zusammen, um Spekulationen zu finanzieren. Die Zinssätze für Anleihen der Broker erreichten vereinzelt bis zu zwölf Prozent – ein bis dahin unvorstellbarer Satz. Allerdings waren die Beträge meist gut versichert. Sie dienten im Allgemeinen weniger als Rücklage für nervöse Entnahmen, und selbst diese entsprangen dann im Ernstfall mehr der Angst, dass die Aktienkurse fallen könnten, und sicher nicht der Sorge um eine mögliche Abwertung des Dollars.

1987 sah die Situation vollkommen anders aus. Zur Amtszeit Präsident Carters hatte man begonnen, die Inflation durch eine Währungspolitik zu bekämpfen, die sich hauptsächlich in einer Erhöhung der Zinssätze erschöpfte. In den Jahren der Reagan-Ära senkte man die Zinsen wieder drastisch und folgte damit einer fixen Ausgleichsidee, derzufolge niedrigere Steuern angeblich zu einem Aufschwung an unternehmerischer Energie und entsprechenden Lohnanstiegen führten. Resultat war, in Verbindung mit den höheren Rüstungsausgaben, das riesige Haushaltsdefizit. Die folgende Inflation suchte man durch eine aggressivere Währungspolitik und noch mörderischere Zinsen in Schach zu halten. So sah die verworrene Welt der Professoren Arthur Laffer und Milton Friedman aus.

Heute werden die Konsequenzen dieser abwegigen Politik kaum mehr in Zweifel gezogen. Die hohen Zinssätze zogen Gelder aus dem Ausland an, und diese trieben wiederum den Wechselkurs des Dollars in die Höhe. So kamen die äußerst effektive Subventionierung des Imports, eine deutliche Exportbenachteiligung und schließlich das immense Defizit in der amerikanischen Handelsbilanz zustande. Ausländische, insbesondere japanische Güter setzten sich auf unserem Markt durch. Nachdem sie sich einmal etabliert hatten, zog man sie im Gegensatz zu den amerikanischen Waren auch nicht zurück, als der Dollar wieder fiel. Amerikanische Währung, die sich in ausländischen Händen angesammelt hatte, fand so in größerer Menge wieder den Weg zur Wall Street zurück. Dieses Phänomen birgt eine doppelte Gefährdung des Marktes, wie sie 1929 noch nicht existiert hatte. Ausländische Kapitalanleger zeigten ein mehrfaches Interesse an der Zukunft des Dollars und ihren Spekulationsmöglichkeiten. Die Panik von 1929 blieb in der Hauptsache eine amerikanische Angelegenheit, doch diejenige von 1987 machte sich weltweit bemerkbar.

Auf längere Sicht

Im Rahmen der erwähnten Tendenzen, wie sie sich bislang abzeichnen, besteht in den wesentlichen Punkten Anlass zu größerer Hoffnung als in der Zeit nach 1929. Damals hatte der Börsenkrach einen unmittelbaren, umfassenden Einfluss auf Investitionsbereitschaft und Konsumverhalten. Die Depression zeigte sich in der drastischen Entwertung von Preisen und Löhnen ebenso wie in einer Bankenkrise von enormem Ausmaß – in der Tat war der freie Fall in eine Wirtschaftsform festzustellen, für welche die Regierung keine wirkliche Verantwortung empfand, um beschönigende Worte einmal beiseite zu lassen.

Wie sich viele nach dem Zusammenbruch von 1987 beeilten festzustellen, dämpfen heute einige Polster den Fall. Man kann sein Bankguthaben versichern, und die Gewissheit, dass die Regierung für zahlungsunfähige Bankgesellschaften in die Bresche springt, ist ziemlich hoch (der moderne Sozialismus tritt in Kraft, wenn die Jets der Finanzgesellschaften auf dem National Airport in Washington landen, wie ich bei anderer Gelegenheit feststellen konnte). Das ist aber noch keine Garantie gegen eine weitere Bankenpanik. Es gibt heutzutage Arbeitslosenversicherungen, Renten und andere soziale Hilfeleistungen, um der erlahmten Kaufkraft unter die Arme zu greifen. Agrarprodukte waren in den überwiegend landwirtschaftlich strukturierten 1920er-Jahren sehr anfällig für Preisschwankungen, und wenn sie fielen, so hatte das weitreichende Nachwirkungen. Inzwischen ist die Landwirtschaft auf ebenso kostspielige wie uneffektive Unterstützungen angewiesen. Es gibt auch Mindestgehälter und Gewerkschaften; Letztere sind, zum Bedauern einiger Konservativer, Garant gegen eine zu schonungslose Senkung der Gehälter.

Das bedeutet im Allgemeinen: Im Gegensatz zu den 1930er-Jahren existiert eine klar definierte Verantwortlichkeit der Regierung, was die Gewährleistung eines bestimmten Einkommens und das

Recht auf Arbeit betrifft. Zu dieser Verantwortung bekennen sich in unserer Zeit die Verantwortlichen sämtlicher Industrienationen. Man kann also sagen, dass sich der Kapitalismus durch einen umfangreichen Maßnahmenkatalog legitimiert (es ist allerdings noch nicht absehbar, wie effektiv), über den sich seine glühendsten Verfechter einst am heftigsten beklagten.

Man sollte jedoch kein definitives Urteil fällen. Eine plötzliche Kürzung im Nominalvermögen der Privatleute und Institutionen um tausend Millionen Dollar können sich auf die Investitionsbereitschaft und das Kaufverhalten eigentlich nur negativ auswirken, ebenso auf die Beschäftigungssituation – insbesondere an der Wall Street, möchte man annehmen. Es liegen bereits Berichte über die Aufwendungen in den höheren Gehaltsklassen nach dem Börsenkrach vor: für teure Immobilien, extravagante Autos und eine aufwändige Garderobe. Man könnte sich die Auswirkungen gravierender vorstellen.

Das Bestreben, in den unmittelbaren Nachwirkungen des 1987er-Börsenkrachs die Steuern zu erhöhen, war zweifellos unklug. Aber auf längere Sicht müssen wir uns entschieden von der vergangenen Steuerpolitik distanzieren, wenn vermieden werden soll, was man die Mexikanisierung der amerikanischen Wirtschaft nennen könnte. Die Steuern müssen erhöht werden, wobei man sich jedoch auf die finanzkräftigeren Zahler konzentrieren sollte. Dadurch wird man das Haushaltsdefizit langsam schließen, der Inflation entgegenwirken und gleichzeitig die Zinssätze niedrig halten. Letztere können wiederum die Investitionsbereitschaft beleben, die Möglichkeiten der Kapitalanlage verbessern und den Aufwärtsdrang des Dollars bremsen.

Solche Maßnahmen sind nicht erfreulich. Steuererhöhungen, in Verbindung mit einem niedrigeren Dollarkurs, senken den Lebensstandard. Letzterer kann jedoch durch eine verständigere Verwaltung des Rüstungsetats stabilisiert werden – ein vernünftiger Vorschlag in der Zeit des atomaren Overkills. Niemand kann erwarten, dass sich nach all den Jahren falscher Wirtschaftspolitik ein Ausweg bietet, der allen entgegenkommt. Man sollte von jenen, die vor den Fehlschlägen der Vergangenheit gewarnt hatten, nun keine Patentlösung für die aktuellen Probleme erwarten. Diejenigen, die für das Missgeschick verantwortlich sind, werden das auch nicht tun. Ökonomischem Exzess folgt, genauso wie dem alkoholischen, ein unvermeidliches Nachspiel.

Anmerkung zu den Quellen

In jüngster Zeit gelangten Autoren und Verleger übereinstimmend zu der Meinung, die Leserschaft fühle sich durch Fußnoten belästigt. Ich verspüre nun keineswegs den Wunsch, potenzielle Käufer zu behelligen oder auch nur im Geringsten abzuschrecken, betrachte diese Annahme aber dennoch als albern. Kein gebildeter Mensch wird sich von einem kleingedruckten Text am unteren Seitenrand gestört fühlen, und jeder, ob nun aus privatem oder beruflichem Interesse, muss gegebenenfalls die Möglichkeit haben, Quellenangaben zu nutzen. Fußnoten liefern darüber hinaus zuverlässige Fingerzeige auf das Maß an Sorgfalt, mit dem recherchiert wurde. Es gibt jedoch eine Grenze zwischen Gewissenhaftigkeit und Pedanterie. Wo ich mich in diesem Buch auf öffentliche Dokumente, Bücher, Zeitungsartikel oder ungewöhnliche Quellen beziehe, sind bibliografische Angaben vermerkt. Zu den Ereignissen des Jahres 1929 findet man viel in der allgemeinen Presse oder den speziellen Wirtschaftsblättern dieser Zeit. Systematisches Zitieren würde in diesem Fall zu endlosen Verweisen auf diese Zeitschriften ausarten, was ich unterlassen habe. Wo keine Quelle angegeben ist, kann der Leser annehmen, dass ich mich auf die »New York Times«, das »Wall Street Journal« und andere allgemein verbreitete Blätter dieser Zeit bezogen habe.

Kapitel 1

Wunschbilder, übertriebene Hoffnungen und Optimismus

Präsident Coolidge legte am 4. Dezember 1928 seinen letzten Rechenschaftsbericht vor dem wieder zusammengetretenen Kongress vor. Er sagte – wobei sich sogar die pessimistischsten Kongressteilnehmer beruhigt fühlten – »Kein Kongress der Vereinigten Staaten, der sich je versammelt hat, um die Lage der Nation zu prüfen, hat bessere Verhältnisse vorgefunden als die heutigen. Im Inland herrschen Ruhe und Zufriedenheit. Hinter uns liegt ein Rekordjahr des Wohlstands. Auch in unseren Nachbarländern herrscht Frieden, und man tritt uns sehr freundlich gegenüber – eine Folge des gegenseitigen Verständnisses ...«. Der Präsident erklärte der gesetzgebenden Versammlung, sie als Institution und auch die gesamte Nation könnten »die Gegenwart mit Genugtuung betrachten und der Zukunft mit Optimismus entgegensehen«. Daraufhin brach er rigoros mit der ältesten aller politischen Gewohnheiten, indem er diesen Wohlstand nicht den herausragenden Leistungen der Regierung – zu deren Spitze er ja selbst gehörte – zuschrieb, sondern »die Hauptursache für diesen beispiellosen Segen in der Redlichkeit und im Charakter des amerikanischen Volkes« begründet sah.

Eine ganze Historikergeneration hat Coolidge kritisiert, er sei oberflächlich und zu optimistisch gewesen und habe deshalb übersehen, dass sich im In- und Ausland bereits ein großer Sturm zusammengebraut hatte. Ich halte das für unfair, denn um Unglück vorauszusagen, braucht man weder besonderen Mut noch hellseherische Gaben. Im Gegenteil: Es gehört weitaus mehr Mut dazu, wenn die Situation günstig ist, dies auch öffentlich zu sagen.

Die Zeiten sind zu gut

Die Welt, von der Coolidge damals sprach, hatte viel Gutes aufzuweisen. Sicherlich haben die liberalen Berufspessimisten Recht, wenn sie behaupten, dass die Reichen viel schneller reich als die Armen wohlhabender wurden. Den Bauern ging es bereits schlecht, seit die Depression der Jahre 1920 und 1921 die Agrarpreise stark gedrückt hatte, während die Kosten enorm gestiegen waren. Die Schwarzen in den Südstaaten und die weiße Bevölkerung in den südlichen Appalachen lebten weiterhin in hoffnungsloser Armut. Prachtvolle Häuser im altenglischen Stil, mit hohen Giebeln, bleiverglasten Fenstern und perfekt nachgebauten, halb gezimmerten Stockwerken, entstanden in den vornehmen ländlichen Distrikten. Im Innern der Städte aber breiteten sich die schlimmsten Slums aus.

Dennoch waren die Zwanzigerjahre in Amerika eine gute Zeit. Produktion und Beschäftigung bewegten sich auf einem hohen Niveau und stiegen weiterhin. Zwar erhöhten sich die Löhne nicht wesentlich, aber dafür blieben die Preise stabil. Arme gab es zwar immer noch viele, doch dem weitaus größeren Teil der Bevölkerung ging es sehr gut. Schließlich befand sich der amerikanische Kapitalismus in einer äußerst dynamischen Phase: Allein in fünf Jahren – zwischen 1925 und 1929 – wuchs die Anzahl der Produktionsbetriebe von 183 900 auf 206 700; der Wert ihrer Produktionsleistung stieg von 60,8 Milliarden auf rund 68 Milliarden Dollar.[12] Der Federal-Reserve-Index der Industrieproduktion, der 1921 bei nur 67 stand (Basis: 1923 bis 1925 = 100), war im Juli 1928 auf 110 geklettert und erreichte im Juni 1929 sogar 126 Punkte.[13] Im Jahr 1926 wurden noch 4 301 000 Automobile hergestellt, 1929, also nur drei Jahre später, war die Produktion um über eine Million auf 5 358 000 gestiegen.[14] Selbst die vorsichtigsten Darstellungen dieser Ära lassen erkennen, dass die Zeiten gut waren.

Nahezu in all diesen Berichten wird Coolidge kritisiert, er habe übersehen, dass die Zeiten nicht nur gut, sondern zu gut waren, um von Dauer sein zu können. Auf die These eines natürlichen Ausgleichs – nach der angeblich die zehn guten 1920er-Jahre mit den zehn schlechten 1930er-Jahren bezahlt werden mussten, wird später noch eingegangen werden.

Das Goldene Kalb

Beim Lob der guten Charaktereigenschaften des amerikanischen Volkes hätte Coolidge auf jeden Fall auffallen müssen, dass die Amerikaner zusätzlich zu den positiven und lobenswerten Eigenschaften geradezu eine Sucht entwickelten, mit einem Minimum an Leistung sehr schnell reich zu werden, und das mit einem Mindestmaß an echter Leistung. Dieser Charakterzug wurde zum ersten Mal in Florida deutlich. Dort griff Mitte der Zwanzigerjahre in Miami, Miami Beach, Coral Gables, an der nördlichen Ostküste bis Palm Beach

12) U.S. Department of Commerce, Bureau of the Census, Statistical Abstract of the United States, 1944–1945. (US-Wirtschaftsministerium, Amt für Statistik, Statistische Übersicht der Vereinigten Staaten, 1944–1945.)

13) Federal Reserve Bulletin, Dezember 1929.

14) Thomas Wilson: Fluctuations in Income and Employment (Dt.: Schwankungen in Einkommen und Beschäftigung), 3. Auflage, New York 1948, S. 141.

und in den Städten entlang des Golfs ein regelrechter Florida-Grundstücks-Boom um sich. Dieser Boom wies sämtliche Merkmale des klassischen Spekulationsschwindels auf. Es gab, wie bei allen großen Spekulationen, einen konkreten Anhaltspunkt: Im Winter hat Florida ein angenehmeres Klima als New York, Chicago oder Indianapolis. Höhere Einkommen und bessere Reisemöglichkeiten machten es für die Bewohner des kalten Nordens zunehmend zugänglicher. Es kam bald die Zeit, als der jährliche Flug nach Süden so selbstverständlich war wie der Zug der kanadischen Gänse.

Auf dieser Tatsache wurde eine spekulative Scheinwelt aufgebaut. Diese »Welt« war nicht etwa von Menschen bevölkert, die man hätte überreden müssen, daran zu glauben, sondern von Leuten, die quasi eine Entschuldigung für ihren Glauben suchten. Im Fall Florida wollten sie glauben, dass die ganze Halbinsel innerhalb kürzester Zeit von den Feriengästen und Sonnenanbetern einer neuen, behaglichen Epoche überschwemmt sein würde. Sie glaubten, der Andrang nehme solche Ausmaße an, dass nicht nur die Küstenstriche, sondern auch Moore, Sümpfe und sogar Gestrüppland wertvoll werden würden. Zwar war das Klima Floridas allein dafür kein Garant, aber es gab denen, die an diese Entwicklung glauben wollten, die Kraft für diesen Glauben.

Doch Spekulation hängt nicht allein von der Fähigkeit zur Selbsttäuschung ab. In Florida wurde damit begonnen, das Land in Bauplätze aufzuteilen und gegen eine Anzahlung von zehn Prozent zu verkaufen. Ein Großteil dieses zum Kauf angebotenen unwirtlichen Geländes war den Maklern sicher ebenso unsympathisch wie den in Scharen auftretenden Interessenten. Offenbar wollten die Käufer dort auch gar nicht leben. Zumindest ist es unvorstellbar, dass auch nur ein einziger diese Absicht hegte.

Aber das sind theoretische Betrachtungen – die Realität sah anders aus: Diese zweifelhaften Vermögenswerte wurden tagtäglich wertvoller, sodass sie bereits nach 14 Tagen mit einem ordentlichen Gewinn verkauft werden konnten. Ein weiteres Merkmal dieser Spekulationsmanie bestand darin, dass im Laufe der Zeit nur noch die bloße Tatsache der bloßen Wertsteigerung eine Rolle spielte und immer weniger die Gründe, die zu ihr geführt hatten. Auf den ersten Blick besteht dazu im Grunde genommen auch kein Anlass, denn solange sich immer wieder genügend Leute finden, die etwas erwerben, was sie dann voraussichtlich mit Profit verkaufen können, steigen natürlich die Preise weiter an.

Mit dem Ziel, ohne Arbeit reich zu werden, kamen 1925 Käufer nach Florida, und jede Woche wurde weiteres Land neu aufgeteilt. Auch wurde neu definiert: Was im Zuge dieser Geschäfte alles »Meeresküste« genannt wurde, lag oft fünf, zehn oder auch fünfzehn Meilen vom Ozean entfernt. So genannte Vororte entstanden – erstaunlich weit von den Städten entfernt. Als sich die Spekulation weiter nach Norden ausbreitete, entdeckte Charles Ponzi, ein findiger Mann aus Boston, eine neue Möglichkeit der Grundstücksparzellierung.

Er operierte mit der Ortsbezeichnung »bei Jacksonville«. Dort gab es zwar neue Grundstücke, doch lagen diese 75 Meilen westlich von der Stadt entfernt. In einer anderen Beziehung allerdings legte Ponzi größten Wert auf möglichst räumliche Nähe: Er teilte ein Acre in 23 Parzellen auf.[15]

Es gab auch andere Fälle, in denen die verkaufsfähigen Grundstücke in der Nähe einer Stadt lagen, wie etwa die »Manhattan Estates«. Sie waren »nicht mehr als eine Dreiviertel-Meile von der wohlhabenden und schnell wachsenden Stadt Nettie entfernt«. Pech nur, dass diese Stadt »Nettie« gar nicht existierte. In Florida war schließlich der Straßenverkehr so überlastet, dass sich die Eisenbahnen im Herbst 1925 gezwungen sahen, ein Beförderungsverbot für

15) Der Acre wurde als die Ackerfläche festgelegt, die ein Mann mit einem Ochsen an einem Tag beackern konnte (siehe Morgen (Einheit)). Da dies sehr variabel erscheinen mag, wurde der Acre umdefiniert. Die Flächen wurden in England von Edward I., Edward III., Heinrich VIII. und Georg IV. gesetzlich verankert und in den Kolonien (Commonwealth) inklusive den USA übernommen. Im britischen Weights and Measures Act von 1878 wurde der Acre mit 4 840 Quadrat-Yards definiert.

weniger wichtige Frachtgüter zu erlassen, worunter auch das Baumaterial für die neu entstehenden Siedlungen fiel. Die Grundstückspreise stiegen – wunschgemäß – weiter. Die Grundstücke im Umkreis von 40 Meilen um Miami wurden als »zentrale« Grundstücke zu einem Preis von 8 000 bis 20 000 Dollar verkauft, am Meer gelegene Grundstücke brachten 20 000 bis 25 000 Dollar ein, und Küstenlagen – mehr oder weniger gute – spülten den Verkäufern zwischen 20 000 und 75 000 Dollar in die Kasse.[16]

Im Frühjahr 1926 begannen die Preise plötzlich zu fallen. Um sie weiter ansteigen zu lassen, wäre ein Zustrom neuer Käufer erforderlich gewesen. Doch die Dynamik, die den Boom hervorgerufen hatte, ließ sich nicht sofort stoppen – derselbe Effekt zeigte sich dann auch 1928 und 1929. Zunächst konnte noch die Redegewandtheit der Grundstücksmakler die schlechter werdenden Aussichten ausgleichen. (Sogar William Jennings Bryan, der einst massiv gegen die Geschäftemacherei gewettert hatte, befasste sich eine Zeit lang mit dem traurigen Geschäft des Verkaufs von Sumpflandschaften.) Aber dieser Boom ging nicht an seiner eigenen Kopflastigkeit zugrunde.

Im Herbst des Jahres 1926 stellten zwei Hurrikans – um mit Frederick Lewis Allen zu sprechen – unter Beweis, »was ein sanfter tropischer Wind anstellen kann, wenn er von den Westindischen Inseln her schnell starten kann«.[17] Der Schlimmste dieser Wirbelstürme kostete am 28. September 1926 rund 400 Menschen das Leben, deckte Tausende von Dächern ab und peitschte Tonnen von Wasser und auch so manche elegante Jacht durch die Straßen von Miami. Der Sturm beendete den Grundstücks-Boom, aber schon im gleichen Atemzug prophezeite man den Beginn einer neuen Verkaufswelle. Im »Wall Street Journal« vom 8. Oktober 1926 gestand zwar ein gewisser Peter O. Knight ein, Angestellter

16) Diese Angaben sind überwiegend aus zwei Artikeln über den Grundstücks-Boom in Florida entnommen: Homer B. Vanderblue, in: The Journal of Land and public Utility Economics, Mai und August 1927.

17) Lewis Allen: Only Yesterday, New York 1931, S. 280. Andere Einzelheiten über die Schäden, die der Hurrikan verursachte, sind ebenfalls aus diesem immer noch erfrischend lebendigen Buch.

der Seabord-Airline und aus diesem Grund ein Verfechter der Zukunft Floridas, dass »17 000 bis 18 000 Menschen Hilfe bräuchten«, gab aber gleichzeitig bekannt, dass »das gleiche Florida mit seinen herrlichen natürlichen Gaben, seinem wundervollen Klima und seiner einmaligen geografischen Lage noch immer existiert. Es ist die Riviera von Amerika!« Und bekümmert stellte er fest, dass die Spendensammlungen des Roten Kreuzes für die Geschädigten des Hurrikans »Florida auf Dauer mehr Schaden zufügten, als den Empfängern Nutzen gebracht haben«.[18]
Auch diese hartnäckige Borniertheit, nicht wahrhaben zu wollen, dass der Boom vorbei war, entspricht dem klassischen Bild einer Spekulation. Für Florida war jedoch unwiderruflich das Aus gekommen: Die Bankausweise in Miami – eingereichte Schecks und Wechsel – beliefen sich 1925 auf ein Volumen von 1 066 528 000 Dollar – in Worten: eine Milliarde und 66 Millionen –. 1928 betrugen sie nur noch 143 364 000 Dollar.[19] Farmer, die ihr Land noch zu einem annehmbaren Preis verkauft und sich nachher geärgert hatten, als es für das Doppelte, ja sogar das Drei- und Vierfache des Preises weiterverkauft wurde, bekamen ihre Grundstücke zurück – durch eine ganze Kette von aufeinander folgenden Schuldnern und insolvent gewordenen Käufern. Die Grundstücke hatten schon Straßen mit wohlklingenden Namen, Gehwege und Straßenlaternen bekommen, und sie hatten noch etwas anderes bekommen: Steuern und Abgaben, die ein Vielfaches ihres Marktwerts ausmachten.

Der Florida-Boom war das erste Anzeichen für die Richtung, die die ganzen Zwanzigerjahre nahmen. Zudem schürte er die Überzeugung, der liebe Gott beabsichtige offenbar, die amerikanische Mittelklasse reich zu machen. Noch bemerkenswerter ist, dass diese Geisteshaltung, diese Einstellung, den Zusammenbruch in Florida überlebt hat. Die Allgemeinheit akzeptierte, dass die Sache in

18) Homer B. Vanderblue, a.a.O., S. 114.
19) Lewis Allen, a.a.O., S. 282.

Florida schiefgegangen war, ja schief gehen musste. Auch wenn die Menge der Spekulanten, verglichen mit der großen Zahl, die am Wertpapiermarkt aktiv sind, nur sehr klein war, so gab es doch fast in jeder Gemeinde einen Mann, von dem man wusste, dass der Florida-Boom ihm einen harten Schlag versetzt hatte. Noch ein ganzes Jahrhundert nach dem Zusammenbruch der South Sea Buble betrachteten die Engländer selbst renommierte Aktiengesellschaften mit Misstrauen. Die amerikanische Überzeugung, man könne am Aktienmarkt schnell und mühelos reich werden, wurde dagegen nach dem Ende des Florida-Booms nur noch stärker.

Als Lindbergh über den Ozean flog

Es ist schwer zu sagen, wann genau der Aktienboom der Zwanzigerjahre begonnen hat. Dass die Kurse der Stammaktien in diesen Jahren stiegen, war offensichtlich. Die Gesellschaften verdienten gut, die Einkünfte wurden immer höher. Auch die Zukunft erschien in günstigem Licht.

Zu Beginn der Zwanzigerjahre waren die Aktienkurse niedrig und die Renditen hoch. In der zweiten Hälfte des Jahres 1924 begannen die Notierungen zu steigen. Das blieb unverändert im Jahr 1925, und die Kurse stiegen sogar noch höher. Ende Mai 1924 beispielsweise meldete die »New York Times« für 25 Industrie-Aktien einen Durchschnittskurs von 106. Ende 1924 waren es schon 134,[20] am 31. De-

20) Während des ganzen Buches habe ich den New-York-Times-Industrial-Average als Maß für die Börsenkurse genommen. Der Index ist der arithmetische, ungewichtete Durchschnitt von 25 Aktien, welche die New York Times als »Aktien guter, solider Unternehmen mit aktiven Märkten« beschreibt. Die Bevorzugung des Times-Index vor dem Dow-Jones-Index oder anderen war mehr oder weniger zufällig. Ich habe den Index für den Industriesektor und nicht zum Beispiel den Index für Eisenbahnen oder einen kombinierten Index genommen, weil vor allem die Industrieunternehmen im Brennpunkt der Spekulation standen und die größten Preisbewegungen aufwiesen. Wenn ich es nicht anders bezeichnet habe, wurden Schlusskurse verwendet.

zember 1925 notierten sie bereits bei 181. Der Trend hielt 1925 an, es gab kaum Monate, in denen die Werte keinen Nettogewinn brachten.

Das Jahr 1926 führte dann aber zu einem kleinen Rückschlag. Die Geschäfte blieben am Anfang des Jahres ein wenig hinter den Erwartungen zurück. Viele begründeten dies damit, dass die entsprechenden Werte im Jahr zuvor unvernünftig stark angestiegen seien. Der Februar brachte den ersten harten Schnitt, und im März schließlich brachen die Preise ein. Der »Times-Index« für Industriewerte ging von 181, dem Wert zu Beginn des Jahres, auf 172 Ende Februar zurück und fiel bis Ende März weiter auf 143. Im April begann sich der Markt wieder zu festigen, die Werte stiegen. Der Oktober bescherte einen weiteren kleinen Rückschlag – just als der Wirbelsturm den Florida-Boom wie ein Phantom fortgeweht hatte –, aber der Markt erholte sich schnell. Am Jahresende waren die Werte vergleichbar mit denen zu Beginn des Jahres.

1927 schließlich kam es dann endgültig zum Aufschwung. Tag für Tag, Monat für Monat stiegen die Werte. Im Vergleich zu den späteren Zahlen waren die erreichten Gewinne zwar nicht sehr hoch, aber sie schienen zuverlässig. So wie im zurückliegenden Jahr gab es auch 1927 nur zwei Monate, in denen die Durchschnittswerte nicht weiter stiegen. Am 20. Mai, als Lindbergh zu seinem Transatlantik-Flug nach Paris startete, nahmen viele amerikanischer Bürger von diesem Ereignis überhaupt keine Notiz. Die Börse, die an diesem Tag wieder solide Gewinne verzeichnete, nahm sie so sehr in Anspruch, dass die Sensation eines Flugs über den Ozean dagegen regelrecht verblasste.

Im Sommer 1927 nahm Henry Ford sein unsterbliches Modell »T« vom Band. Er schloss seine Fabrik, um »Modell A« vorzubereiten. Der »Federal-Reserve-Index« – der Index der amerikanischen Zentralbank – der Industrieproduktion reagierte empfindlich, vermutlich eine Folge der Arbeitsunterbrechung bei Ford. Das Wort Depression machte die Runde, doch der Aktienmarkt zeigte sich ungerührt. Ende des Jahres erreichte der »Times-Index« für Industriewerte 245 Punkte – für 1927 ein Nettogewinn von 69 Punkten.

Doch im gleichen Jahr 1927 wurde auch die Saat für das nahende Unglück ausgestreut. Dies führte man auf ein großmütiges, aber unüberlegtes internationales Denken zurück. Manche Leute – darunter auch Hoover – nannten diese Einstellung pflichtvergessen oder sogar verräterisch. Im Jahr 1925 führte nämlich England unter Führung des damaligen Schatzkanzlers Winston Churchill die frühere Goldwährung wieder ein. Das Verhältnis zwischen Gold und den Währungen Dollar und Englisches Pfund wurde so wiederhergestellt, wie es vor dem Ersten Weltkrieg üblich gewesen war. Ohne Zweifel war Churchill die Unantastbarkeit des traditionellen Wertes des Britischen Pfunds, nämlich 4,86 Dollar, so wichtig, dass es ihm gar nicht in den Sinn kam, über die verzwickten Auswirkungen einer Überbewertung nachzudenken. Prompt traten auch schlimme Folgen ein: Die britischen Kunden mussten nun mit den kostspieligen Pfunden englische Waren einkaufen, und das zu Preisen, die nach wie vor die Inflation der Kriegsjahre widerspiegelten. Dementsprechend war England für Ausländer alles andere als ein Einkaufsparadies. Es war aber – aus dem gleichen Grund – ein außerordentlich günstiger Platz zum Verkaufen. Bereits 1925 hatte die Phase der Währungskrisen begonnen, die seitdem – wie die Löwen am Trafalgar Square und die Spaziergänger am Picadilly Circus – ihren festen Platz in der politischen Landschaft Großbritanniens haben. Die Auswirkungen im Inland waren unangenehm. Die Absatzschwierigkeiten bei Kohle und die Anstrengungen, die Kosten herunterzufahren und die Preise zu senken, um auf dem Weltmarkt wettbewerbsfähig zu bleiben, führten in Großbritannien 1926 zu Massenstreiks.

Auch damals – wie auch in späterer Zeit – floss das englische beziehungsweise europäische Gold in die Vereinigten Staaten. Dass dort die Preise hoch und die Zinsen niedrig waren, hätte eigentlich abschreckend wirken müssen. Im Frühjahr 1927 kamen nun drei »Pilger« in die Vereinigten Staaten, um für eine Politik des billigen Geldes zu werben – Montagu Norman, der Präsident der »Bank of England«, der ausdauernde, zähe Hjalmar Schacht, damals Reichsbankpräsident, und Charles Rist, Vizepräsident der Banque de France. Schon im Jahr 1925 waren sie erfolgreich für eine ähnliche Politik eingetreten. Die »Federal Reserve«, also die Zentralbank in New York, kam dieser Bitte nach und senkte den Diskontsatz von vier auf 3,5 Prozent. Staatsanleihen wurden in beträchtlichem Umfang aufgekauft. Die Folge: Banken und Privatpersonen, die diese Papiere verkauft hatten, floss frei verfügbares Geld zu.

Adolph C. Miller, Mitglied des »Federal-Reserve«-Rates, war mit dieser Aktion nicht einverstanden. Er beschreibt sie als »die größte und riskanteste Operation, die jemals vom Federal-Reserve-System unternommen wurde, aus der einer der teuersten Irrtümer resultierte, der in den vergangenen 75 Jahren vom Federal-Reserve- oder irgendeinem Bankensystem begangen wurde«.[21] Die Mittel, die die Zentralbank lockermachte, wurden entweder in Stammaktien investiert oder – und das war das Entscheidende – verflüssigt und dienten damit anderen als Finanzierungshilfen zum Kauf von Stammaktien. Mit neuem Kapital versehen, stürzten sich die Leute wie wild auf den Aktienmarkt.

In der wohl bekanntesten Beschreibung dieser Epoche kommt Professor Lionel Robbins von der »London School of Economics« zu folgendem Ergebnis: »Es lässt sich beweisen, dass von diesem Zeitpunkt an die ganze Entwicklung außer Kontrolle geriet!«[22] Die Auffassung, die Aktion des Zentralbankrats im Jahr 1927 sei an der Spekulation und an dem darauf folgenden Zusammenbruch schuld gewesen, wurde niemals ernsthaft bezweifelt. Es gibt mehrere Gründe,

21) Testimony before Senate Committee, zitiert von: Lionel Robbins: The Great Depression, New York 1934, S. 53.

22) Ebenda.

die für diese Theorie sprechen: Sie ist einfach zu verstehen, und sie spricht sowohl das amerikanische Volk als auch das amerikanische Wirtschaftssystem von jedem Vorwurf der Schuld frei. Das Risiko, von Ausländern hereingelegt zu werden, besteht ja immer. Norman und Schacht hatten ohnehin den Ruf, aus fragwürdigen Motiven heraus zu handeln. Dieser Version zufolge müsste man nun aber annehmen, dass Menschen immer dann spekulieren, wenn sie ausreichend Geld in der Hand haben, um ihre Spekulation zu finanzieren. Doch das ist keineswegs der Fall: Es gab immer Zeiten, in denen Kredite billig waren – viel billiger als im Jahr 1927 – und in denen nur wenig spekuliert wurde. Außerdem war die Spekulation, wie wir später noch sehen werden, nach 1927 ganz und gar nicht außer Kontrolle. Sie lag lediglich außerhalb der Einflusssphäre der Zentralbanker, die im Übrigen auch gar kein Interesse daran hatten, sie überhaupt zu kontrollieren. Letztlich ist diese Theorie nichts weiter als ein Eingeständnis, dass sich Menschen immer wieder bei bestimmten wirtschaftlichen Vorgängen erschreckend dumm verhalten.

Triumph der Phantasie

Bis Anfang 1928 mussten selbst äußerst konservativ eingestellte Leute glauben, dass die Aktienkurse sich sowohl den wachsenden Unternehmensgewinnen als auch den Aussichten auf weitere künftige Steigerungen anpassen würden. Auch die Phase des Friedens und die ruhigen Zeiten konnte man guten Gewissens einkalkulieren, ebenso die Sicherheit, dass die Regierung in Washington die Erträge nicht stärker als im notwendigen Maß besteuern würde. Anfang 1928 begann dann die Phase der Übertreibung: eine Massenflucht in die Scheinwelt – wichtiger Bestandteil einer jeden echten Spekulations-Orgie – nahm ernsthafte Formen an. Es war zwar noch nicht erforderlich, die wenigen vernünftigen Leute zu beruhigen, die aus einem dumpfen Gefühl des Unbehagens heraus einen Bezug – wenn auch nur einen vagen – zur Wirklichkeit forderten. Wie wir gleich sehen werden, wurde jedoch später diese Besänftigung – wie auch die Schaffung eines wirtschaftlichen Ausgleichs zum Klima in Florida – professionell ausgeführt. Schon lange fragte aber die Masse nicht mehr nach der Realität, sondern suchte immer neue Gründe, um in die Welt der Phantasie flüchten zu können.

Im Jahr 1928 gab es viele Anzeichen dafür, dass der wahre Spekulationstaumel in vollem Gang war. Am meisten verdächtig war das Verhalten des Markts: Die Wintermonate 1928 verliefen noch ziemlich ruhig, dann aber geriet er in Bewegung, nicht in langsamen, ruhigen Schritten, sondern mit Sprüngen. Gelegentlich ging er auf die gleiche Weise wieder zurück, jedoch nur, um sich kurz zu erholen und um daraufhin noch höher zu klettern. Im März 1928 kletterte der Durchschnittswert der Industrie-Aktien um fast 25 Punkte.

Nachrichten aus dem Strudel des Markts füllten die Titelseiten der Zeitungen. Manche Emissionen erzielten Gewinne von 10, 15 und 20 Punkten an einem einzigen Börsentag. Am 12. März stieg »Radio«, eine sehr gefragte Aktie, um 18 Punkte. In mancher Hinsicht ist dieses Papier das Symbol der Spekulation jener Zeit. Tags darauf eröffnete dieser Titel 22 Punkte über der Letztnotierung des Vortages. Dann brach er wieder um 20 Punkte ein aufgrund der Bekanntmachung, dass Art und Methode des Aktienhandels von der Börse überprüft würden, gewann dann aber wieder 15 Punkte und fiel schließlich um 9 Punkte zurück.[23] Einige Tage später, an einem »heißen Markttag«, gewann der Titel wieder 18 Punkte.

Im März-Boom triumphierten, wie noch nie zuvor geschehen, die Transaktionen der großen, professionellen Makler. In der Lehre vom Wettbewerbsmarkt ist der Wertpapierhandel der unpersön-

23) Lewis Allen, a.a.O., S. 297.

lichste aller Märkte. Keine Doktrin wird von den Börsenpropheten eifersüchtiger bewacht.

»Die Börse ist ein Markt, auf dem die Preise das Grundgesetz von Angebot und Nachfrage reflektieren«[24], behauptet die New Yorker Börse mit dem Brustton der Überzeugung und charakterisiert damit sich selbst. Selbst der gläubigste »Wall-Streetler« gibt gelegentlich zu, dass doch eher persönlicher Einfluss seine Geschicke lenkt. Irgendwo gibt es eben doch einflussreiche Personen, die die Aktienkurse steigen und dann wieder fallen lassen. Je stärker der Boom wurde, desto mehr gewannen die »Großen« in der öffentlichen Meinung an Bedeutung – jedenfalls unter dem Aspekt der Spekulation. Im März entschlossen sich diese »Großen«, den Markt künstlich in die Höhe zu treiben, zu »pushen«. Sogar einige ernsthafte Wissenschaftler vermuteten eine Absprache hinter diesem Kursaufschwung.

Wenn dies zutrifft, dann war John J. Raskob eine sehr ausschlaggebende Persönlichkeit. Raskob hatte weitreichende Beziehungen, war Direktor von General Motors, stand dann den DuPonts nahe und sollte bald Vorsitzender des Demokratischen National-Komitees werden, da Al Smith ihn für dieses Amt ausersehen hatte. Ein Beobachter des Marktes und Zeitgenosse, Professor Charles Amos Dice von der Ohio State University, sah gerade in dieser Verquickung den Beweis für das neu gewonnene Prestige der Wall Street und für die Wertschätzung des amerikanischen Volkes. »Heute«, so bemerkte er, »beruft der scharfsinnige, erfahrene Kandidat einer der großen politischen Parteien einen Unternehmer am Aktienmarkt ... als einen Mann von Goodwill und populären Stimmenfänger.«[25] Am 23. März 1928 äußerte sich Raskob, als er gerade eine Schiffsreise nach Europa antrat, positiv zu den Verkaufsaussichten der Autoindustrie für den Rest des Jahres und zum Anteil, den General

24) Understanding the New York Stock Exchange, 3.

25) New Levels in the Stock Market, New York, 1929, S. 9.

Motors an diesem Geschäft haben würde. Er soll auch angeregt haben – ohne dass man ihm dies später nachweisen konnte –, dass GM-Aktien nicht niedriger als mit zwölffachem Gewinn verkauft werden sollten. Das hätte einen Preis von 225 Punkten bedeutet, bei einer laufenden Notierung von 187 Punkten. So, wie die »Times« es beschrieb, waren es die Magie seines Namens und die Tatsache, dass Raskobs »Temperament vor Optimismus sprühte«, was den Markt schließlich in einen wahren Taumel führte. Am 24. März, einem Samstag, gewann General Motors fünf Punkte, und am folgenden Montag stieg dieses Papier auf 199. Der Aufschwung bei General Motors löste eine lebhafte Handelsaktivität bei allen Titeln aus.

Unter jenen, die in diesem Frühjahr die Vorgänge am Markt entscheidend beeinflussten, war auch William Crapo Durant. Er war ursprünglich die treibende Kraft bei General Motors; Raskob und die DuPonts hatten ihn im Jahr 1920 aus dem Unternehmen geworfen. Nach einem weiteren Abenteuer im Autogeschäft wurde er hauptberuflich Aktienspekulant. Auch den Gebrüdern Fisher – sieben an der Zahl – schrieb man einen starken Einfluss auf den Markt zu. Sie kamen ebenfalls von General Motors und stießen mit großem Vermögen zur Wall Street. Weiter wurde ein Mr. Cutten genannt, geborener Kanadier, Getreidespekulant, der erst kurz zuvor sein Tätigkeitsfeld von der Handelskammer Chicago zur Wall Street verlegt hatte. Als Börsenmakler musste Cutten große persönliche Handicaps überwinden: Er war sehr schwerhörig, und einige Jahre später gaben sogar seine engsten Berater zu, dass auch sein Gedächtnis nicht mehr so recht funktionierte.

Diese Gruppe beeindruckte Professor Dice ganz besonders durch »ihren großartigen Weitblick, ihre unbegrenzte Hoffnung und ihren Optimismus«. Alle diese Männer, so bemerkte er, seien unbehindert von der schweren Last der Tradition auf den Markt gekommen. Um ihren Einfluss auf den Markt zu beschreiben, reichte Professor Dice offensichtlich nicht einmal mehr die eigene Sprache aus. »Geführt von diesen mächtigen Rittern der Automobilindustrie, der

Stahlindustrie, der Radioindustrie ...«, sagte er wörtlich, »und, last but not least, begleitet von vielen berufsmäßigen Börsenhändlern, die nach einer Phase, in der sie nur in Sack und Asche unterwegs waren, nun der Vision einer fortschrittlichen Zukunft nachjagten, hat sich der Markt zur Zeit von Coolidge fortbewegt wie einstmals die Phalanx des berühmten Perserkönigs Cyrus, parasang auf parasang[26] und wieder parasang auf parasang ...«[27]

Im Juni 1928 ging der Markt einen oder zwei »parasang« zurück – die Verluste der ersten drei Wochen waren fast so groß wie die Gewinne im März. Der 12. Juni, ein Tag besonders schwerer Verluste, wurde zum Markstein. Einige Jahre zuvor hatten die Männer mit dem »berühmten Weitblick« erklärt, der Tag werde kommen, an dem fünf Millionen Anteile an der New Yorker Börse gehandelt werden. Damals war das lediglich eine Spekulation in Worten, doch sie sollte von der Realität noch übertrumpft werden. Am 12. März wurde der bisher höchste Tagesumsatz von 3 875 910 Anteilen erreicht, und Ende März war ein Umsatzvolumen dieser Größenordnung bereits alltäglich. Am 27. März wurden schon 4 790 270 Anteile gehandelt, am 12. Juni wechselten 5 052 790 Anteile den Besitzer. Der Fernschreiber hinkte fast zwei Stunden hinter dem Markt her. »Radio« verlor 23 Punkte. Eine New Yorker Zeitung überschrieb ihren Bericht über die Tagesereignisse mit der Schlagzeile: »Die Hausse an der Wall Street brach gestern mit einer Detonation zusammen, die auf der ganzen Welt zu hören war.«[28]

Die Nachricht vom Ende der Hausse war mindestens genauso verfrüht wie jede andere seit der Falschmeldung vom Tode Mark Twains. Der Monat Juli brachte wieder einen geringen Gewinn, und

26) Altes persisches Längenmaß – etwa fünf Kilometer. Symbolisch für das unaufhaltsame Anschwellen des Aktienmarkts.

27) Ebenda, S. 6f.

28) Hausse: nachhaltiger Anstieg der Wertpapierkurse einzelner Marktbereiche oder des Gesamtmarktes über einen mittleren bis längeren Zeitraum. Die Hausse ist von einer »freundlichen Kursentwicklung«, die sich nur auf einen Teilmarkt bezieht oder nur von kurzer Dauer ist, nicht exakt abzugrenzen. (FAZ.net)

im August setzte eine starke Aufwärtsentwicklung ein. Nicht einmal die anstehenden Wahlen konnten den Aktienboom hinauszögern. Die Leute blieben relativ unbeeindruckt, als am 17. September Roger W. Babson bei einer Rede in Wellesley, Massachusetts, sagte: »Wenn Smith mit einem demokratischen Kongress gewählt wird, ist mit Sicherheit noch für 1929 eine wirtschaftliche Depression zu erwarten.« Dagegen meinte er, dass »die Wahl von Hoover mit einem republikanischen Kongress anhaltende Prosperität für 1929 garantieren wird«. Wahrscheinlich gingen die Leute auch davon aus, dass Hoover Präsident würde. Dieselbe Versicherung kam gleichzeitig von höherer Warte. Andrew W. Mellon, Inhaber und Gründer der Mellon National Bank und zugleich Schatzminister, erklärte: »Es gibt keinen Grund zur Aufregung. Die Hochkonjunktur wird sich fortsetzen.« Mellon wusste es nicht anders. Auch keine der anderen einflussreichen Persönlichkeiten des öffentlichen Lebens, die damals solche und ähnliche Versicherungen abgab, wusste es. Man kann auch nicht davon ausgehen, dass die Männer, die dies prophezeiten, dazu ausersehen waren, weiter in die Zukunft zu blicken als andere Menschen. Mellon tat nur das, was man damals glaubte, tun zu müssen, um den Wirtschaftskreislauf in Gang zu halten. Allein mit der feierlichen Versicherung, der Wohlstand werde andauern, glaubte man sicher sein zu können, dass der Wohlstand auch tatsächlich bleibt. Besonders unter Geschäftsleuten ist dieser Konjunktur-Fetischismus weit verbreitet.

Hoovers Victory-Boom

Präsident Hoover wurde im Herbst 1928 in einem Erdrutschsieg gewählt. Hätten die Spekulanten Hoovers Gedanken gekannt, dann hätte das einen schweren Rückschlag am Markt verursacht. In seinen Memoiren erzählte Hoover, ihm seien schon im Jahr 1925 Bedenken wegen der immer größer werdenden Flutwelle der Spekulation gekommen.[29] Während der folgenden Monate und Jahre verwandelte sich diese Besorgnis allmählich in eine Alarmstimmung und schließlich in panische Angst vor dem großen Unglück. »Es gibt Verbrechen«, so Hoover über die Spekulation, »die viel schlimmer sind als Mord, Verbrechen, für welche die Menschen geächtet und bestraft werden sollten.«[30] Als Handelsminister war er immer bestrebt gewesen, den Markt unter Kontrolle zu bekommen.

Hoovers Haltung gegenüber dem Markt war jedoch ein außerordentlich gut gehütetes Geheimnis. Die Leute wussten nichts von seinen vergeblichen Bemühungen, die von Coolidge und dem Federal Reserve Board, dem Zentralbankrat also, gemeinsam vereitelt wurden. Die Nachricht von seiner Wahl führte aber nicht zu einer Panik – ganz im Gegenteil: Sie war der Anstoß für die größte Umsatzbewegung im Börsenhandel.

Am 7. November, dem Tag nach der Wahl, gab es einen »Victory Boom«: Die führenden Börsenpapiere stiegen um 5 bis 15 Punkte. Der Börsenumsatz erreichte 4 894 670 Anteile und lag damit knapp unter dem Rekordumsatz des 12. Juni. Eines ist jedoch festzuhalten: Diese Rekordhöhe wurde bei steigendem und nicht bei fallendem Markt erreicht. Am 16. November wurde der Markt von einer erneuten Verkaufswelle heimgesucht. Die erstaunliche Zahl von 6 641 250 Anteilen wechselte den Besitzer – das lag weit über dem bisherigen Rekord. Der Times-Industrie-Index stieg um viereinhalb Punkte an einem einzigen Handelstag. Damals galt dies als eindrucksvoller Fortschritt. Abgesehen von den Nachwirkungen der Wahl gab es nichts, was diese Begeisterung hätte entfachen können. Die Schlagzeilen des Tages meldeten lediglich, dass das Dampfschiff »Vestris« gesunken war, und schilderten in diesem Zusammenhang die »Heldentaten« der Offiziere und Mannschaften, die Frauen und

29) Herbert Hoover, The Memoirs of Herbert Hoover, The Great Depression, 1929–1941, New York 1952, S. 5.
30) Ebenda, S. 14.

Kinder zur Seite gestoßen hatten, um ihr eigenes Leben zu retten. Der 20. November war wieder ein großer Tag: Das Handelsvolumen – 6 503 230 Anteile – war zwar zahlenmäßig geringer als am 16., aber man war sich einig, dass der Handel wesentlich lebhafter gewesen sei. Am nächsten Morgen bemerkte die »Times«, dass »der Aktienmarkt durch eine zyklonartige Dynamik ein in der Geschichte der Wall Street bislang nie erreichtes Ausmaß angenommen habe«.

Der Dezember lief nicht ganz so gut. Zunächst gab es einen starken Rückschlag, und am 8. Dezember fiel »Radio« um satte 72 Punkte an einem Tag. Der Markt beruhigte sich jedoch wieder. Im ganzen Jahr 1928 stieg der Times-Industrie-Durchschnitt von 245 auf 331, also um 86 Punkte. Im gleichen Zeitraum stieg »Radio« von 85 auf 420 – das Papier hatte nie eine Dividende abgeworfen –, Du Pont kletterte von 310 auf 525, Montgomery Ward von 117 auf 440, Wright Aeronautic von 69 auf 289.[31] Das ganze Jahr über wurden an der New Yorker Börse 920 550 032 Anteile gehandelt – zum Vergleich die Summe des bisherigen Rekordjahres 1927: 576 990 875 Anteile.[32] Aber es gab noch einen anderen Index, der viel bedeutsamer war für das, was sich am Markt abspielte: die phänomenale Ausweitung des Termingeschäfts.

Markt ohne Grundsätze

Bei jedem Boom werden an einem bestimmten Punkt alle Grundsätze über Bord geworfen – auch beim Grundstückseigentum. Es gilt ausschließlich die Spekulation auf einen raschen Preisanstieg. Einkommen aus dem Vermögen, seine Nutzung und die Vorteile daraus, sein dauerhafter Wert – alles ist reine Theorie. Wie im Fall

31) Dice, ebenda, S. 11

32) New York Stock Exchange, Year Book, 1929–1930, New York.

der weniger attraktiven Florida-Anteile deutlich wurde, ist es sogar möglich, dass eine Nutzung bestimmter Grundstücke in der Realität gar nicht möglich ist. Das Einzige, was in solchen Fällen Relevanz besitzt, ist die Tatsache, dass morgen oder zumindest nächste Woche die Marktwerte steigen – so wie sie es gestern oder in der Woche vorher taten – und dass dann ein Gewinn erzielt wird. Daraus folgt: Der einzige Vorteil des Eigentums, an dem der Eigentümer in den Zeiten eines Booms interessiert sein kann, ist der Wertzuwachs. Der Spekulant würde es sehr begrüßen, wenn das Recht auf Wertsteigerung von den anderen, ihm unwichtigen Vorzügen der Eigentümerschaft wie auch von deren Risiken abgekoppelt (getrennt) werden könnte. Ein derartiges Arrangement würde es ihm nämlich erlauben, sich ausschließlich auf die Spekulation zu konzentrieren, und die ist nun einmal sein Geschäft. Das ist der Genius des Kapitalismus: Wann und wo immer Nachfrage entsteht, dauert es nicht lange, bis sie befriedigt wird. In allen Hochzeiten der Spekulation gab es Möglichkeiten für den Spekulanten, sich auf sein eigentliches Geschäft zu konzentrieren.

Beim Florida-Boom waren es die Vorverkaufsverträge. Nicht das Land selbst wurde gehandelt, sondern das Recht, Land zu einem bestimmten Preis zu kaufen. Dieses Recht zu kaufen erhielt man, wenn man zehn Prozent des Verkaufspreises anzahlte, und man konnte es weiterhandeln. Die Manipulation ermöglichte es den Spekulanten, an den vollen Gewinn des Wertzuwachses zu gelangen. Wenn der Wert des Anteils gestiegen war, konnte er den »Binder«, also das Vorkaufsrecht, zu dem Preis wiederverkaufen, zu dem er ihn eingekauft hatte, zuzüglich der Preissteigerung.

Das größte Problem beim Eigentumserwerb – ob es sich nun um Grundstücke oder andere Vermögenswerte handelt – besteht darin, das Geld für den Kaufpreis aufbringen zu müssen. Mit Hilfe des »Binder«-Systems des Vorverkaufsrechts verringerte sich die Last um 90 Prozent – das heißt, es multiplizierte die Größe der Grundstücke, von denen der Spekulant den Wertzuwachs »ernten«

konnte, mit dem Zehnfachen. Der Käufer verzichtete gerne auf die anderen Vorteile des Eigentums, zum Beispiel auf das laufende Einkommen, das es ja auch teilweise gar nicht gab, und auf die eventuelle Möglichkeit einer dauernden Nutzung, an der er ja ohnehin nicht im Mindesten interessiert war.
Denn auch der Aktienmarkt ist darauf angelegt, die spekulativen Kräfte der Spekulanten zu bündeln, und er baut seine Vorzüge erwartungsgemäß – und zwar zu einem wesentlichen Teil – auf den Grundvoraussetzungen des Immobilienmarkts auf.

Am Aktienmarkt erhält der Wertpapierkäufer, der ein Termingeschäft abschließt, den gesamten Vermögenstitel ohne jeglichen Vorbehalt. Jedoch ist er von der höchst belastenden Bürde befreit, die ein Eigentümer in der Regel zu tragen hat, nämlich den Kaufpreis aufzubringen, sobald er seine Aktien bei seinem Makler als Pfand für den Kredit hinterlegt, den der Makler für ihn bezahlt hat. Der Käufer erhält erneut den vollen Gewinn von jedem Wertzuwachs – der Preis der Papiere steigt, der Wert des Kredits aber, mit dem sie gekauft wurden, steigt nicht mehr mit. Am Aktienmarkt erhält der Spekulant auch die Einkünfte aus den Wertpapieren, die er gekauft hat. In jenen Tagen jedoch lagen die Einkünfte fast ständig unterhalb der Kreditzinsen. Sehr oft waren sie weitaus niedriger. Die Wertpapierrenditen bewegten sich allgemein zwischen null und einem und höchstens zwei Prozent. Die Kreditzinsen betrugen oft acht oder zehn Prozent oder waren noch höher. Der Spekulant war bereit zu bezahlen. Er war auch bereit, auf die Nutzung des Wertpapiereigentums zu verzichten. Aber er war nicht bereit, auf die Chance der Gewinnmitnahme zu verzichten.

Der Mechanismus, mit dem die Wall Street das Spekulieren von den unerwünschten Einkünften und Lasten des Eigentums befreit, ist sehr exakt, um nicht zu sagen: teuflisch. Die Banken statten die Makler mit Geld aus, die Makler strecken es den Kunden vor, und das Pfand wandert in einem reibungslosen, automatischen Fluss zu den Banken zurück. Die Margen, also die Sicherheitsleistungen, lassen sich ohne viel Aufwand kalkulieren und überwachen. Die Summe an Bargeld, das der Spekulant zusätzlich zu den Wertpapieren aufbringen muss, um den Kredit sicherzustellen, muss er gegebenenfalls erhöhen, nämlich dann, wenn der Wert der als Pfand hinterlegten Papiere fällt und folglich der Garantieschutz, den die Papiere verkörpern, schwächer wird. Die Zinssätze lassen sich schnell und leicht manipulieren, um das Kapitalangebot an die Nachfrage anzugleichen. Die Wall Street hat ihren Stolz auf dieses Arrangement nie öffentlich zur Schau getragen. Der beschriebene Mechanismus ist sicherlich bewundernswert, vielleicht sogar genial, aber eben nur im Zusammenhang mit dem Zweck, dem er dient, nämlich, den Spekulanten zufriedenzustellen und die Spekulation zu erleichtern. Das kann die Wall Street natürlich nicht offiziell zugeben. Würde die Börse solche Absichten eingestehen, dann würden sofort all die aufrichtigen Leute sie verdammen und laut nach einer Reform rufen.

Das Termingeschäft aber ist notwendig – nicht weil es den Spekulanten hilft, sondern weil es Geschäfte ermöglicht, die einen dünnen, blutarmen Markt in einen runden, gesunden verwandeln. Das Termingeschäft ist bestenfalls eine recht unerfreuliche und zweifelhafte Nebenerscheinung. Aus dieser Perspektive ähnelt die Wall Street einer wunderschönen Frau, die schwarze Baumwollstrümpfe und dicke, wollene Unterwäsche tragen muss und gezwungen ist, mit ihren Kochkünsten zu prahlen, weil sie – unglücklicherweise und so ganz nebenbei – eine perfekte Hure ist. Auch der wohlmeinendste Anhänger der Börse müsste zugeben, dass das Volumen der Maklerkredite, für die Wertpapiere, die im Termingeschäft wieder erworben wurden, als Pfand hinterlegt sind, ein zuverlässiger Maßstab für das Volumen der Spekulation ist. Gemessen an diesem Index nahm die Spekulation im Jahr 1928 sehr schnell ein großes Ausmaß an. Zu Beginn der Zwanzigerjahre bewegten sich die Maklerkredite, die aufgrund ihrer Liquidität auch »tägliches Geld« oder »Kredite auf dem Markt für tägliches Geld« genannt werden, zwischen einer Million und eineinhalb Millionen Dollar.

Zu Beginn des Jahres 1926 stieg das Volumen dieser Kredite auf zweieinhalb Millionen Dollar und verharrte das ganze Jahr in etwa auf diesem Niveau. 1927 wuchsen die Kredite um eine weitere Million, am Ende des Jahres standen sie bei 3 480 780 Dollar. Das schien eine unglaubliche Summe, aber es war erst der Anfang: Im Frühjahr 1928 begann die Expansion erst richtig. Die Maklerkredite erreichten am 1. Juni 1928 die Marke von vier Millionen Dollar, am 1. November kletterten sie auf fünf Millionen, und am Ende des Jahres marschierten sie auf die Sechs-Millionen-Marke zu.[33] So etwas hatte es bis zu diesem Zeitpunkt noch nicht gegeben.

Die Leute schlugen sich um die Aktien, um in den Genuss der Wertsteigerung zu kommen, ohne die Kosten des Eigentümers tragen zu müssen. Diese Kosten übernahmen in erster Instanz die New Yorker Banken und wurden auf diese Weise sehr schnell zu Agenten für alle Geldverleiher des Landes, ja für die Geldverleiher der ganzen Welt. Es ist kein Geheimnis, warum jeder sein Geld in New York verleihen wollte. Ein Paradoxon, das auf der Wertpapierspekulation beruht, ist der Umstand, dass die damit verbundenen Kredite zu den sichersten Geldanlagen gehören. Sie werden durch Aktien abgedeckt, die unter normalen Marktbedingungen sofort liquidierbar sind, und außerdem noch von den Bareinschüssen. Das Geld lässt sich, wie gezeigt, bei Bedarf zurückholen. Zu Beginn des Jahres 1928 brachte dieses zahlungskräftige und außerordentlich sichere Geschäft für risikoloses Kapital eine Rendite von rund fünf Prozent ein. Obwohl für ein Papier »mit Goldrand« bereits fünf Prozent eine sehr günstige Verzinsung sind, stiegen die Zinssätze kontinuierlich während des ganzen Jahres 1928. Am Jahresende erreichten sie zwölf Prozent. Aber auch dann war es immer noch ein ganz sicheres Geschäft.

In Montreal, in London, in Shanghai und in Hongkong – überall sprach man von diesen Zinssätzen. Und überall sagten sich die

33) Ihre Zahl betrug am Jahresende 5 722 258 724 Dollar. Die Zahlen sind dem Jahrbuch 1928–1929 der New York Stock Exchange entnommen und enthalten nicht die zeitlich berfristeten Darlehen der Broker.

Leute, die Geld hatten: Zwölf Prozent sind schließlich zwölf Prozent! Ein gewaltiger Goldstrom floss zur Wall Street und trug dazu bei, dass die Amerikaner neue Aktien auf Kredit kaufen konnten. Auch die Unternehmen fanden diese Gewinne respektabel, erbrachten doch die zwölf Prozent, die die Wall Street bot, eine viel bessere Rendite für das arbeitende Kapital des Unternehmens als die Produktion selbst. Einige Unternehmen beschlossen daher, nicht weiter Güter zu produzieren – ein Prozess, der Kopfzerbrechen und viele Probleme verursachte –, sondern künftig die Spekulation zu finanzieren. Noch mehr Unternehmen fingen an, ihre Gewinne an der Wall Street zu verleihen. Und es gab sogar noch tollere Möglichkeiten, Geld zu verdienen: Grundsätzlich konnten die New Yorker Banken von der Federal Reserve Bank für fünf Prozent Geld aufnehmen und es auf dem Markt für tägliches Geld für satte zwölf Prozent weiterverleihen. Das geschah wirklich, und es war vermutlich die profitreichste Arbitrage[34] aller Zeiten.

Jeder kann verdienen!

Das Jahr 1928 bot viele Möglichkeiten, Geld zu verdienen. In wohl kaum einer anderen Zeit konnte man so schnell reich werden. Aber 1928 war auch das letzte Jahr, in dem die Amerikaner heiter, sorglos und rundum glücklich waren. Das soll nicht heißen, dass im Jahr 1928 alles zu gut lief, um von Dauer zu sein. Dumm war nur, dass der Aufschwung anhielt. In der Januar-Ausgabe der »World's Work« versuchte Will Payne, nachdem er die Wunder des

34) Arbitrage beschreibt das Ausnutzen von räumlichen oder zeitlichen Preisdifferenzen für ein Gut. Bei Wertpapieren profitiert der Arbitrageur von unterschiedlichen Preisen zweier Börsen. Arbitragegewinne lassen sich vor allem bei Futures erzielen, wenn starke Kursveränderungen von anderen Marktteilnehmern noch nicht sofort nachvollzogen wurden. Auch bei Anleihen lassen sich solche Gewinne erzielen, da der Markt meist weniger liquide und weniger transparent ist. (FAZ.net)

zurückliegenden Jahres gerühmt hatte, den Unterschied zwischen einem Spieler und einem Investor zu erklären. Ein Spieler, so seine Definition, gewinnt nur, wenn ein anderer verliert, während beim Investieren jeder gewinnt. Ein Investor, so Payne weiter, kauft General Motors für 100 Dollar, gibt sie an einen anderen für 150 Dollar weiter, der sie an einen Dritten für 200 weiterverkauft. Jeder hat daran verdient. Wie schrieb doch der Wirtschaftspublizist Walter Bagehot einmal: »Alle Menschen sind gutgläubig, solange sie glücklich und zufrieden sind.«[35]

35) Walter Bagehot: Lombard Street, London 1922, S. 151.

Kapitel 2

Es musste etwas geschehen

Nur in der Rückschau lässt sich erkennen, warum das Jahr 1929 dazu ausersehen war, ein Jahr zu werden, an das man noch lange denken wird. Nicht, weil Hoover bald Präsident werden sollte und der Aktienmarkt nicht gerade zu seinen Lieblingen zählte. Auch diese Erkenntnisse tauchen in der Regel erst in der Rückblende auf. Es lag auch nicht daran, dass vielleicht weise Männer gewusst hätten, dass nun eine Depression fällig war. Denn kein Mensch, ob klug oder nicht, kann wissen, wann eine Depression kommt oder sogar kommen muss.

Zunächst deutete alles darauf hin, dass ein spektakulärer Boom am Aktienmarkt im Kommen war. Aber wie alle Booms musste auch dieser einmal zu einem Ende kommen. Am 1. Januar 1929 sah es zum Beispiel ganz danach aus, als würde der Boom noch vor Ende des Jahres enden. Denn wenn die Preise nicht mehr weiter steigen, also der Käuferkreis, der selbst bei Preissteigerungen noch kauft, erschöpft ist, dann verlöre das Eigentum »auf Pump« seinen Sinn, und jeder würde versuchen zu verkaufen. Das bedeutet: Der Markt wäre nicht mehr ausgewogen und würde plötzlich einbrechen.

Diejenigen, die zumindest theoretisch die Verantwortung für das trugen, was hier passierte, befanden sich in einer recht verzwickten Situation. Eines der wohl größten Rätsel der Politik lautet: Wer reguliert die Regulierer? Wer schreibt denjenigen vor, die Vorschriften machen? Ein ebenso verwirrendes Problem, dem niemals die gebührende Aufmerksamkeit gewidmet wurde, liegt in der Frage: Wer macht jene weise, von denen man Weisheit verlangt?

Einige Leute in einflussreichen Positionen wollten, dass der Boom weitergeht. Denn sie verdienten daran: Möglicherweise ahnten sie auch das persönliche Unglück, das sie erwartete, wenn der Boom zu Ende war. Aber es gab auch Leute, die sahen – wenn auch nur verschwommen –, dass man eigentlich etwas gegen die wilde Spekulation tun müsste.

Auch einflussreichen Personen stellt sich bei jedem Versuch zu handeln das gleiche, unlösbare Problem: Die Folgen eines erfolgreichen Eingreifens schienen beinahe genauso schlimm wie die Folgen der Untätigkeit, sie konnten sogar noch schlimmer sein für jene, die sich der Sache annahmen. Eine Blase kann schnell zum Platzen gebracht werden. Aber sie mit einer Nadel so anzustechen, dass sie nicht platzt, sondern allmählich kleiner wird, ist eine äußerst schwierige Aufgabe. Diejenigen, die ein Gefühl dafür hatten, was sich zu Beginn des Jahres 1929 abspielte, hegten ein wenig Hoffnung, wenn auch keine Zuversicht, dass die Übertreibung vielleicht eingedämmt werden könnte. Es gab nur die Wahl zwischen einem sofortigen, aber bewusst herbeigeführten Crash oder einer späteren, aber unüberschaubaren Katastrophe. Im ersten Fall hätte man sicherlich irgendjemanden für den Zusammenbruch verantwortlich gemacht. Ungefähr zehn Jahre lang hatte die Verwaltung der Federal Reserve ihre Verantwortung an der Deflation von 1920/21 abgestritten. Es darf bezweifelt werden, ob Anfang 1929 das Problem der zwei Alternativen überhaupt so klar erkannt werden konnte. Aber unabhängig davon, ob man diese Situation erahnte oder nicht, es gab nur diese eine Wahl. Sie hing wie ein schwarzer Schatten über jeder Konferenz, die sich mit der Frage befasste, wie man mit dem Aktienmarkt verfahren solle.

Die Zentralbank drückt sich

Für die Entscheidung waren letztlich der Präsident der Vereinigten Staaten und der Finanzminister, das »Federal Reserve Board« in Washington sowie der Gouverneur und die Direktoren der Federal Reserve Bank in New York verantwortlich. Als aber die mächtigste aller Federal-Reserve-Banken und zugleich die mit dem Aktienboom vor der Tür, nämlich die Bank von New York, die Verantwortung übernahm, akzeptierten die anderen elf Banken des Zentralbankensystems ihre Vorschläge nicht.

Entweder wusste Präsident Coolidge nicht, was ablief, oder er kümmerte sich nicht darum. Einige Tage, bevor er im Jahr 1929 aus dem Amt schied, äußerte er fröhlich, dass er die Wirtschaft für ausgesprochen gesund halte und die Aktien »zurzeit recht billig seien«.[36] Bei früheren Warnungen, dass die Spekulation ihm über den Kopf wachsen könnte, hatte er sich damit beruhigen können, dass dies in erster Linie den Zentralbankrat, also das Federal Reserve Board, anging.[37] Dieser Rat war eine halbautonome Körperschaft, und zwar aus gutem Grund: Der Kongress wollte ihn auf diese Weise vor politischer Einflussnahme schützen.

Wie klein auch immer seine Skrupel gewesen sein mögen: Präsident Coolidge hätte durch seinen Finanzminister handeln können, der ja von Amts wegen zugleich Mitglied der Federal Reserve Bank war. Der Minister hatte ebenfalls die erste Verantwortung für die Wirtschaft im Allgemeinen und für die Finanzpolitik im

36) Herbert Hoover, a.a.O., S. 16.
37) Ebenda, S. 11.

Besonderen. Aber sowohl in diesem als auch in anderen Gebieten der Wirtschaftspolitik erwies sich Andrew M. Mellon als ausgesprochen passiv. Die Verantwortung ging deshalb auf das Federal Reserve Board und auf die Federal-Reserve-Banken über.

Die Regulierung der wirtschaftlichen Aktivität ist zweifellos die am wenigsten elegante und undankbarste aller öffentlichen Tätigkeiten. Nahezu jeder ist gegen Regulierung. Ihre Rechtfertigung liegt in der unvoreingenommenen Entscheidung zugunsten des kleineren Übels. Die Regulierung hat ihren Ursprung in hartnäckigen Kongressdebatten, bei denen die Eigeninteressen der Lobbyisten zuweilen so bloßgestellt werden, dass es ans Obszöne grenzt. Die Vorbereitung und die Umsetzung der Vorschriften wiederum durchlaufen die Mühlen der Bürokratie, die unablässig harscher Kritik ausgesetzt sind.

In jüngster Zeit ist es üblich geworden, dass diejenigen, die verantwortlich sind, bei jeder Gelegenheit ihre Unzulänglichkeiten eingestehen.

Die große Ausnahme bei dieser traurigen Geschichte ist die Tätigkeit der Zentralbank, in unserem Fall der Federal Reserve Bank (Fed). Die Regulierung ist hier eine allgemein anerkannte Aufgabe. Niemand muss sich entschuldigen, wenn er in diesem Sinne tätig wird. Männer, deren konservative Haltung über jeden Zweifel erhaben war, wären bereit gewesen aufzustehen und entsprechend in das Wirtschaftsgeschehen einzugreifen – hätte man sie nur dazu aufgefordert. Aber gerade das wurden sie nie. Derart eingreifende Lenkungsmaßnahmen sind nämlich nicht das Werk von Büroangestellten, Statistikern, Protokollbeamten, Rechtsanwälten und kleineren Angestellten in einem der emsigen Bürogebäude an der Mall, dem »Englischen Garten« von Washington. Lenkungsmaßnahmen entstehen vielmehr in angemessener Weise, anlässlich einer routinemäßigen Unterhaltung von Leuten mit ruhigen und ernsten Gesichtern, jeder an seinem gewohnten Platz an einem hübschen runden Tisch in einem reich getäfelten, elegant möblierten Raum. Diese Männer geben auch keine Anordnungen heraus, sie regen sie bestenfalls an.

In erster Linie steuern sie Zinssätze, kaufen oder verkaufen Wertpapiere – und während sie das tun, regen sie – beinahe unmerklich – an der einen Stelle den Wirtschaftskreislauf an und drosseln ihn an einer anderen. Weil die große Mehrheit der Bevölkerung die Bedeutung dieses Handelns nicht begreift, gesteht man ihnen – beinahe zwangsläufig – höhere Einsicht zu. Gelegentlich werden ihre Aktionen zwar auch kritisiert, doch in der Mehrzahl der Fälle werden sie nur unter die Lupe genommen, um nach versteckten Nebenabsichten zu suchen. Das ist das ganze Geheimnis des Zentralbankensystems, das war die Rolle, die das Federal Reserve Board 1929 in Washington spielte oder spielen sollte, die Körperschaft, die zwölf Federal-Reserve-Banken leitete und steuerte. Doch lag hierin gleichzeitig das unüberwindbare Hindernis: Das Federal Reserve Board jener Zeit war von außergewöhnlicher Inkonsequenz geprägt.

Viele Jahre lang, bis Ende 1927, war Vorsitzender und leitender Kopf vermutlich Daniel R. Crissinger. Als erster Anwalt der Marion Steam Shovel Company von Marion in Ohio war er für seine Aufgabe geschult worden. Ob er ein guter Student war, ist nicht bekannt, doch sein Karriereweg scheint dem eines anderen jungen Mannes aus Marion ebenbürtig zu sein, nämlich dem Warren G. Hardings. Dieser brachte Crissinger nach Washington, wo Harding allerdings als Politiker keinen guten Ruf genoss. 1927 wurde Crissinger von Roy A. Young abgelöst, der acht Jahre lang Gouverneur der Federal Reserve Bank von Minneapolis gewesen war. Young wusste zweifellos, was Sache war. Er war jedoch ein Mann der Vorsicht, den es nicht unbedingt danach drängte, als Märtyrer des zusammenstürzenden Booms in die Annalen einzugehen. Seine Kollegen entsprachen den üblichen Beamtentypen, wie sie von Hoover und Coolidge ernannt worden waren. Mit Ausnahme des ehemaligen Hochschulprofessors Adolph C. Miller bezeichnete Herbert Hoover sie alle als »mittelmäßige Geschöpfe«.[38]

38) Ebenda, S. 9.

Die New Yorker Federal Reserve Bank stand jedoch unter einer sehr energischen Leitung. Viele Jahre lang, bis 1928, war ihr Gouverneur Benjamin Strong, seit Nicholas Biddle der erste Amerikaner, der sich einen Namen als Zentralbankfachmann erwarb. Strongs Meinung wurde innerhalb des Zentralbankensystems mit fast der gleichen Ehrfurcht akzeptiert wie der Goldstandard. In den Augen von Herbert Hoover jedoch – und in diesem Fall wird die Ansicht von Hoover auch von anderen Kreisen geteilt – war Strong der Mann, den die größte Schuld an der Inflation traf, weil ihm nichts ferner lag als die Sorge um die Inflation. Er war es, der 1927 eine Lockerung der Geldmarktsätze veranlasste, um den unter großem Druck stehenden Ländern Europas zu helfen. Dafür nannte Hoover ihn später einen »Europa-Lobbyisten«.[39]

Das ist unfair. Denn die Handlungsweise von Gouverneur Strong war unter den damaligen Umständen ausgesprochen vernünftig. Wie bereits im vorherigen Kapitel gezeigt, gehört viel mehr dazu, eine Spekulation zu starten, als nur Geld zu verleihen. Wie auch immer, die sich nur zwei Häuserblocks entfernt abspielende ungebremste Spekulation hatte die New Yorker Bundeszentralbank unter der Leitung von Gouverneur Strong nicht ausreichend aufgeschreckt. Das wurde sie auch nicht, als Strong im Oktober 1928 gestorben war und George L. Harrison seinen Platz einnahm. Auch zu diesem Zeitpunkt machte man sich nicht allzu viele Gedanken. Ein Grund war sicherlich, dass die New Yorker Bundeszentralbank von einflussreichen Persönlichkeiten, die selbst stark spekulierten, in ihrer Sicherheit bestärkt wurde. Einer von ihnen war Charles E. Mitchell, der Vorsitzende des Direktoriums der National City Bank, der am 1. Januar 1929 Mitglied im Vorstand der Bundeszentralbank von New York wurde. Das Ende des Booms hätte auch das Ende von Mitchell bedeutet. Mitchell war aber nicht der Mann, der seinen eigenen Rücktritt riskiert hätte.

39) Ebenda, S. 9f.

Es gibt kein Bremsen mehr

In der allgemein anerkannten Chronik dieser Phase hält man die führenden Köpfe der Zentralbank weniger für unaufmerksam, eher für unfähig. Sie hätten den Boom gerne gestoppt, aber dazu fehlten ihnen die Mittel. Doch diese Version verdeckt die wahre Natur des Zwiespalts, in dem sich die Verantwortlichen befanden.

Die klassischen Kontrollinstrumente waren in der Tat relativ unbrauchbar. Wie jeder Student im ersten Semester Volkswirtschaftslehre weiß, gibt es zwei Kontrollinstrumente: Offenmarktpolitik und Diskontpolitik. Auf die vorliegende Situation bezogen bedeutet dies: Offenmarktverkäufe von staatlichen Wertpapieren[40] durch die Bundesbank lenken das Bargeld, das für die Papiere bezahlt wurde, in die Banktresore. Dort ruht es und richtet keinen Schaden an. Wäre es in die Handelsbanken geflossen, so hätten diese es an ihre Kunden verliehen, ganz besonders in jenen Tagen, an denen jeder Aktien kaufte.

Hätte diese Politik Erfolg haben sollen, dann hätte das Federal-Reserve-System allerdings auch Wertpapiere zum Verkaufen haben müssen. Eine der Segnungen der Jahre der Depression, des Krieges und der Defizitwirtschaft seit 1930 ist die umfassende Anlage von Staatsobligationen bei den Reserve-Banken. Damals, 1929, waren die Banken nicht so gut damit ausgestattet.

Anfang 1928 hatte das Federal-Reserve-System 617 Millionen Dollar in seinem Portefeuille. In der ersten Jahreshälfte wurden erhebliche Verkäufe durchgeführt, offensichtlich, um den Geldzufluss abzusaugen, der den Markt speiste. Die Verkäufe wurden in der zweiten Jahreshälfte nicht fortgesetzt, weil man irrtümlich annahm, diese Politik habe bereits zum Erfolg geführt und der Boom sei bereits unter Kontrolle. Man hätte sie ohnehin nicht länger fortsetzen können. Ende 1928 hatte das Zentralbanksystem nur noch 228 Mil-

40) Oder der Verkauf oder das Reduzieren des Bestands an kurzfristigen Handelspapieren.

lionen Staatstitel im Bestand. Hätte man sie alle zusammen auf den Markt geworfen, so hätte man möglicherweise Wirkung erzielen können. Aber das Direktorium neigte nicht zu einer solch drastischen Maßnahme, die darüber hinaus die Zentralbank weitgehend von den Gewinn bringenden Geldanlagen abgeschnitten hätte.

In den ersten Monaten des Jahres 1929 wurden Verkäufe von jeweils einigen Millionen durchgeführt, doch diese Maßnahmen verpufften. Überdies befürchtete das Direktorium, auch dem legitimen Wirtschaftsleben die notwendigen Mittel vorzuenthalten, wenn es der Börse das Geld nicht gab. Die Reserve-Banken kauften weiterhin Akzepte – also Sicherheiten, die im Zuge der gewöhnlichen, nicht spekulativen Handelsgeschäfte anfallen –, und dafür verliehen die Handelsbanken hocherfreut mehr Geld an die Börse, nachdem sie nicht mehr dem Zwang unterlagen, diese Papiere ins eigene Depot zu legen.

Das andere Instrument der Federal-Reserve-Politik ist der Rediskontierungssatz. Die Fed kann damit den Zinsfuß steuern, zu dem die Handelsbanken bei den Zentralbanken Geld aufnehmen, um Kreditansprüche zu befriedigen, die über ihre eigenen Mittel hinausgehen. Im Januar 1929 lag der Diskontsatz der Federal Reserve Bank bei fünf Prozent, und der Zinssatz für Maklerkredite schwankte zwischen sechs und zwölf Prozent.

Von der Zentralbank Geld auszuleihen, um den Erlös direkt oder indirekt an den Aktienmarkt weiterzugeben, wäre für die Banken nur dann uninteressant gewesen, wenn der Zinssatz drastisch erhöht worden wäre. Ungeachtet der grundsätzlichen Abneigung gegen solch drastische Mittel hätte eine derartige Erhöhung auch die Zinsen für Darlehen an gewöhnliche Geschäftsleute, Verbraucher und Landwirte nach oben getrieben. Höhere Zinsmargen hätten also jeden hart getroffen – nur nicht den Spekulanten. Denn jemand, der beispielsweise zehn Prozent bezahlte, um seine Anteile an »Radio«-Aktien über das Jahr 1928 zu bringen, wäre nicht abgeschreckt und auch nicht beunruhigt gewesen, auch wenn der Zinssatz um das Dop-

pelte erhöht worden wäre, erzielte er in diesem Jahr doch 500 Prozent Gewinn durch die Wertsteigerung seiner Investitionen.
Am 14. Februar 1929 machte die Federal Reserve Bank den Vorschlag, den Diskontsatz von fünf auf sechs Prozent zu erhöhen, um die Spekulation unter Kontrolle zu bringen. Das Federal Reserve Board in Washington war der Meinung, dass durch diese Geste, die an sich ja ohne größere Bedeutung war, lediglich die Zinssätze und damit die Kosten für die Geschäftskunden unter den Kreditnehmern erhöht würden. Es folgte eine lange Kontroverse, in der sich Präsident Hoover auf die Seite des Zentralbankrates gegen die Bank von New York stellte. Der Diskontsatz wurde erst im Spätsommer erhöht.

Aber da war noch etwas anderes, was der Federal Reserve eine willkommene Entschuldigung für ihre Passivität bot, nämlich der bereits erwähnte Kapitalzufluss von den Unternehmen und Privaten zum Geldmarkt. 1929 lenkte beispielsweise Standard Oil von New Jersey im Durchschnitt täglich 69 Millionen Dollar in den Markt für tägliches Geld. Electric Bond and Share kamen durchschnittlich auf mehr als 100 Millionen Dollar.[41] Einige Unternehmen, darunter Gesellschaften wie Cities Service, verkauften sogar Wertpapiere und liehen den Erlös am Aktienmarkt aus.[42] Anfang 1929 waren die Kredite aus der Industrie in etwa so hoch wie die Geldsummen, die über die Bankschalter gingen, und später wurden sie sogar noch größer. Deshalb war es den führenden Köpfen in der Federal Reserve klar, dass sie keinen Einfluss mehr auf die Geldversorgung hatten.

In Wirklichkeit aber war die Federal Reserve nur deshalb hilflos, weil sie hilflos sein wollte. Hätte sie sich zum Handeln entschlossen, dann hätte sie beispielsweise den Kongress um Ermächtigung ersu-

41) Stock Exchange Practices, Report of the Committee on Banking and Currency pursuant to Senate Resolution 84, Washington 1934, S. 16.
42) Ebenda, S. 13f.

chen können, den Kauf von Wertpapieren auf Kredit zu unterbinden. In diesem Fall wäre dem Zentralbankrat die Möglichkeit eingeräumt worden, bestimmte Mindestanforderungen für die Kreditvergabe festzusetzen. Die Deckungsbeträge waren 1929 recht hoch: Als Vorsichtsmaßnahme verlangten die meisten Makler von den Käufern 45 bis 50 Prozent des Aktienwertes, den sie kaufen wollten, in bar zu hinterlegen. Das war häufig die komplette Barschaft der Kunden. Eine Steigerung der Deckungsbeträge auf 75 Prozent, etwa im Januar 1929, oder allein schon der Vorschlag, diese Maßnahme zu ergreifen, hätte für die vielen kleinen – und auch für so manchen großen – Spekulanten bedeutet, verkaufen zu müssen. Der Boom hätte ein rasches und vielleicht dramatisches Ende gefunden. Die Ermächtigung zur Festsetzung von Deckungsbeträgen wurde schließlich dem Zentralbankrat im Jahr 1934 durch das »Börsenhandelsgesetz« erteilt – einem Jahr, in dem die Gefahr einer erneuten Spekulation genauso groß war wie die des Wiederauflebens der Prohibition.

Vielleicht hätte 1929 eine ordentliche Strafpredigt an die Adresse der Spekulanten durch eine einflussreiche Person, verbunden mit der Warnung, dass der Markt viel zu teuer ist, ausgereicht, den Bann zu brechen. Das hätte sicher einige Leute aus ihrer Traumwelt in die Realität zurückgeholt. Die ganz hartnäckigen Spekulanten, die so lange wie möglich am Markt bleiben wollten, um letztendlich dann doch noch die Papiere abzustoßen oder kurzfristig zu disponieren, hätten ihre Positionen sicherlich auch glattgestellt oder auf kurze Frist gehandelt. Wenn erst einmal das Verkaufen losgegangen wäre, dann hätte sicher ein demonstrativer Pessimismus es geschafft, die Verkäufe weiter anzutreiben. Das Problem dabei waren die Auswirkungen derselben. Im »Waffenlager« der Zentralbank war die Reaktion auf Warnungen am wenigsten abzuschätzen – sie hätte auch sehr verheerend sein können. Zudem wären diejenigen dafür verantwortlich gemacht worden, die die Warnung ausgesprochen hatten. Dies war wohl der Grund, warum die Vorsichtigeren unter den

Fed-Beamten zu Beginn des Jahres 1929 es vorzogen zu schweigen.

Doch der Boom hielt an. Im Januar 1929 stieg der Index für die von der »Times« ausgewählten Industriewerte um 30 Punkte über die Marke des Strohfeuers nach der Wahl im November 1928. Die Maklerkredite weiteten sich sogar um 260 Millionen Dollar aus. Unmittelbar nach Neujahr, als der Markt zu einem Höhenflug ansetzte, überstieg das Handelsvolumen an der New Yorker Börse die magische Fünf-Millionen-Dollar-Grenze. Ein Eingreifen wäre jetzt katastrophal gewesen, und doch musste etwas geschehen. Zuletzt entschied sich das Reserve Board, ein Pressekommuniqué herauszugeben. Am 2. Februar schrieb es an die Reserve-Banken:

»Eine Handelsbank hat keinen vertretbaren Anspruch, den Rediskont bei ihrer Reserve-Bank in Anspruch zu nehmen, wenn sie Geld aufnimmt, um Spekulationsdarlehen zu vergeben oder aufrechtzuerhalten. Die Federal Reserve hat kein Bedürfnis, ihre Macht einzusetzen, um sich in die Kreditpraktiken der Mitgliedsbanken einzumischen, solange sie die Federal Reserve Bank nicht berühren. Sie trägt jedoch die Verantwortung, wenn sich herausstellt, dass Mitgliedsbanken spekulative Wertpapierkredite mit Hilfe der Federal Reserve aufrechterhalten.«[43]

Am 7. Februar warnte das Board die Öffentlichkeit verhalten, sozusagen im Prosa-Stil und als Treuhänder:

»Wenn der Zentralbankrat der Meinung ist, dass die Bundes-Reserve-Banken an der wirksamen Durchführung ihrer Aufgaben gehindert werden und daran, die Kreditinstrumente des Bundeszentralbankensystems im Sinne einer Förderung von Handel und Geschäft einzusetzen, so ist es seine Pflicht, die Umstände, die dazu geführt haben, näher zu untersuchen sowie angemessene und wirksame Korrekturmaßnahmen zu treffen. In der gegenwärtigen Situation bedeutet das, dass der direkte oder indirekte Gebrauch der

43) Thomas Wilson: Fluctuations in Income and Employment, S. 147.

Kreditvergabemöglichkeiten der Zentralbank zur Unterstützung des Wachstums von Spekulationskrediten eingeschränkt wird.«[44]

Fast zeitgleich mit dieser verklausulierten Warnung erfuhr man, dass die »Bank of England« den Diskontsatz von viereinhalb auf fünfeinhalb Prozent erhöhte, um den Kapitalabfluss aus Großbritannien zu dem neuen »Golconda«[45] zu verringern. Das Ergebnis war ein tiefer Einbruch im Markt: Am 7. Februar brachen die im Aktienindex der »New York Times« enthaltenen Industriewerte um elf Punkte ein. Der Markt erholte sich zwar wieder, aber im Laufe des Februars wurde kein nennenswerter Nettogewinn erzielt. Nationalökonomen haben eine nette Bezeichnung für derlei Bemühungen der Federal Reserve: Sie nennen es »moralisches Zureden«. Da der Markt nur vorübergehend unter Kontrolle stand, war man sich dahingehend einig, dass dieses »moralische Zureden« ein Fehlschlag war. Genau die entgegengesetzte Entscheidung hätte getroffen werden müssen. Man kann sich wohl kein zaghafteres Kommuniqué vorstellen als das des Boards. Dass das Board nicht beabsichtigte, sich in das Kreditgeschäft zur Förderung der Spekulation einzumischen, solange die Kredite der Federal Reserve nicht tangiert wurden, ist bemerkenswert. Offensichtlich war die Fed nicht daran interessiert, die Spekulation unter Kontrolle zu bringen; vielmehr wollte sie sich selbst aus der Verantwortung für die weiter anhaltende Spekulation stehlen. So mancher anonymer, wohl formulierender Schreiber tat kund, dass allenfalls ein weiteres Anwachsen der Spekulation alarmierend sei. Angesichts der vorherrschenden Nervosität an den Märkten genügte jedoch bereits diese schwache Erklärung, um einen deutlichen Rückgang auszulösen.

44) Ebenda, S. 147f.

45) Residenz eines sagenhaft reichen indischen Nabobs aus dem 17. Jahrhundert.

Kurz vor der Explosion

Im März wurde die Nervosität am Markt größer. Nervös zeigten sich auch die Leute der Federal Reserve Bank. Aus dieser Zeit stammt die nette Bemerkung von Ex-Präsident Coolidge, wonach die Aktien billig seien und das Land sich bester Gesundheit erfreue. Der Markt schlug hohe Wellen, als Hoover am 4. März sein Amt antrat. Die Zeitungen sprachen von einer Amtseinführungsbörse. Wie Hoover sich den Spekulanten gegenüber verhalten würde, war noch unbekannt. Zumindest in den folgenden Wochen blieb der Markt stabil.
Gegen Ende des Monats aber machten beunruhigende Nachrichten an der Wall Street die Runde. Das Federal Reserve Board trat jeden Tag in Washington zusammen, doch es gab kein Kommuniqué. Reporter und Journalisten versuchten, die Mitglieder nach den Sitzungen auszuquetschen, trafen aber nur auf hartnäckiges Schweigen. Es gab auch keine Hinweise darauf, wozu die Sitzungen dienten, doch jeder wusste, dass sie die Börse betrafen. Die täglichen Sitzungen gingen weiter, und einmal kam man sogar an einem Samstag zusammen.

Die Spannung wurde immer größer. Am Montag, 25. März, dem ersten Börsentag nach der ungewöhnlichen Zusammenkunft am Samstag, spitzte sich die Lage zu. Obwohl – oder vielleicht gerade weil – Washington noch immer schwieg, begannen die Leute, ihre Papiere zu verkaufen. Die Favoriten der Spekulation, allen voran Commercial Solvents, Wright-Aeronautic und American Railway Express, brachen um zehn Punkte oder mehr ein. Der Industriedurchschnitt der »Times« büßte an einem einzigen Tag satte neuneinhalb Prozent ein. Noch wichtiger war aber, dass einige Banken begannen, die Maklerdarlehen auf dem Markt für tägliches Geld zu kürzen – vermutlich vorbeugend für den Fall, dass die Federal Reserve zusammenbricht und dann ehrbares Verhalten besser honoriert wird als Gewinn. Daraufhin stiegen die Kreditzinsen auf 14 Prozent.

Am Dienstag, 26. März, verschärfte sich die Lage weiter. Das Federal Reserve Board hüllte sich weiterhin in Schweigen – ein Schweigen, das langsam, aber sicher, demoralisierend wirkte. Angst ergriff den Markt. Immer mehr Leute verkauften, und das in einem enormen Ausmaß. 322 246 740 Anteile wechselten den Besitzer an der New Yorker Börse, was alle Rekorde brach. Die Preise waren im freien Fall, Punktverluste von 20 bis 30 pro Tag an der Tagesordnung. Der Times-Industrial-Index lag vorübergehend 15 Punkte unter dem Schlusskurs des vorhergehenden Tages. Tausende von Spekulanten, die bisher blind an die Permanenz der Hausse geglaubt hatten, sahen nun zum ersten Mal, dass ihre Götzenbilder wankten.
Jedes neue Angebot lag weit unter dem jeweils letzten. Mit diesen Umsätzen konnte der Börsenticker nicht mehr Schritt halten und blieb weit hinter dem tatsächlichen Handelsgeschehen zurück. Die Lage wurde immer schlimmer – wie schlimm sie war, konnten nicht einmal die Meldungen aus dem Fernschreiber beschreiben. Allabendlich erhielten Spekulanten ein kurzes Telegramm ihrer Makler, dessen Inhalt in schärfstem Gegensatz zu dem ermutigenden, halbvertraulichen Plauderton eines »reichen Onkels« stand. Dieses Telegramm verlangte die umgehende höhere Abdeckung.

Doch die Banken strichen unbeirrt weiter die Segel vor dem Sturm. Einige Profihändler verkauften vermutlich – man war sich dessen sogar relativ sicher –, weil sie ahnten, dass es bald kein Geld mehr geben würde, um Aktien auf Kredit anzukaufen und mit Gewinn wieder abzustoßen. Dieser Zeitpunkt schien nahe, denn am Morgen des 26. März kletterte der Tagesgeld-Zinssatz auf 20 Prozent und damit auf den höchsten Wert im 1929er-Boom.

Am 26. März 1929 hätte eigentlich alles zu Ende sein können: Geld war knapp geworden, und die Behörden hätten es auch weiterhin knapp halten sollen. Doch die Verkaufspanik hätte angedauert, jeder Preissturz hätte neue Spekulanten zum Verkauf veranlasst, und auf diese Weise wären die Preise noch stärker gefallen. Doch dazu kam es nicht. Wenn irgendjemand die Verantwortung für diese Entwicklung trug, dann war dies Charles E. Mitchell. Die Fed zögerte, Mitchell nicht. Er entschied sich für den Boom. Er war Vorsitzender einer der beiden größten und einflussreichsten Commercial Banks, galt als aggressiver und sehr erfolgreicher Investmentbanker und bekleidete eine Position als Direktor der New York Federal Reserve Bank. Aus diesen Gründen hatte er zumindest so viel Autorität wie irgendjemand in Washington. Als das Geld knapp wurde, die Zinssätze stiegen und die Kurse fielen, entschloss sich Mitchell zu handeln. Der Presse gegenüber erklärte er: »Wir haben eine Verpflichtung, die über den Warnungen der Federal Reserve oder von anderer Seite steht. Es gilt, eine gefährliche Krise auf dem Geldmarkt zu vermeiden.« Die National City, so sagte er, würde ausreichend Geld verleihen, um die Auflösung der Wertpapierbestände zu vermeiden. Sie würde sich das Geld – und das tat sie auch – von der New Yorker Federal Reserve Bank leihen und genau das tun, wovor die Bundeszentralbank gewarnt hatte.

Mitchells Worte zeigten geradezu magische Wirkung: Bis zum Abend des 26. März waren die Zinssätze gefallen, der Markt hatte sich wieder beruhigt. Die Federal Reserve schwieg weiterhin. Aber nun war ihr Schweigen beruhigend, denn es bedeutete, dass sie Mitchells Tun billigte. Am folgenden Tag regulierte die National City ihre Verbindlichkeiten. Sie werde vernünftige Zinssätze garantieren, indem sie 25 Millionen Dollar auf den Tagesgeld-Markt werfe – fünf Millionen Dollar bei einem Zinssatz von sechzehn Prozent und je fünf Millionen zusätzlich für jedes weitere Prozent. Einige Tage später rechtfertigte sie in ihrem Monatsbericht ihr Verhalten und gab eine Erklärung zu dem Dilemma, das sich für die Fed aufgetan hatte. Es hieß darin: »Die National City Bank erkennt die Gefahr der Überspekulation in vollem Maße und pflichtet den Federal-Reserve-Behörden bei, wenn diese eine Kreditausweitung verhindern wollen. Doch gleichzeitig will die Bank – und mit ihr die gesamte Geschäftswelt und sicherlich auch die Federal Reserve Bank – einen

Crash des Wertpapiermarkts verhindern, da dies die Wirtschaft hart treffen würde.«[46]

Falsche Propheten

Mitchell entkam dieser Kritik nicht, es kam zu einer Untersuchung vor dem Senat. Senator Carter Glass, Initiator der Federal-Reserve-Gesetzgebung und deshalb verständlicherweise an ihrer Durchführung interessiert, sagte: »Er (Mitchel) gibt zu, dass er sich einer wild gewordenen Börse mehr verpflichtet fühlt als seinem Eid als Direktor der New Yorker Federal Reserve Bank. Deshalb sollte die Bank ihn zum sofortigen Rücktritt auffordern.« Doch die Bank dachte nicht im Traum daran, ihn zu entlassen – ein weiteres Zeichen dafür, dass die Politik des »moralischen Zuredens« auf tönernen Füßen stand.

Noch stärker als Mitchell wurde die Federal Reserve kritisiert – obwohl sie nicht mehr hätte tun können, als sie tatsächlich tat. Arthur Brisbane sagte scharfsinnig: »Wenn das Kaufen und Verkaufen von Aktien falsch ist, dann müsste die Regierung die Börse schließen. Und wenn es nicht falsch ist, dann soll sich die Federal Reserve um ihre eigenen Angelegenheiten kümmern.« In einem Leitartikel in der Zeitschrift »Barron's« war ein gewisser Seth Axley weniger zurückhaltend: »Wenn das Federal Reserve Board den Investoren die Möglichkeit nimmt, an der wirtschaftlichen Entwicklung mit ihren neuen Techniken und bahnbrechenden Innovationen teilzuhaben, dann scheinen die Zweifel daran berechtigt, ob er überhaupt fähig ist, die Zeichen der Zeit zu verstehen.«[47] Da sich die

46) Aussage Mitchells, in: Stock Exchange Practices, Hearings, Subcommittee, Senate Committee on Banking and Currency – The Pecora Committee, Februar–März 1933, Punkt 6, S. 1817.

47) Barron's, 6. Mai 1929.

Tätigkeit der Federal Reserve gegen die Kapitalgeber darauf beschränkte, Sitzungen abzuhalten und zu schweigen, war diese Kritik sicherlich zu hart. Doch im Vergleich zu den Ausführungen eines jungen Wissenschaftlers aus Princeton, der sich in jener Zeit als führender Verteidiger der Wall Street hervortat, war sie gerade freundlich.

Josef Stagg Lawrences Buch »Die Wall Street und Washington«, das im gleichen Jahr erschien und die Unterstützung der Princeton-Universität besaß, beschrieb eine führende Wirtschaftszeitung als »frischen Luftzug«. Dass die Fed gegenüber der Wall Street eingegriffen habe, schreibt Lawrence in seinem bemerkenswerten Buch, sei nur vom Vorurteil diktiert gewesen – »einem Vorurteil, das auf dem Interessenkonflikt einer moralisch und intellektuell bedingten Antipathie zwischen den reichen, kultivierten und konservativen Küstenlandstrichen (einschließlich der Wall Street) und den armen, ungebildeten und radikalisierten Pionier-Regionen im Landesinnern basiert«.[48] Harte Worte fand der »kultivierte und konservative« Lawrence auch für die Verteidiger der Federal Reserve im Senat, einschließlich – sehr verwunderlich – des Senators der Küstengebiete von Virginia, Carter Glass. »Es scheint unglaublich, dass im Jahr 1929 eine Einrichtung von vermutlich intelligenten Männern des öffentlichen Lebens zulassen sollte, dass sich provinzielle Unkenntnis hemmungslos ausbreiten konnte. Doch genau das war geschehen ... Als sich der Senator des Old Dominion in dieser Kammer der Absurdität erhob, die man beratendes Gremium nennt (nämlich der Senat), zeugten seine Worte weder von Vernunft noch von Zurückhaltung. Schönrederei und Provinzialismus vereinigten sich hier, um eine völlig unschuldige Gesellschaft zu verdammen.«[49]

48) Josef Stagg Lawrence: Wall Street and Washington, Princeton 1929, S. 3.
49) Ebenda.

Selbst hartgesottene Wall-Street-Anhänger dürften überrascht gewesen sein, als sie bemerkten, dass mit der »unschuldigen Gesellschaft« sie gemeint waren.

Präsident Hoover erhält eine Warnung

Im März hatte Mitchell der Federal Reserve eine Niederlage bereitet, und die zog sich aus dem Kampfgeschehen zurück. Doch an der Wall Street war man weiterhin darüber beunruhigt, was er wohl als nächstes tun würde. Im April, so wird berichtet, soll William Crapo Durant dem Weißen Haus des Nachts einen geheimen Besuch abgestattet haben. Vermutlich hat er Präsident Hoover gewarnt, dass es einen schrecklichen Zusammenbruch geben müsse, wenn der Zentralbankrat nicht abberufen werde. Der Präsident legte sich nicht fest. Durant habe, so berichtet man weiter, seine Beteiligungen reduziert, bevor er nach Europa ging.[50] Im Juni warnte Lawrence von Princeton aus, dass das Board noch immer »sein Möglichstes tue, den sprichwörtlichen Affen-Schraubenschlüssel in die Maschinerie des Wohlstands zu werfen«. Auch fordere das Board die Feindschaft einer ehrbaren, intelligenten Gruppe, die das öffentliche Wohl im Sinne hatte, heraus. Damit war unter anderem auch die Wall Street gemeint. Aber der Rat war entschlossen, diese »ehrbare, intelligente und vom Allgemeinwohl ergriffene Gemeinde«[51] sich selbst zu überlassen. Man erkannte nämlich, wie Gouverneur Young später sagte, dass »wenn auch die Hysterie ein wenig zu zügeln ist, sie doch ihren Lauf nehmen muss und die Zentralbanken sich selbst nur für den unvermeidlichen Zusammenbruch wappnen

50) Josef Stagg Lawrence: Wall Street and Washington, Princeton 1929, S. 3.
51) Ebenda.

können«.[52] Präziser ausgedrückt: Die Federal Reserve Bank kam lediglich zu der Erkenntnis, dass der Zusammenbruch unvermeidlich war. Mit anderen Worten: Die Federal-Reserve-Behörden hatten beschlossen, für den Zusammenbruch nicht verantwortlich zu sein. Im August hob das Board den Diskontsatz auf sechs Prozent an. Der Markt war nur für einen Tag schwächer.

Jede potenzielle Konsequenz dieser Maßnahme wurde durch die gleichzeitigen Erleichterungen aufgehoben, die bei der Hereinnahme von Akzepten gewährt wurden. Und in der Tat: Der Markt hatte ab Ende März nichts mehr von den Behörden zu befürchten. Präsident Hoover bat Henry M. Robinson, einen Banker aus Los Angeles, als sein Sonderbeauftragter nach New York zu kommen und dort mit den Bankenspezialisten über den Boom zu verhandeln. Nach der Darstellung von Hoover versicherte man Robinson, alles sei in bester Ordnung.[53] Auch Richard Whitney, Vizepräsident der Börse, wurde ins Weiße Haus gerufen, und er forderte, gegen die Spekulation Maßnahmen einzuleiten. Doch nichts geschah. Hoover konnte sich lediglich mit dem Gedanken trösten, dass die unmittelbare Verantwortung für die Börsenaufsicht ja beim Gouverneur von New York, Franklin D. Roosevelt, lag.[54] Aber auch Roosevelt folgte der bewährten »Laisser-faire«-Politik, zumindest auf dem Aktienmarkt. Eine Anlageberatungsfirma in Boston namens McNeels Finanzdienst, die sich selbst – ein wenig hinterwäldlerisch – als »Aristokratie der erfolgreichen Kapitalanleger« bezeichnete, warb für einen neuen Führer für Kapitalanlagen. In der Überschrift der Werbung hieß es verheißungsvoll: »Er machte 70 000 Dollar, nachdem er das Buch *Der Börse die Stirn geboten* gelesen hatte.« Zweifellos hat dieser unbekannte Spekulant, wer auch immer es war, diese

52) Seymour E. Harris: Twenty Years of Federal Reserve Policy, Cambridge 1933, S. 547. Ich habe diesen ultrakonservativen, aber sehr sorgfältigen Bericht der Politik der Ferderal Reserve Bank viel benutzt.

53) Herbert Hoover: Memoirs, S. 17.

54) Ebenda. Hoover, der solche Details mit einer gewissen Sorglosigkeit behandelte, beschreibt Whitney als Präsidenten der Börse – was Whitney aber erst später wurde.

70 000 Dollar tatsächlich »gemacht«. Doch er hätte sie sicherlich auch verdient, wenn er das Buch vorher nicht gelesen hätte.

Denn nun, in der letzten Phase des Booms, sah sich der Markt sicher vor Eingriffen und Vergeltungsmaßnahmen seitens der Regierung, und er preschte mit Volldampf nach oben. Besonders nach dem 1. Juni gab es kein Halten mehr. Niemals vorher und auch niemals nachher wurden so viele Menschen so schnell und so mühelos reich. Vielleicht hatten die Herren Hoover und Mellon sowie die Federal Reserve wirklich Recht, als sie nicht eingriffen. Denn vielleicht lohnt es sich wirklich, eine lange Zeit arm zu sein, wenn man für kurze Zeit so reich gewesen ist.

Kapitel 3

Wir vertrauen auf Goldman Sachs[55]

Die unklare Politik der Fed war nicht die einzige Frage, mit der sich die Intellektuellen der Wall Street in den ersten Monaten des Jahres 1929 beschäftigen mussten. Es kursierte auch die Angst, dem Land gingen die Aktien aus. Dies lag daran, dass die Aktienkurse nun sehr hoch lagen und nicht genügend Papiere im Umlauf waren. Sie hatten eine Art Seltenheitswert erlangt, und einige Emissionen waren so begehrt, dass sie bald vom Markt verschwanden und zu keinem Preis wiedererschienen. Wenn nun die Aktien wirklich knapp wurden, so war das wohl die erstaunlichste Reaktion des Angebots auf die Nachfrage in der Geschichte der gut funktionierenden Wechselwirkung auf dem Markt. Das Bedürfnis der Leute, Aktien zu kaufen, und die Auswirkung dieses Bedürfnisses auf die Kurse waren ohne Zweifel das eindrucksvollste Phänomen in dieser Ära der Finanzgeschichte, die im Herbst 1929 zu Ende ging. Auch die Zunahme der Wertpapiere musste auffallen, und ebenso erstaunlich waren die Erfindungsgabe und der Eifer, mit dem immer neue

55) Parodie auf die Münzinschrift: Wir vertrauen auf Gott!

Gesellschaften ins Leben gerufen wurden, deren Aktien dann verkauft werden sollten. Die Steigerung des Wertpapiervolumens zwischen 1928 und 1929 diente jedoch keinesfalls nur dem Zweck, die Spekulanten zufriedenzustellen. Die Zeit war auch günstig, um Geld für Unternehmer zu beschaffen. Kapitalgeber stellten begeistert Geld zur Verfügung, ohne lästige Fragen zu stellen. (»Seaboard Airline« war zum Beispiel ein Favorit der Spekulanten, weil man annahm, es handle sich um eine Luftfahrt-Aktie mit erheblichen Wachstumschancen.) In diesen Jahren des Wohlstands erkannten die Leute mit dem ungetrübten Weitblick für den wachsenden Reichtum natürlich auch den hohen Stellenwert von Produktionsanlagen und arbeitendem Kapital. Mit anderen Worten: Es war keine Zeit des Geizes. Das Zeitalter der Verflechtungen brach an. Jede neue Fusion erforderte neues Kapital und eine neue Ausgabe von Wertpapieren, um sie zu bezahlen.

Es war zwar nicht die erste derartige Erscheinung, aber in mancher Hinsicht die erste dieser Art. Um die Jahrhundertwende wurden in einer Branche nach der anderen kleine Unternehmen zu größeren verschmolzen. In dieser Zeit entstanden Firmen wie United States Steel Corporation, International Harvester, International Nickel oder American Tobacco. Die fusionierten Unternehmen produzierten gleiche oder verwandte Produkte für denselben Inlandsmarkt. Hauptgrund für die Zusammenschlüsse war, den Wettbewerb zu vermindern, zu beseitigen oder zu regulieren. Jeder dieser neuen Giganten beherrschte einen Industriezweig; sie kontrollierten Preise, Produktion, möglicherweise sogar das Kapital und den Stand der technischen Neuerungen. Zu Zusammenschlüssen kam es auch in den Zwanzigerjahren, doch fusionierten hier in der Regel nicht Firmen, die im Wettstreit miteinander lagen, sondern Unternehmen, die die gleichen Ziele an anderen Orten verfolgten. Örtliche Elektrizitäts-, Gas-, Wasser-, Omnibusgesellschaften und Molkereien wurden in große regionale oder das ganze Land umfassende Gesellschaften verschmolzen. Man wollte hier weniger den Wettbewerb ausschalten, sondern vielmehr die haarsträubende Unfähigkeit, Unzulänglichkeit und Naivität und wohl auch die mangelnde Integrität der örtlichen Verwaltungen umgehen.

In den Zwanzigerjahren konnte ein Anleger im City-Bezirk von New York oder im Börsenviertel von Chicago, ohne dabei als Angeber zu gelten, sich stolz ein Finanzgenie nennen. Die Unternehmer und Manager in der Provinz waren es hingegen nicht. Es war wenig Rücksicht festzustellen, wenn die Vorteile diskutiert wurden, die zu erwarten waren, falls man die »dummen Bauern« durch eine Zentralverwaltung ersetzte. Im Fall der Versorgungsgesellschaften – Strom, Gas, Wasser – zentralisierte man bevorzugt die Verwaltung der Holdinggesellschaft. Man verschaffte sich die Kontrolle, indem man Mehrheitsbeteiligungen an Holdinggesellschaften erwarb, die wieder andere Holdinggesellschaften kontrollierten, welche dann ihrerseits – direkt oder indirekt – durch wieder andere Holdinggesellschaften die Produktionsgesellschaften kontrollierten. Überall im Land gingen örtliche Elektrizitäts- und Gasunternehmen sowie Wasserwerke in die Eigentumsstruktur dieses Holdingsystems über.

Eine ähnliche Entwicklung durchliefen Lebensmitteleinzelhandelsgeschäfte, Kaufhäuser und Filmtheater. Auch hier wurden die regionalen Eigentümer durch zentrale Kontrollorgane ersetzt. Das Instrument der Zentralisation war jedoch nicht die Holdinggesellschaft, sondern eine Kettenorganisation, die immer mehr neue Filialen einrichtete, anstatt bestehende Geschäfte zu übernehmen.

Die Holdings legten Wertpapiere auf, um Produktionsgesellschaften zu kaufen. Die Handelsketten gaben Wertpapiere aus, um neue Geschäfte und Theater zu bauen. In den Jahren vor 1929 sorgten die plötzlich auftauchenden Versorgungsgesellschaften – Associated Gas and Electric, Commonwealth and Southern – sowie die Insull Companies für Aufmerksamkeit. Ebenso typisch für diese Zeit waren die Ketten. Montgomery Ward zum Beispiel war einer der großen Favoriten auf Spekulationsgewinne – hauptsächlich deshalb, weil er eine Kettenorganisation aufbaute und sich damit eine große Zukunft erschloss. Gleiches gilt für Unternehmen wie Woolworth und American Stores. Das Interesse an Branchen- und Kettenbanken war ebenfalls groß. Allgemein war zu spüren, dass sich die Gesetze des Bundes und der einzelnen Staaten dieser Zusammenführung von Banken aus kleinen Städten und Gemeinden zu größeren überregionalen oder nationalen Gruppen wie eine archaische Schranke in den Weg stellten. Manipulationen, die geeignet schienen, den Wortlaut des Gesetzes zu umgehen – wozu die Einrichtung von Bankenholdings gehörten –, genossen hohes Ansehen. Besonders den Aktien der Branchen Radio und Luftfahrt prognostizierte man eine ertragreiche Zukunft. Es wurden Gesellschaften gegründet, die nichts hatten außer vagen Zukunftsaussichten.

Im September 1929 kündigte eine Anzeige in der »Times« die Einführung des Fernsehens an. Mit bewunderswertem Weitblick wurde festgestellt, dass »die wirtschaftlichen Möglichkeiten dieser neuen Kunst jede Vorstellungskraft übertreffen«. Die Anzeige sah das Fernsehen zu Hause schon im kommenden Herbst starten – und diese Prognose war weit weniger weitblickend. Hauptsächlich jedoch hatte der Boom seine Wurzeln – direkt oder indirekt – in den Industrieunternehmen. Neue und phantasievolle Emissionen für neue und phantasievolle Zwecke, sonst in Spekulationsphasen an der Tagesordnung, spielten nur eine Nebenrolle. Wenig Umsatz machten Unternehmen, die beispielsweise »Salzwasser, süß« anboten, Firmen, die Krankenhäuser für Mischlingskinder oder Schiffe zum Schutz vor Piraten bauten, zur Einfuhr großer Maulesel aus Spanien oder zum Bau von Rädern zu einem Perpetuum mobile, allesamt Gründungen aus der Zeit der »South Sea Bubble«.[56]

56) Walter Bagehot: Lombard Street, S. 130f.

Der Investmentboom

In den späten 1920er-Jahren war der Investment-Trust oder die Investmentgesellschaft ein Paradebeispiel spekulativer Schöpfung. Der Investment-Trust machte es möglich, Aktien alter Gesellschaften über neue Unternehmen zu erwerben. Aber sogar in den USA war in den Zwanzigerjahren das Effektivkapital begrenzt, sowohl in den bestehenden als auch in den neu gegründeten Unternehmen. Investment-Trusts boten den Vorteil, zwischen dem Volumen der umlaufenden Wertpapiere und dem Volumen der tatsächlich vorhandenen Werte zu trennen. Das Erstere konnte doppelt oder dreimal so hoch oder sogar um ein Vielfaches höher sein als das Letztere. Das Volumen des Effektenemissionsgeschäfts und das des Wertpapierhandels an der Börse dehnten sich entsprechend aus. Das Gleiche geschah mit den vorhandenen Papieren, denn die Investment-Trusts verkauften mehr Titel, als sie erwarben. Die Differenz wanderte auf den Markt für Tagesgeld, in Immobilien oder in die Taschen der Gründer. Wohl kaum eine Erfindung passte besser in die Zeit und war besser geeignet, die Angst vor einer plötzlichen Aktienknappheit zu zerstreuen.

Die Idee des Investment-Trusts ist schon alt, tauchte aber merkwürdigerweise erst spät in den USA auf. Seit den Achtzigerjahren fassten Kapitalgeber in England und Schottland ihr Geld zu Pools zusammen und kauften Aktien einer Investmentgesellschaft. Ein typischer Investment-Trust verwaltete Wertpapiere von 500 bis 1 000 Produktionsgesellschaften. Ein Anleger, der einige wenige oder auch mehrere Pfund besaß, konnte also sein Risiko viel breiter streuen, als wenn er selbst investiert hätte. Der Geschäftsleitung eines Trusts wurde unterstellt, dass sie viel besser über Gesellschaften und deren Aussichten zum Beispiel in Singapur, in Madras oder in Argentinien informiert war (britisches Kapital floss meistens an solche Plätze) als eine Witwe in Bristol oder ein Arzt in Glasgow. Das geringere Risiko und die besseren Informationen waren das bescheidene Entgelt wert, das die Unternehmer forderten. Trotz anfänglicher Misserfolge schaffte es der Investment-Trust bald auf einen wichtigen Platz an der britischen Börse. Vor 1921 gab es in den USA nur wenige kleinere Investmentgesellschaften.[57] Doch schon ab dieser Zeit wuchs das Interesse an Investment-Trusts – zum Teil aufgrund zahlreicher Artikel in Zeitungen und Illustrierten, die die englischen und schottischen Trusts detailliert beschrieben. Die USA, so erfuhr man, hinkten ihrer Zeit hinterher, andere Länder überträfen sie mit solchen Neuerungen.

Doch bald holten die USA auf, es wurden mehr Trusts gegründet. Anfang 1927 gab es schon annähernd 160, bis zum Ende des Jahres folgten noch 140 weitere.[58] Die Manager des britischen Trusts ließen bei der Investition des Kapitals, über das sie verfügten, größte Sorgfalt walten. In den ersten Jahren legten auch die amerikanischen Gründer größten Wert auf eine derartige Vertrauensstellung. Bei vielen der ersten Trusts kauften die Kapitalgeber Geschäftsanteile an einer bestimmten Auswahl von Unternehmensanteilen, die dann bei einer Trust-Gesellschaft hinterlegt wurden. Die Gründer entwarfen eine Reihe strenger Vorschriften: zur Art der zu kaufenden Wertpapiere, zur Form der Hinterlegung und zur Methode, wie man mit ihnen arbeiten musste. Später verzichtete man auf diese netten Kleinigkeiten. Aus dem Investment-Trust wurde die Investmentgesellschaft.[59] Sie verkaufte ihre Papiere an das breite Publikum – manchmal nur Stammaktien, meistens aber Stamm- und Vorzugsaktien, Obligationen sowie Hypothekenanteile. Die Erträge wurden dann so investiert, wie die Gesellschaft es für richtig hielt. Die Gefahr, dass sich der Inhaber von Stammaktien in die Geschäftsführung einmischte,

57) Cf. Investment Trusts and Investment Companies, Teil I, Report of the Securities and Exchange Commission, Washington 1939, S. 36.

58) Ebenda.

59) Und würde präziser als »Investment Company« oder »Investment Corporation« beschrieben. Doch habe ich hier die weniger präzise aber gebräuchliche Verwendung des Wortes benutzt.

war so gebannt. Es wurden ihm halt keine Stimmrechtsaktien verkauft, oder er musste unterschreiben, das Stimmrecht einem Trust zu übertragen, der dann von der Geschäftsführung kontrolliert wurde.

Lange Zeit waren die Investment-Trusts in den Augen der New Yorker Börse höchst verdächtig. Erst im Jahr 1929 wurden sie börsenfähig, aber selbst dann noch verlangte der Zulassungsausschuss, dass der Investment-Trust der Börse die Buch- und Marktwerte seiner Wertpapiere mitteilt und einmal im Jahr eine Inventur seiner Beteiligungen vorlegt. Diese Klausel beschränkte die Einführung der meisten Investment-Trusts auf den Freiverkehr, auf die Börsen Boston und Chicago oder auf Börsenplätze, die weit abseits lagen. Diese Maßnahme erschien bequem, und das Verbot, die »Holdings offenzulegen«, hielt man für kluge Vorsicht. Man vertraute in die Urteilskraft der Geschäftsführung der Trusts. Doch hätte man die Aktien dieser Gesellschaften bekannt gegeben, wäre mit einem riskanten Boom der betreffenden Wertpapiere zu rechnen gewesen. Die Erzählung von einer Unternehmensgründung zur Zeit der South Sea Bubble »deren Art zu gegebener Zeit bekannt gegeben werden« sollte, machte unter den erstaunten Leuten die Runde. – Die South-Sea-Aktien verkauften sich glänzend. Die Investment-Trusts waren demnach eine tolle Sache. Sie deckten Unternehmungen, deren Gegenstand niemals offengelegt werden musste, und ihre Aktien verkauften sich ebenfalls sehr gut.

Kettenreaktionen

Im Jahr 1928 wurden 186 neue Investment-Trusts gegründet, in den ersten Monaten des Jahres 1929 pro Geschäftstag einer. Bis zum Ende des Jahres gab es 265 solcher Gesellschaften. 1927 verkauften die Investment-Trusts Papiere im Wert von 400 Millionen Dollar an die

Anleger. 1929 setzten sie rund drei Milliarden um, das war mindestens ein Drittel des gesamten Kapitals, das innerhalb dieses Jahres neu in Umlauf kam. Im Herbst 1929 belief sich das Gesamtvermögen der Investment-Trusts auf schätzungsweise acht Milliarden Dollar. Seit ihrem Start 1927 hatten sie um rund das Elffache zugenommen.[60]

Die Entwicklung eines Investment-Trusts unterschied sich stark von jener gewöhnlicher/traditioneller Gesellschaften. Fast immer wurden sie von kommerziellen Unternehmen getragen. Insbesondere 1929 wurden sie durch eine erstaunliche Anzahl unterschiedlichster Konzerne ins Leben gerufen. Investmentbanken, Handelsbanken, Maklerbüros, Effektenhändler und vor allem die anderen Investment-Trusts waren sehr aktiv, wenn es darum ging, neue Trusts aus der Taufe zu heben. Die Bürgen kamen aus allen Schichten der Finanzwelt, angefangen beim altehrwürdigen House of Morgan, dem Träger der United and Alleghany Corporations, bis zu einem Mann namens Chauncey D. Parker, dem Vorsitzenden einer steuerlich höchst fragwürdigen Investmentbank in Boston, die 1929 drei Investment-Trusts gründete und Papiere im Wert von 25 Millionen an das kauflustige Publikum ausgab. Chauncey verlor das meiste davon und machte Pleite.[61]

Für einen Investment-Trust zu bürgen war ein lohnendes Geschäft. Die Gründerfirma schloss in der Regel einen Geschäftsvertrag mit ihren Tochterfirmen ab. Üblicherweise leitete der Bürge den Investment-Trust, investierte sein Vermögen und erhielt eine Vergütung, prozentual zum Kapital oder zum Einkommen. War der Bürge eine Gesellschaft, die mit Aktien handelte, so erhielt sie zusätzlich Provisionen aus dem Kauf und dem Verkauf von Wertpapieren für ihren Trust. Viele Bürgen waren Investmentbanken; das bedeutet: Sie »produzierten« gleichsam Wertpapiere, die sie dann

60) Die Schätzungen dieses Abschnitts sind aus Investment Trusts and Investment Companies, Teil III, Kapitel 1, S. 3f.

61) Ebenda, Teil III, Kapitel 2, S. 37ff.

auf den Markt brachten. Eine schlaue Methode, sich laufende Geschäfte zu sichern.

Die Begeisterung, mit der die Anleger Wertpapiere von Investment-Trusts kauften, gestaltete das Geschäft äußerst lukrativ. Die Käufer waren fast immer bereit, zusätzlich zum Ausgabewert eine hohe Prämie zu zahlen. Die bürgende Firma oder ihre Förderer bekamen Aktien oder Optionen zugeteilt, die das Recht verbrieften, Aktien zum Ausgabewert zu kaufen. Diese konnten sie dann sofort mit Gewinn weiterverkaufen. So gab eine der Unternehmungen des erwähnten Chauncey D. Parker – eine Gesellschaft mit dem schönen Namen Seaboard Utilities Shares Corporation – insgesamt 1,6 Millionen Stammaktien aus, an denen die Gesellschaft pro Anteil mit 10,32 Dollar profitierte. Das war nicht der Preis, der vom Publikum bezahlt wurde, sondern der Preis, zu dem die Aktie an Parker und Co. ausgegeben wurde. Die wiederum brachten ihre Anteile mit einem Aufschlag zwischen 11 und 18,25 Dollar an den Mann und teilten den Gewinn mit den Maklern.[62]

Geschäftliche Manipulationen dieser Art wurden nicht nur von unbedeutenden Gesellschaften betrieben. Die Investmentbank JP Morgan and Company, die mit Bonbright and Company im Januar 1929 für die United Corporation bürgte, bot beispielsweise einer begrenzten Anzahl von Freunden ein Aktienpaket mit einer Stamm- und einer Vorzugsaktie zu einem Preis von 75 Dollar an. Ein ausgesprochenes Schnäppchen!

Als eine Woche darauf der Handel mit United Corporation begann, wurden 92 Dollar geboten, im Handel außerhalb der Börse wurden 94 Dollar verlangt, und nach vier Tagen stand die Aktie auf 99 Dollar. Das heißt: Aktien, die zu 75 Dollar übernommen worden waren, konnten zu solch einem höheren Preis weiterverkauft werden, und dies geschah auch prompt.[63] Es ist nur allzu verständlich,

62) Ebenda, S. 39.
63) Stock Exchange Practices, Bericht, Washington 1934, S. 103f.

dass Geschäfte wie diese die Gesellschaften zur Gründung immer neuer Investment-Trusts anregten.

Brot für die Armen!

Es gab Leute, die bedauerten, dass nicht jedermann an den Gewinnen dieser neuen »Lokomotiven« des finanziellen Fortschritts teilhaben konnte. Zu ihnen zählte John J. Raskob, der von der Gründung der United Corporation ordentlich profitiert hatte. Als Chairman des Democratic National Committee war er schon aus politischen Gründen verpflichtet, seine tiefe Freundschaft mit dem Volk zum Ausdruck zu bringen. So forderte er, dass die Vorteile, die er selbst genoss, jedem Bürger zugänglich gemacht werden sollten. Eine der Früchte dieses Großmuts war ein Beitrag im »Ladies Home Journal« mit der attraktiven Überschrift »Jedermann soll reich sein«. Darin erläuterte Raskob: Jeder, der monatlich 15 Dollar spare und in gesunde Stammaktien investiere sowie die Dividenden nicht konsumieren würde, sei in der Lage, innerhalb von 20 Jahren – das erwies sich später als wahr – 80 000 Dollar zu verdienen. Offensichtlich konnten auf dieser Basis viele Leute reich werden – aber eben erst in 20 Jahren. Dies war jedoch eine viel zu lange Zeit, um reich zu werden – besonders im Jahr 1929.

Raskob hatte deshalb eine weitere Idee. Er wollte einen speziellen Investment-Trust gründen, mit dessen Hilfe der finanziell weniger gut Bestückte sein Vermögen auf die gleiche Weise vermehren konnte wie der Wohlhabende. Raskob stellte im Frühsommer der Öffentlichkeit einen detailliert ausgearbeiteten Plan vor. Er hatte ihn, wie er bekannt gab, mit »Finanzexperten, Wirtschaftlern, Theoretikern, Professoren, Bankfachleuten, Gewerkschaftsführern, Industriemanagern und anderen Leuten, die zwar nicht prominent waren, aber Ideen hatten«, durchgesprochen.

Eine Gesellschaft zum Einkauf von Aktien sollte gegründet werden. Der »Proletarier« sollte dann zum Beispiel 200 Dollar von seinem Hungerlohn an die Gesellschaft abzwacken, die dann Aktien etwa im Wert von 500 Dollar für ihn kaufen würde. Die restlichen 300 Dollar sollte die Gesellschaft von einer Finanzierungs-Tochtergesellschaft erhalten, die zu diesem Zweck gegründet werden sollte. Bei ihr wären dann alle Aktien als Kreditsicherheit zu hinterlegen. Der angehende »Kapitalist« würde seine Schulden mit Raten von 25 Dollar pro Monat tilgen. Selbstverständlich sollte er in den vollen Genuss der Wertsteigerung der Aktien kommen. Gerade das lag Raskob am meisten am Herzen. Sein Credo lautete: »Für alle, die 200 bis 500 Dollar investieren können, gibt es nichts anderes als Liberty Bonds[64] (Staatsanleihen)!«[65]

Die Reaktion auf den Raskob-Plan war höchstens mit der Wirkung zu vergleichen, die eine neue Formel Einsteins zum Verhältnis von Masse und Energie hervorgerufen hätte. Er wurde als »die genialste Vision von Wall Streets größtem Denker« betitelt. Ein entnervter und zynischer Kommentator meinte trocken, der Plan »zeige mehr finanztechnische Strategie als alles, was die Wall Street in vielen müden Monden jemals hervorgebracht«[66] habe.

Hätte mehr Zeit zur Verfügung gestanden, wäre dem Plan von Raskob sicherlich Erfolg beschieden gewesen. Die Öffentlichkeit war fasziniert von der Weisheit und der Voraussicht solcher Män-

64) Die anhaltende Prosperität der Zwanzigerjahre verleitete in den USA zunehmend zu Investitionen im Spekulationsgeschäft. Allein zwischen 1927 und 1929 stiegen die Aktienkurse auf das Doppelte, wobei in den ersten sechs Monaten der Regierung Hoover 1929 die größten Kurssteigerungen zu verzeichnen waren. In diesem Zeitraum wurden Milliarden US-Dollar im Aktienmarkt investiert; das Kapital dafür kam aus Bankkrediten, Hypotheken oder dem Verkauf von Staatsobligationen wie den Liberty Bonds. Allein im August 1929 handelten Aktienhändler für ihre Kunden rund 300 Millionen Aktien mit Profit (carry on margin). Bis zum Oktober 1929 hatte sich dieser Kaufrausch jedoch erschöpft und schlug nun in eine fieberhafte Verkaufswelle um. Die Kurse stürzten steil ab, Tausende Anleger verloren ihr gesamtes Vermögen. Am 25. Oktober 1929, dem »Schwarzen Freitag«, erlebte die New Yorker Börse ihre verheerendsten Panikverkäufe. Zum Jahresende hatten die Kursstürze die Summe von 15 Milliarden US-Dollar erreicht. (http://de.encarta.msn.com/encyclopedia_761573010_13/USA.html)

65) The Literary Digest, 1. Juni 1929.

66) Ebenda.

ner. Das Publikum demonstrierte seine Bewunderung, indem es für die Idee des Finanzprofis jeden Preis zu zahlen bereit war.

Professoren an die Front!

Zur damaligen Zeit war der Maßstab für das Ansehen eines Finanzgenies das Verhältnis zwischen dem Marktwert der ausgegebenen Obligationen seines Investment-Trusts und dem Wert der Papiere, die er selbst besaß. In der Regel waren die Wertpapiere des Trusts wesentlich mehr wert als sein Vermögen, nämlich Stammaktien, Vorzugsaktien, Obligationen, Hypothekenbriefe, Pfandbriefe und Bargeld. Häufig hatten die Trusts weder ein Büro noch eine Büroeinrichtung. Die kapitalgebende Firma leitete die Geschäfte von ihren eigenen Büros aus. Hätte man alle Wertpapiere am Markt verkauft, so wären die Erlöse wahrscheinlich wesentlich niedriger gewesen als der Verkehrswert der ausgegebenen Obligationen. Die Investmentgesellschaft machte quasi einen Rechtsanspruch auf diesen Marktwert geltend, der weit über das hinter ihr stehende Vermögen hinausging. Diese Prämie war nichts anderes als der Wert, den eine ehrfürchtig staunende Gesellschaft dem fachmännischen Wissen, der Geschicklichkeit und der Manövrierkunst der einzelnen Finanzmanager beimaß. Um ein Aktienportfolio marktgerecht zu bewerten, rechnet man sich für gewöhnlich ihren realen Wert und ihre Rendite aus. Aber als Eigentum einer Investmentgesellschaft galt das Portfolio weit mehr, denn es war dann kombiniert mit der wertvollen, wenn auch nicht messbaren Mitwirkung des Finanzgenies. Mit solchen Genies konnte man eine durchschlagende Kampagne zur Wertsteigerung der Papiere starten. Das Finanzgenie trat Pools und Syndikaten bei, um deren Wert zu steigern. Vor allen Dingen war das Finanzgenie allgegenwärtig, er hatte Zutritt zu jenen Institutionen, die David Lawrence von der Princeton-Universität »die Bühne« nannte, »die den Brennpunkt der Welt für die intelligenteste und bestinformierte Beurteilung jener Unternehmungen darstellt, die die Bedürfnisse der Menschen befriedigen«.[67] Man könne zwar selbst Geld verdienen, indem man direkt in den »Radio«-Konzern, in J. I. Case oder in Montgomery Ward investiert. Aber viel sicherer und klüger sei es, wenn diese Investitionen Männer mit ganz besonderen Kenntnissen tätigten.

1929 waren sich die Investment-Trusts ihres Rufes der Allwissenheit und ihrer besonderen Bedeutung sehr wohl bewusst. Sie versäumten keine Gelegenheit, dieses Image zu verstärken. Einen privaten Wirtschaftsberater zu beschäftigen, war eine Möglichkeit dazu. In den folgenden Monaten entwickelte sich ein beachtlicher Wettbewerb unter solchen Männern die den passenden Ruf und die entsprechende Neigung besaßen. Ein goldenes Zeitalter für Professoren brach an. Die »American Founders Group«, ein respektheischender Pool aus Investment-Trusts, setzte als Direktor Professor Edwin W. Kemmerer, einen bekannten Geldexperten aus Princeton ein. Dr. Rufus Tucker war eine weitere bekannte Persönlichkeit, die dort angestellt war. Dass die Nationalökonomen dann aber doch nicht so vollkommen treffsicher in ihren Vorhersagen waren, zeigt die folgende Unternehmensgeschichte: United Founders, die größte Gesellschaft dieser Gruppe, musste bis Ende 1935 einen Vermögensverlust von 301 385 504 Dollar einstecken, ihre Aktien fielen von über 75 Dollar pro Stück im Jahr 1929 auf unter 74 Cent.[68]

Ein anderer großer Trust hatte sich Dr. David Friday als Berater erkoren, der von der Michigan Universität an die Wall Street gekommen war. Fridays guter Ruf als Fachmann und Finanzgenie war geradezu unheimlich. In Michigan hielt sich ein Trust gleich drei Universitätsprofessoren – Irving Fisher von Yale, Joseph S. Davis von Stanford und Edmund E. Day, damals noch von Michigan – als

67) Josef Stagg Lawrence: Wall Street and Washington, a.a.O., S. 163.
68) Bernard J. Reis: False Security, New York 1937, S. 117ff. und S. 296.

wirtschaftspolitische Berater.[69] Die Gesellschaft vergrößerte nicht nur ihre Portfolios, sondern auch die Zahl ihrer Experten. So war sie gut abgeschirmt gegen die Engstirnigkeit der Wissenschaftler von Yale, Stanford und Michigan und deren Meinung vom Aktienmarkt.

Andere Gesellschaften hoben die Vorzüglichkeit ihres Genius auf andere Weise hervor. So bemerkte eine, seit sie Aktien von 120 Gesellschaften besäße, würde sie von der »gebündelten Leistungsfähigkeit der Präsidenten, Direktoren und Vorstände dieser Gesellschaften profitieren«. Dezent merkte man an, dass sie auch mit den großen Bankinstituten eng verbunden seien. So informiert, konnte man mit einem logischen Gedankensprung darauf schließen, dass »deshalb der Trust in hohem Ausmaß den Geschäftssinn des Landes mobilisiert«. Ein anderer Konzern, weniger geschickt in logischen Methoden, gab sich mit der schlichten Feststellung zufrieden: »Investieren ist eine Wissenschaft und kein Beruf für jedermann.«[70]

Als das Jahr 1929 weiter fortschritt, war deutlich erkennbar, dass immer mehr der neuen Investoren sich auf das Fachwissen der Trusts verließen. Natürlich standen sie immer noch vor dem Problem, sich zwischen guten und schlechten Trusts entscheiden zu müssen. Dass es auch schlechte gab, wurde trotz aller Begeisterung gerade noch erkannt. In der März-Ausgabe 1929 von »The Atlantic Monthly« stellte Dr. Paul C. Cabot fest, dass Unredlichkeit, Schlampigkeit, Unfähigkeit und Geldgier zu den Merkmalen dieses neuen Wirtschaftszweigs zählten. Das waren ziemlich deutliche Nachteile. Als Organisator und Direktor eines vielversprechenden Investment-Trusts, der »State Street Investment Corporation«, dürfte Cabot wohl mit einer gewissen Berechtigung gesprochen haben.[71] Doch

69) Investment Trusts and Investment Companies, Teil I, S. 111.
70) Ebenda, Teil 1, S. 61f.
71) Ebenda, Teil III. Kapitel I, S. 53.

die Reaktionen auf Warnungen wie diese waren 1929 recht schwach. Außerdem hörte man sie sehr selten.

Das Gesetz der Hebelkraft

Sachverstand, Manipulationsgeschick und finanzwirtschaftliches Talent waren nicht die einzigen Merkmale der Investment-Trusts. Da gab es den »Leverage«, die »Hebelkraft«. Im Sommer 1929 sprach man nicht mehr nur von Investmentgesellschaften schlechthin, sondern sie wurden unterschieden in solche mit hoher Hebelkraft (Leverage), mit niedriger und in Trusts ohne Hebelkraft. Das Prinzip der Hebelkraft bei den Investment-Trusts beruht auf der simplen Anwendung bekannter physikalischer Gesetze. Eine kleine Bewegung am einen Ende des Hebels wird in einen gewaltigen Schwung am anderen Ende übersetzt. Ein Investment-Trust wurde gehebelt, indem er Pfandbriefe, Vorzugsaktien und auch Stammaktien herausgab, um ein Portfolio von Stammaktien zu erwerben. Wenn die eingekauften Stammaktien im Wert stiegen – eine Tendenz, mit der immer gerechnet werden konnte – blieben die Werte der Pfandbriefe und Vorzugsaktien überwiegend konstant.[72] Diese Papiere hatten einen festen Wert, der sich aus einer spezifizierten Verzinsung ableitete. Fast alle Gewinne konzentrierten sich auf die Stammaktien des Trusts, der, insgesamt gesehen, in seinem Wert stieg.

Betrachten wir beispielhaft einen Investment-Trusts, der zu Beginn der Zwanzigerjahre mit einem Kapital von 150 Millionen Dollar gegründet wurde, was damals eine recht ansehnliche Summe war. Nehmen wir an, dass ein Drittel des Kapitals aus dem

72) Unter der Annahme, dass sie einigermaßen konventionell gestaltet waren. Anleihen und Vorzugsaktien kamen in dieser Zeit aber mit einer fast unendlichen Vielfalt von Wandlungs- und Partizipationsrechten auf den Markt.

Verkauf von Pfandbriefen resultierte, ein Drittel aus Vorzugsaktien und der Rest aus dem Verkauf von Stammaktien. Diese 150 Millionen Dollar wurden investiert. Die so verkauften Wertpapiere zeigten einen normalen Wertzuwachs, möglicherweise wäre der Wert des Portfolios im Hochsommer des gleichen Jahres um etwa 50 Prozent, also um 75 Millionen Dollar, gestiegen. Die Aktivwerte lägen dann bei 225 Millionen Dollar, die Pfandbriefe und Vorzugsaktien wären aber immer nur 100 Millionen Dollar wert. Ihre Erträge hätten ja keinen Wertzuwachs mitgemacht, und sie hätten auch bei einer potenziellen Auflösung der Gesellschaft keinen größeren Anteil am Vermögen beanspruchen können. Die restlichen 125 Millionen Dollar machen also die Stammaktien aus. Mit anderen Worten: Die Stammaktien hätten einen Wertzuwachs von 50 Millionen auf 125 Millionen Dollar erfahren, das heißt sie wären um 150 Prozent gestiegen. Das Ergebnis wäre eine Wertsteigerung des Gesamtvermögens des Trusts um 50 Prozent gewesen.

Das war die Zauberei der Hebelkraft. Aber es geht noch weiter: Wenn die Stammaktien des Trusts, der so eine wunderbare Wertsteigerung erfahren hat, von einem anderen Trust mit ähnlicher Hebelwirkung gehalten und gehandelt werden, wird die Stammaktie dieses Trusts eine Wertsteigerung zwischen 700 und 800 Prozent ihres Ursprungswerts erfahren. Und so würde es weitergehen. Die Entdeckung dieser geometrischen Reihe erregte an der Wall Street ein ähnliches Aufsehen wie einst die Erfindung des Rades. Nun wollte jeder Investment-Trusts finanzieren, die Investment-Trusts finanzierten, die dann ebenfalls andere Investment-Trusts finanzierten. Letztendlich machte die Hebelwirkung das Ganze zu einer verhältnismäßig einfachen Handhabe für den obersten Mann, der hinter all diesen Trusts den Schalthebel hielt.

Wenn man einmal einen Investment-Trust in Betrieb genommen und einen Anteil der Stammaktien behalten hat, ist es ein Leichtes, eben durch die Kapitalerträge der »Hebelkraft« einen zweiten und

noch größeren anzukurbeln, der dann die Gewinne vergrößert und schließlich einen dritten, noch größeren Trust finanziert.
Die Börsenaufsichtsbehörde verdächtigte Harrison Williams, einen glühenden Anhänger der »Hebelkrafttheorie«, dass er wesentlichen Einfluss auf einen mit einer Holdinggesellschaft kombinierten Investment-Trust habe, der einen Marktwert von fast einer Milliarde Dollar verkörperte.[73] Dieses Kombinat war ursprünglich aus einem kleineren Konzern – der Central States Electric Corporation – hervorgegangen, der 1921 sechs Millionen Dollar wert war.[74] Die Hebelwirkung war auch ein wesentlicher Faktor beim erstaunlichen Wachstum der »American Founders Group«. Das erste Mitglied dieser bemerkenswerten Familie der Investment-Trusts erblickte 1921 das Licht der Finanzwelt. Der ursprüngliche Gründer war unglücklicherweise nicht in der Lage gewesen, das Unternehmen zum Erfolg zu führen, er machte Pleite. Doch ein Freund zahlte in den folgenden Jahren 500 Dollar zu, und mit diesem bescheidenen Kapital wurde ein zweiter Trust ins Leben gerufen – und beide Gesellschaften machten Geschäfte.

Dieses Geflecht wurde von der Bevölkerung sehr gut aufgenommen, und 1927 hatten die beiden ursprünglichen Gesellschaften sowie eine dritte, die später noch hinzugefügt worden war, 70 bis 80 Millionen Wertpapiere an das Publikum verkauft.[75] Und das war erst der Anfang: 1928 und 1929 entwickelte die Founders Group ungeahnte Kräfte. Eine Unmenge von Aktien wurde an die Durchschnittsanleger verkauft, neue Unternehmen mit neuen Namen wurden gegründet, um immer mehr Aktien verkaufen zu können, bis die Gruppe schließlich 1929 aus 13 Gesellschaften bestand.

73) Einen Teil davon zusammen mit Goldman Sachs. Der Unterschied zwischen einer Holdinggesellschaft, die ein Investment in einer operativen Gesellschaft hat oder diese kontrolliert und einem Investment Trust, der investiert, aber von dem man annimmt, dass er keine Kontrolle ausübt, ist unklar und verschwommen. Das Aufbauen von Pyramiden von Holdinggesellschaften und das einhergehende Leverage war auch ein besonderes Merkmal der Epoche.

74) Investment Trusts and Investment Companies, Teil III, Kapitel 1, S. 5f.

75) Ebenda, Teil I, S. 98–100.

Zu dieser Zeit wies allein die größte Gesellschaft, die United Founders Corporation, ein Grundvermögen von 686 175 000 Dollar auf. Die Gruppe als Ganze besaß ein Vermögen mit einem Marktwert von über einer Milliarde Dollar – der wohl größte Besitz, der sich jemals auf eine Basis einer ursprünglichen Auslage von 500 Dollar zurückführen ließ. Von dieser Dollar-Milliarde wurden rund 320 Millionen durch interne Konzernholdings repräsentiert, das heißt also durch die Kapitalanlage der einen oder anderen Gesellschaft dieser Gruppe in Wertpapieren der anderen. Diese finanzielle Inzucht wurde durch die Kontrolle und die Hebelwirkung erreicht. Dank der langen Kette von Holdings blieben die Wertsteigerungen der Jahre 1928 und 1929 im Wert der Stammaktien der ursprünglichen Gesellschaft konzentriert.

Die Hebelkraft arbeitet allerdings in zwei Richtungen, wie sich später herausstellte. Nicht alle Wertpapiere, die im Besitz der Founders waren, eigneten sich dazu, ins Unendliche zu steigen, geschweige den einer Krise zu widerstehen. Einige Jahre später stellte man nämlich fest, dass das Portfolio 5 000 Anteile von »Kreuger and Toll«, 20 000 Anteile von »Kolo Products Corporation«, einer abenteuerlichen neuen Gesellschaft, die Seife aus Bananenöl herstellte, und 295 000 Pfandbriefe des Königreichs Jugoslawien enthielt.[76] Als Kreuger and Toll sich dann in Wohlgefallen auflösten, wurde die Hebelkraft ebenfalls wirksam, aber eben umgekehrt. Geometrische Reihen sind in der entgegengesetzten Richtung ebenso dramatisch.

Aber diese mathematischen Aspekte der Hebelkraft hatte man zu Beginn des Jahres 1929 noch nicht entdeckt. Zunächst gilt es noch, die dramatischste aller Investment-Company-Gründungen dieses bemerkenswerten Jahres zu betrachten: Goldman Sachs.

76) Reis, a.a.O., S. 124.

Die arithmetischen Reihen Goldmans

Goldman Sachs and Company, eine Investmentbank und Maklerpartnerschaft, stieg recht spät ins Investment-Trust-Geschäft ein. Erst am 4. Dezember 1928, weniger als ein Jahr vor dem Zusammenbruch des Aktienmarktes, gründete sie die Goldman Sachs Trading Corp., ihr erstes Abenteuer auf diesem Gebiet. Jedoch kaum jemals in der Geschichte des Kapitalmarkts wuchs ein Unternehmen so schnell wie die Goldman Sachs Trading Corp. und ihre Nachkommen in den folgenden Monaten. Die erste Aktientranche in der Trading Corp. betrug eine Million Anteile, die für 100 Dollar pro Aktie, also zu einer Gesamtsumme von 100 Millionen, von Goldman Sachs and Corp. aufgekauft wurden. 90 Prozent wurden dann an die Allgemeinheit zu 104 Dollar pro Aktie weiterverkauft. Es gab keine Pfandbriefe und Vorzugsaktien. Die Hebelwirkung war bis dato von G. S. and Comp. noch nicht entdeckt worden. Die Kontrolle der Goldman Sachs Trading Corporation verblieb bei Goldman Sachs and Company – kraft eines Geschäftsvertrages und dank der Anwesenheit der Partner der Company an der Spitze der Trading Corp.[77]

In den zwei Monaten nach ihrer Gründung verkaufte die neue Gesellschaft noch mehr Aktien an das Publikum, und am 21. Februar schloss sie sich mit einem anderen Investment-Trust zusammen, der »Financial and Industrial Securitys Corporation«. Das Vermögen der so entstandenen neuen Gesellschaft wurde auf 235 Millionen Dollar beziffert, was bedeutet, dass sie in weniger als drei Monaten mehr als 100 Prozent verdient hatte. Am 2. Februar, etwa drei Wochen vor der Fusion, wurden die Aktien, die die Kapitalgeber für 104 Dollar gekauft hatten, für 136,50 Dollar verkauft. Fünf Tage später, am 7. Februar, erreichten sie einen Wert von 222,50 Dollar. Dieser Wert war ungefähr zweimal so hoch wie der

77) Stock Exchange Practices, Anhörungsverfahren, April–Juni 1932, Teil 2, S. 566f.

laufende Tageswert aller anderen Vermögenswerte der Trading Corporation.

Diese beachtliche Prämie war nicht nur das Ergebnis der öffentlichen Bewunderung der bei Goldman Sachs vorhandenen geballten Finanzkompetenz, wenn es nicht sogar Genialität war. Diese Trading Corporation war in beachtlichem Umfang von sich selbst begeistert und kaufte unentwegt ihre eigenen Papiere. Am 14. März hatte sie 560 724 Anteile ihrer eigenen Aktien für eine Summe von 57 021 936 Dollar gekauft.[78] Dies trieb den Kurs der Papiere steil nach oben. Doch im selben Monat hörte das Unternehmen auf, sich sozusagen selbst zu kaufen. Vielleicht wurde befürchtet, dass ein solches Verhalten auf Dauer einen faden Beigeschmack produzieren könne. Man überließ nun einen Teil der Aktien William Crapo Durant, der sie wiederum an das Publikum weiterverkaufte, sobald sich die Gelegenheit dazu ergab. Das Frühjahr und der Frühsommer verliefen für Goldman Sachs recht ruhig, aber es war eine Zeit der Vorbereitung. Das Ergebnis zeigte sich am 26. Juli. An diesem Tag rief die Trading Corporation zusammen mit Harrison Williams die »Shenandoah Corporation« ins Leben, den ersten von zwei bedeutenden Trusts. Die erste Wertpapierausgabe von Shenandoah hatte einen Wert von 102 500 000 Dollar. Eine weitere Emission folgte einige Monate später. Die erste soll um das Siebenfache überzeichnet gewesen sein.

Es gab Vorzugsaktien und Stammaktien, denn Sachs kannte nun die Vorteile der Hebelkraft. Von den fünf Millionen Stammaktien wurden beim ersten Angebot zwei Millionen von der Trading Corporation und zwei Millionen von der Central States Electric Corporation im Namen des Mitfinanziers Harrison Williams übernommen. Williams war gemeinsam mit Partnern von Goldman Sachs Mitglied der Geschäftsleitung von Shenandoah. Ein anderes Mit-

78) Diese Angaben sind entnommen aus: Investment Trusts and Investment Companies, Teil III, Kapitel 1, S. 6ff. und S. 17ff.

glied war John Foster Dulles, ein prominenter New Yorker Rechtsanwalt, dessen Mangel an Scharfsinn in diesem Fall vielleicht seinem jugendlichen Optimismus zuzuschreiben ist. Die Aktie von Shenandoah wurde zu 17,50 Dollar ausgegeben. Die Nachfrage war groß, das Papier eröffnete mit 30 und erreichte schließlich sein Hoch bei 36, lag also 18,5 Punkte über dem Ausgabepreis. Doch Ende des Jahres lag der Preis bei acht Dollar, und etwas später ging er auf 50 Cent zurück. In der Zwischenzeit bereitete Goldman Sachs seinen zweiten Schachzug vor: Am 20. August entstand die noch mächtigere »Blue Ridge Corporation«, mit einem Kapital von 142 Millionen Dollar.

Bemerkenswert war, dass die Mittel von Shenandoah zur Verfügung gestellt wurden, eben jenem Vorläufer, der genau 25 Tage vorher gegründet worden war. Blue Ridge hatte die gleichen Direktoren wie Shenandoah, einschließlich des noch immer optimistischen Rechtsanwalts Dulles, und von den 725 0000 Stammaktien (es gab auch eine respektable Zahl von Vorzugsaktien) zeichnete allein Shenandoah 625 0000. Goldman Sachs spielte nun die »Hebelkraft« mit Begeisterung aus. Eine attraktive Besonderheit von Blue Ridge war die Chance, die sie ihren Kapitalgebern bot, nämlich normale Wertpapiere direkt gegen Vorzugsaktien und Stammaktien der neuen Gesellschaft einzutauschen. Ein Inhaber von Aktien der American Telephone and Telegraph Company konnte $4\ ^{70}/_{715}$ Anteile von Blue-Ridge-Vorzugs- und -Stammaktien für jeden Anteil der Telephone-Aktien eintauschen. Das gleiche Privileg genossen die Inhaber von Allied Chemical und Dye, Santa Fe, Eastman Kodak, General Electric, Standard Oil of New Jersey und etwa 15 anderer Aktien. Natürlich stieß dieses Angebot auf großes Interesse.

Dienstag der 20. August war der Geburtstag von Blue Ridge, aber für diese Woche war noch anderes geplant. Am Donnerstag gab die Goldman Sachs Trading Corporation den Erwerb der Pacific American Associates bekannt. Dieser Investment-Trust von der Westküste hatte zuvor mehrere kleine Investment-Trusts aufgekauft, die der American Trust Company gehörten, einer großen Handelsbank mit vielen Filialen in ganz Kalifornien. Pacific American besaß ein Kapital von rund 100 Millionen Dollar. Um die Fusion vorzubereiten, hatte die Trading Corporation weitere Aktien im Wert von 71 400 000 Dollar aufgelegt, die sie gegen Aktienkapital der American Company eintauschte, einer Dachgesellschaft, der wiederum 99 Prozent der Stammaktien der American Trust Company gehörten.[79]

Nachdem die Goldman Sachs Trading Corporation in weniger als einem Monat mehr als eine Viertelmilliarde Dollar in Wertpapieren ausgegeben hatte, ließen ihre Aktivitäten etwas nach. Selbst für das US-Schatzamt wäre solch eine Aktion beachtlich gewesen. Die Mitglieder dieser Gesellschaft waren aber nicht die Einzigen, die in jenen Tagen fleißig waren. Im August und im September jenes Jahres war ein Tag, an dem nicht ein neuer Trust angemeldet oder eine neue Wertpapierausgabe von einer schon bestehenden Gesellschaft angekündigt wurde, ein schlechter Tag. So berichteten die Zeitungen am 1. August von der Bildung der Anglo-American Shares, einer Gesellschaft mit einem Image von Vornehmheit, wie man es bis dato nicht oft in einem wirtschaftlichen Unternehmen von Delaware gesehen hatte. Unter ihren Direktoren befand sich zum Beispiel der Marquess of Carisbrooke[80]. Am selben Tag wurde die American Insuranstocks Corporation gegründet; sie hatte keinen Geringeren als William Gibbs McAdoo als Direktor. In den darauf folgenden Tagen entstanden die Gude Winmill Trading Corporation, National Republic Investment-Trust, Insull Utility Investment Inc., International Carriers Ltd., Tri-Continental Allied Corp. und die Solvay American Investment Corp. Daneben meldeten die Zeitungen am 13. August aber auch, dass ein stellvertretender Ge-

79) Die Details der Shenandoah-Blue-Ridge- und der Pacific-American-Fusionen sind der New York Times und Investment Trusts and Investment Companies, Teil III, Kapitel 1, S. 5–7, entnommen.

80) Prinz Alexander von Battenberg (1886–1960)

neralstaatsanwalt die Büros der Cosmopolitan Fiscal Corporation und eines Investment-Services, genannt The Financial Counselor, besucht hatte. In beiden Fällen waren die Geschäftsführer nicht anwesend.

Noch mehr Investmentpapiere wurden im September 1929 angeboten. Die Gesamtsumme belief sich auf über 600 Millionen Dollar und übertraf damit sogar die Zahlen vom August.[81] Dennoch sollte die fast gleichzeitige Gründung von Shenandoah und Blue Ridge wie eine Burgzinne am Beginn einer neuen Finanz-Ära stehen. Es ist sehr schwer, sich nicht über die phantastischen Vorstellungen zu wundern, die sich aus diesem überschäumenden Wahnsinn ergaben. Aber, es heißt ja: Wenn schon verrückt, dann gleich richtig!

Jahre später, an einem grauen Morgen in Washington, spielte sich folgendes Gespräch vor einem Ausschuss des Senats der Vereinigten Staaten ab.[82]

Senator Conzens: »Hat Goldman Sachs und Co. die Goldman Sachs Trading Corporation organisiert?«

Mr. Sachs: »Yes, Sir!«

Senator C.: »Und sie verkaufte ihre Aktien an die Öffentlichkeit?«

Mr. S.: »Einen Teil davon.

81) E. H. H. Simmons: The Principal Causes of the Stock Market Crisis of Nineteen Twenty-Nine (Ansprache als Pamphlet publiziert von der New York Stock Exchange, Januar 1930), S. 16.

82) Stock Exchange Practices, Anhörungsverfahren, April–Juni 1932, Teil II, S. 566f.

Die Trusts investierten bei sich selbst ursprünglich zehn Prozent der Gesamtausgabe von zehn Millionen.«

Senator C.: »Und die anderen 90 Prozent wurden also an die Öffentlichkeit verkauft?«

Mr. S.: »Yes, Sir!«

Senator C.: »Zu welchem Preis?«

Mr. S.: »Zu 104 Dollar, das sind die alten Aktien. Die Aktien wurden später geteilt, zwei zu eins.«

Senator C.: »Und welchen Wert haben die Aktien heute?«

Mr. S.: »Ungefähr 1,75 Dollar.«

Kapitel 4

Im Zwielicht der Illusionen

In diesem Jahr gab es an der Wall Street keine Sommerpause. Fast täglich stiegen die Kurse. Rückgänge waren sehr selten. Im Juni kletterten die Times-Industriewerte um 52 Punkte, im Juli nochmals um 25 Punkte. Das entspricht einem Gesamtgewinn von 77 Punkten in nur zwei Monaten. Im gesamten Jahr 1928 waren sie insgesamt nur um 86,5 Punkte gestiegen. Im August folgte ein weiterer Sprung um 23 Punkte – ein Gewinn von 110 Punkten in drei Monaten, von 339 im Mai auf 449 in den letzten August-Tagen. Die Werte hatten also während des Sommers um ein Viertel zugenommen.

Auch einzelne Emissionen entwickelten sich gut. In den drei Sommermonaten stieg Westinghouse von 151 auf 286 mit einem Reingewinn von 135 Punkten, General Electric stieg von 268 auf 391 und Steel von 165 auf 258. Auch American Tel and Tel war von 209 auf 303 gestiegen. Die Investment-Trusts erzielten gute Gewinne. United Founders kletterten von 36 auf 68, Alleghany Corporation von 33 auf 56.

Zwischen vier und fünf Millionen Anteile pro Tag wurden bisweilen an der Börse New York gehandelt. Und doch war sie nicht mehr der beste Index für das Interesse an der Wertpapierspekulation: Viele neue, Aufsehen erregende Emissionen wie etwa Shenandoah,

Blue Ridge, Pennroad oder Insull Utilities, wurden gar nicht an der New Yorker Börse gehandelt. Damals war die Börse nicht eine versnobte oder intolerante Institution, bei der man um Aufnahme betteln musste. Die meisten Unternehmen, die dies wünschten, konnten ihre Aktien in die Börsenliste aufnehmen lassen. Es gab aber auch Unternehmen, denen es entgegenkam, die Fragen des Börsenvorstands nicht beantworten zu müssen. Die neuen Aktien wurden von den Curb-Brokers, den so genannten Rinnsteinmaklern, in New York oder in Boston oder an anderen auswärtigen Börsen gehandelt. Die Position der New Yorker Börse litt darunter, obwohl ihr Handelsvolumen immer noch größer war als das aller anderen Märkte zusammen. 1929 wickelte die New Yorker Börse 61 Prozent aller Transaktionen ab. Als drei Jahre später fast alle neuen Trusts für immer verschwunden waren, betrug ihr Anteil am Gesamtgeschäft wieder 76 Prozent.[83] Die normalerweise sehr provinziellen und ruhigen Börsen von Boston, San Francisco und Cincinnati erlebten im Sommer 1929 einen regelrechten Boom – nicht als blasser Abklatsch der Wall Street, sondern mit eigenem Leben und Charakter. Hier gab es Aktien, die in New York nicht zu kaufen waren, einige davon mit ausgesprochen spekulativem Charakter.

Nicht nur die Aktienkurse stiegen, sondern auch – in geradezu erschreckender Weise – das Ausmaß der Spekulation. Die Summe der Maklerkredite kletterte in den Sommermonaten um 400 000 000 Dollar monatlich in die Höhe, bis die Gesamtverschuldung am Ende des Sommers sieben Milliarden Dollar erreicht hatte. Mehr als die Hälfte des Geldes stammte von Unternehmen und Privatpersonen im In- und Ausland, die die günstigen Zinsen in New York nutzen wollten. Nur selten fielen die Zinsen in dem genannten Zeitraum unter sechs Prozent. Der normale Zinssatz lag zwischen sieben und zwölf Prozent, nur einmal erreichte er auch fünfzehn Prozent. Da diese Zinssätze fast vollständige Sicherheit boten und zudem leicht

83) Die Schätzungen sind entnommen aus: Stock Exchange Practices, Bericht, Washington 1934, S. 8.

zu verwalten waren, hätte der Zins sogar einem Wucherer in Bombay Freude bereitet. Einige Beobachter waren entsetzt, schien es doch, als wollte die Wall Street nach und nach das Geld der ganzen Welt aufsaugen. Aber als der Sommer zu Ende ging, regten sich die verantwortlichen Sprecher keineswegs über die Zunahme der Maklerkredite auf, sondern über jene, die immer wieder vor den schlimmen Folgen dieser Entwicklung gewarnt hatten.

Kassandra ruft vergeblich

Es gab zwei Möglichkeiten, sich über den Stand der Maklerdarlehen zu informieren: die gebräuchlichere monatliche Aufstellung der New Yorker Börse und der weniger vollständige Bericht des Zentralbanksystems, der wöchentlich veröffentlicht wurde. Jeden Freitag konnte man diesem Bericht entnehmen, dass die Kredite erneut zugenommen hatten. Und jeden Freitag wurde offiziell erklärt, dass dies nichts zu bedeuten habe, und jeder, der anderer Meinung war, wurde abgekanzelt. Es ist anzunehmen, dass nur eine Minderheit der Börsenspekulanten besonnen genug war, den Umfang der Maklerkredite mit dem Volumen der Käufe gegen Sicherheitsleistung in Verbindung zu bringen und damit zum Ausmaß der Spekulation in Beziehung zusetzen. Wer sich offen Sorgen über diese Kredite machte, dem wurde die Absicht unterstellt, grundlos Vertrauen zerstören zu wollen. Am 8. Juli erklärte Sheldon Sinclair Wells in der Zeitschrift »Barron's«, dass diejenigen, die sich über Maklerdarlehen aufregten, schlichtweg nicht wüssten, was wirklich los sei. Der Markt für tägliches Geld, so argumentierte er, sei ein großes, neues Anlagefeld für die Kapitalreserven der Unternehmen geworden und die Kritiker wüssten dieses System einfach nicht zu schätzen.

Chairman Mitchell von der National City Bank, von seinem Naturell ein ausgeglichener Mann, zeigte sich wiederholt sehr verärgert über die Kritik, die man an den Maklerdarlehen übte, und äußerte sich entsprechend bissig darüber. Die Finanzpresse war ebenfalls beunruhigt. Als Arthur Brisbane kurze Zeit später Zweifel äußerte, ob denn ein Zinssatz für tägliches Geld von zehn Prozent richtig sei, war das »Wall Street Journal« am Ende seiner Geduld: »Sogar von Tageszeitungen kann man Fachwissen auf diesen Gebieten verlangen, die doch ständig diskutiert werden. Warum darf denn jeder Einfaltspinsel über die Wall Street sprechen?«[84] (Vielleicht dachte Brisbane auch, der Zinssatz sei zehn Prozent pro Tag und nicht pro Jahr.)

Sogar Wissenschaftler ergriffen Partei gegen die Männer, die, mit oder ohne Absicht, versuchten, den allgemeinen Wohlstand mit ihrem Pessimismus zu sabotieren. Nachdem er nüchtern die Situation analysiert hatte, kam Professor Dice zu dem Schluss, dass die wachsende Lawine der Maklerdarlehen nicht »so zu fürchten sei, wie manche Leute uns glauben machen wollen«.[85] Im August veröffentlichte die Midland Bank von Cleveland ihre Kalkulationsergebnisse, die bewiesen, dass kein Grund zur Sorge bestehe, wenn die Kredite der Gesellschaften unter zwölf Milliarden blieben.[86]

Die größte Beschwichtigung ging vom Markt selbst aus: Solange die Aktienkurse hoch blieben und noch weiter anstiegen, liege sicherlich kein Grund vor, sich über steigende Maklerkredite zu ängstigen. Man rechtfertigte also die Maklerkredite mit der Höhe des Kursniveaus. Es stellte kein Problem dar, die Leute zu überzeugen, dass der Markt gesund sei. Wie immer in solchen Zeiten wünschte man sich nur, die lästigen Stimmen des Zweifels zum Schweigen zu bringen und ausreichend Vertrauensbeweise zu erhalten. 1929 war das Wort »Verrat« noch kein geläufiger Vorwurf. Pessimismus wurde also noch nicht mit der Absicht, den »American way of life« zu zerstören, gleichgesetzt. Und doch klang dieser Vorwurf manchmal durch. Die Pessimis-

84) The Wall Street Journal, 19. September 1929.
85) Charles Amos Dice: New Levels in the Stock Market, New York 1929, S. 183.
86) New York Times, 2. August 1929.

ten, die damals ihre Befürchtungen äußerten, sagten später, sie hätten es mit Angst getan. Später im Jahr schlug eine Bostoner Beratungsfirma für Investmentanlagen einen forscheren Ton an, als sie konstatierte, in Amerika sei kein Platz für »destruktive Elemente«.

Amtliche Optimisten gab es viele, und die machten aus ihrem Optimismus keinen Hehl. So sagte beispielsweise Bernhard Baruch zu Bruce Barton in einem berühmt gewordenen Interview im »American Magazine«,[87] dass »die wirtschaftliche Situation der Welt an der Schwelle stehe, einen gewaltigen Schritt nach vorn zu machen«. In den Häusern der Fifth Avenue, so Baruch, wohnten keine Baisse-Spekulanten. Auch viele Universitätsprofessoren äußerten »wissenschaftlich untermauertes Vertrauen«. Im Licht der späteren Entwicklung nahm sich gerade diese Haltung der hohen Wissenschaft besonders schlecht aus. In einer wenig beachteten Rede sagte Professor Lawrence von Princeton: »Das übereinstimmende Urteil der Millionen, deren Vermögen auf diesem bewundernswerten Markt der Börse arbeitet, besagt, dass die Aktien gegenwärtig nicht überbewertet sind«. Und fügte hinzu: »Wo sind die Leute, die aufgrund ihrer allumfassenden Weisheit dazu berechtigt wären, dem Urteil dieser intelligenten Schar ein Veto entgegenzusetzen?«[88]

Im Herbst machte Professor Irving Fisher seine unsterblich gewordene Feststellung: »Wie es aussieht, haben die Aktienkurse jetzt ein dauerhaft hohes Niveau erreicht.« Fisher war der originellste unter den amerikanischen Wissenschaftlern. Glücklicherweise machten ihn auch bessere Thesen berühmt, wie zum Beispiel seine Beiträge zu den Indexzahlen, seine technische Wirtschaftslehre und seine Geldtheorie.

87) The American Magazine, Juni 1929.

88) Joseph Stagg Lawrence: Wall Street and Washington, Princeton 1929, S. 179. Diese Abschnitte wurden später von der New York Times redaktionell zitiert und sind von dort entnommen.

Von Cambridge kam eine kaum weniger umfassende Versicherung, nämlich von der Harvard Economic Society, einem wissenschaftlichen Kreis, der außerhalb des Lehrkörpers stand und dem eine Vielzahl extrem konservativer Professoren angehörte. Diese Gesellschaft hatte unter anderem den Auftrag, Geschäftsleuten und Spekulanten durch entsprechende Prognosen die künftige Entwicklung vorherzusagen. Solche Prognosen wurden ein paarmal pro Monat erstellt. Rang und Namen verdankte dieser Zirkel zweifellos seiner Verbindung zu der renommierten Universität.

Ob es Weisheit war oder nur Glück: Die genannte Gesellschaft hatte sich Anfang des Jahres 1929 auf Baisse eingestellt. Ihre »Hellseher« hatten beschlossen, dass ein Rückgang, ganz sicher aber keine Depression, überfällig sei. Woche für Woche prognostizierten sie einen leichten Geschäftsrückgang . Als dieser Rückgang im Sommer 1929 noch immer nicht in Sicht war, gab die Gesellschaft auf und gestand ein, sich geirrt zu haben. Aber trotzdem, so stellte sie fest, könnten die Geschäfte gut sein – so betrachtet, eine glaubwürdige Version. Aber dann kam doch der Crash. Die Gesellschaft blieb bei ihrer neuen Theorie, dass keine ernsthafte Depression drohe. Im November behauptete sie immer noch steif und fest, dass »eine ernstliche Depression wie die von 1920/21 außerhalb des Bereichs des Möglichen liegt. Wir haben auch nicht mit anhaltenden Liquidationen zu rechnen.« Auf diesem Standpunkt beharrte die Gesellschaft – bis zu ihrer eigenen Auflösung.

Auch die Banker stellten eine Quelle dar, aus der alle, die an den Boom glaubten, ihren Mut speisten. Viele Banker gaben ihre historische Rolle als Warner auf und legten stattdessen für kurze Zeit den größten Optimismus an den Tag. Dazu hatten sie auch allen Grund: In den vergangenen Jahren hatten viele Handelsbanken einschließlich der großen New Yorker Häuser Filialen für Wertpapiere eröffnet. Diese Filialen verkauften Aktien und Obligationen an das breite Publikum. Dieses Geschäft wurde immer einträglicher, und es tauchte die Zukunft in ein rosiges Licht. Dazu kam, dass einzelne

Bankiers sich offenbar an den großen Bossen der National City und Chase in New York ein Beispiel nahmen und fleißig zu ihren eigenen Gunsten spekulierten. Gerade sie äußerten natürlich nichts, was den Markt möglicherweise durcheinandergebracht hätte.

Warburg – eine seltene Ausnahme

Doch es gab auch Ausnahmen, beispielsweise Paul M. Warburg von der Internationalen Wechseldiskontbank, dessen Prognosen der gleiche Stellenwert eingeräumt werden muss wie den Vorhersagen des Volkswirtschaftlers Irving Fisher von der Yale-Universität. Warburg sah viel voraus. Bereits im März 1929 forderte er ein stärkeres Einschreiten der Zentralbank. Er argumentierte, dass wenn nicht umgehend die derzeitige Orgie zügelloser Spekulation ein Ende fände, ein schrecklicher Zusammenbruch folgen werde. Dieser Crash würde nicht nur die Spekulanten treffen, sondern eine allgemeine Depression auslösen.[89]

Die Sprecher der Wall Street, die Warburg gegenüber relativ nachsichtig waren, bezeichneten ihn als »veraltet«. Einer meinte zwar, Warburg würde den amerikanischen Wohlstand blockieren, aber andere waren der Meinung, er habe ein persönliches Motiv – vielleicht eine schlechte Position im Geschäft. Als die Kurse dann immer höher kletterten, stießen seine Warnungen nur noch auf Verachtung.[90]

Die größten Skeptiker waren in der Presse zu finden, aber es waren nur wenige. Die meisten Zeitungen berichteten 1929 mit großer Bewunderung und geradezu ehrfürchtig und keinesfalls im Tonfall der Besorgnis über den Aufschwung. Sie beurteilten Gegenwart und

89) The Commercial and Financial Chronicle, 9. März 1929, S. 1444.
90) Alexander Dana Noyes: The Market Place, Boston 1938, S. 324.

Zukunft im Überschwang. Um 1929 begnügten sich viele Journalisten nicht mehr mit subtilen Andeutungen und Schmeicheleien in der Hoffnung, etwas dafür zu bekommen, sondern verlangten »harte Münze« für günstige Marktnachrichten.

Ein Wirtschaftskolumnist der »Daily News«, der als »The Trader« (der Händler) signierte, erhielt im Jahr 1929 rund 19 000 Dollar von einem freien Makler namens John J. Levenson. »Der Händler« lobte dann auch wiederholt jene Aktien, an denen Levenson interessiert war. Levenson bestand später darauf, dass dies ein reiner Zufall gewesen sei und die Bezahlung nur auf seine mehr oder weniger gewohnheitsmäßige Großzügigkeit zurückzuführen wäre.[91] Ein Radiokommentator namens William J. McMahon war Präsident des McMahon Institute of Economic Research, einer Organisation, die im Prinzip nur aus McMahon selbst bestand. Er meldete in seinen Sendungen die wunderbaren Aussichten von solchen Aktien, die Manipulanten in die Höhe zu treiben versuchten. Dafür erhielt er, wie später entdeckt wurde, von einem gewissen David M. Lion ein Honorar von 250 Dollar pro Woche.[92] Lion war einer von jenen Leuten, die der »Pecora-Ausschuss« als einen Geschäftsmann bezeichnete, der sein Geld damit verdiente, günstige Kommentare im richtigen Moment zu kaufen.

Den anderen Pol bildeten die soliden Wirtschaftszeitungen. Die fundierten Wirtschaftsdienste, wie »Poor's« und der »Standard Statistics Comp.«, verloren niemals den Bezug zur Realität. Im Herbst gingen Poor's »Weekly Business and Investment Letters« sogar so weit, von einer großen »Aktien-Desillusionierung« zu sprechen.[93] Der Herausgeber von »The Commercial and Financial Chronicle« wankte niemals in seiner Überzeugung, dass die Wall Street den Verstand verloren hatte.

91) Stock Exchange Practices, Anhörungsverfahren, April–Juni 1932, Teil 2, S. 601ff.
92) Ebenda, S. 676ff.
93) Zitiert in: Frederick Lewis Allen: Only Yesterday, New York 1931, S. 322.

Die wöchentlichen Meldungen über die Maklerkredite boten für eine ernste Warnung ausreichend Gelegenheit. In den Nachrichtenspalten tauchte jede schlechte Nachricht auf. Die stärkste Verfechterin einer nüchtern-sachlichen Betrachtung war die »New York Times«. Unter Leitung des verdienten Alexander Dana Noyes war diese Zeitung völlig immun gegen den Aktienrausch. Ein Stammleser konnte kaum daran zweifeln, dass der Tag der Abrechnung kommen musste. Und so meldete die »New York Times« auch bei verschiedenen Gelegenheiten, allerdings jedes Mal noch zu früh, der Tag der Abrechnung sei nun gekommen.

Die plötzlichen Kurseinbrüche auf dem Aktienmarkt, die dem Zusammenbruch vorausgingen, waren in der Tat die Nagelprobe für alle, die der Phantasie abgeschworen hatten. Schon früh im Juni und im Dezember des Jahres 1928, dann im Februar und März 1929 schien es, als sei das Ende gekommen. Bei solchen Gelegenheiten meldete die »Times« geradezu befreit, dass man nun endlich in die Realität zurückkehren werde. Dann gewann der Markt wieder an Fahrt. Dieses ewige Hin und Her konnte nur eine sehr hartnäckige Überzeugung überleben. Und dann war es so weit: Die Optimisten mussten erhebliche Vertrauensverluste einstecken. Es wäre übertrieben zu behaupten, die »Times« hätte darüber gejubelt, dass der Crash endlich da war. Aber in ihren Berichten zu diesem Thema war kein Mitleid zu finden.

Im Sommer 1929 beherrschte die Börse auch die Kultur. Selbst die wenigen Leute, die normalerweise an Thomas von Aquin und Proust, an Psychoanalyse und psychosomatischer Medizin interessiert waren, sprachen von United Corporation, United Founders und Steel. Nur Exzentriker ließen das Thema Börse links liegen und debattierten über Autosuggestion und Kommunismus. In jeder Straße wohnte jemand, der etwas vom Aktienkauf und -verkauf verstand und darüber sprach und zum mobilen Orakel wurde. In New York gab es schon lange bei jeder Zusammenkunft spezialisierter Leute einen gerissenen Makler oder Anlageberater, der über die laufenden

Pläne für Pools, Syndikate und Fusionen genauestens Bescheid wusste und auch günstige Anlagemöglichkeiten kannte. »Hilfreich« beriet er seine Freunde zum Thema Geldanlagen, und wenn er darum gebeten wurde, erzählte er alles, was er vom Aktienmarkt wusste. Und er erzählte auch vieles, was er nicht wusste. Diese Männer standen nun plötzlich im Mittelpunkt, auch in einer Gesellschaft von Künstlern, Dramatikern, Dichtern und hübschen Playgirls. Ihre Worte wurden regelrecht zu Geld. Ihre Zuhörer lauschten nicht etwa mit der gelangweilten Aufmerksamkeit von Leuten, die Epigramme und Bonmots sammeln, sondern mit dem Interesse jener, die sich von dem, was sie da hörten, einen Vorteil erwarteten.

Alles, was über die Börse wiedergegeben und berichtet wird, hat gestern wie heute keinerlei Zusammenhang mit der Realität. Zwischen den Menschen gibt es eben eine ganz besondere Art der Verständigung, die nicht auf Wissen beruht, ja nicht einmal auf dem Mangel an Kenntnissen, sondern auf der Unmöglichkeit, das zu erfahren, was man nicht weiß. Genau das traf auf viele Diskussionen über die Börse zu. Beim Lunch, etwa im Zentrum von Scranton, berichtete ein bekannter Arzt vom drohenden Aktiensplitt der Western Utility Investors und seiner Auswirkung auf die Preise. Weder der Doktor noch seine Zuhörer wussten, warum die Aktie gesplittet werden sollte und warum das wiederum die Werte steigern sollte. Sie wussten vermutlich nicht einmal, warum die Western Utility Investors überhaupt einen Wert hatten. Aber weder der Doktor noch seine Zuhörer waren sich klar darüber, dass sie nichts wussten. Klugheit ist oft abstrakt und wird weder mit Tatsachen noch mit der Wirklichkeit in Verbindung gebracht, sondern mit der einen Person, die darauf Anspruch erhebt, und mit der Art und Weise, wie sie diesen vertritt. Möglicherweise konnten sich vor allem die weiblichen Anleger nicht vorstellen, was sie alles nicht wussten. Immer mehr Frauen betätigten sich an der Börse. Im April berichtete die Zeitung »The North American Review«, dass Frauen wichtige Mitspieler »des aufregendsten kapitalistischen Männerspiels« geworden seien und dass sich die moderne Hausfrau zum Beispiel dafür interessiere, ob Wright Luftfahrt steigt – so wie sie sich dafür interessiere, ob es am Wochenmarkt frischen Fisch zu kaufen gibt. Der Autor glaubte sogar, dass Erfolge in der Spekulation das Prestige der Frauen verbessere.

Für die weibliche Spekulantin war die Assoziation mit Stahl jedoch nicht die konkret vorstellbare Verbindung zu einem Unternehmen und schon gar nicht zu Eisenerzgruben, Schiffen, Eisenbahnen oder Hochöfen. Vielmehr dachte sie an geheimnisvolle Symbole auf einem Fernschreibstreifen und Linien auf einer Tabelle und an einen steigenden Preis. Sie sprach von Stahl so vertraut wie von einem guten Freund, auch wenn sie in Wirklichkeit überhaupt nichts davon verstand. Und es sagte ihr auch nie jemand, dass sie nichts wusste, ja gar nichts wissen konnte. Wir sind höfliche und vorsichtige Leute, wir vermeiden es, unhöflich zu sein. Zudem hätte ein gut gemeinter Rat gar nichts genützt und nur ein Gefühl der Verachtung für den hervorgerufen, der so offensichtlich weder den Mut noch die Initiative und schon gar nicht die Klugheit besaß, um zu wissen, wie man schnell reich werden konnte. Die Frau als Spekulantin hatte entdeckt, dass sie reich werden konnte – das war ihr Recht wie das eines jeden anderen.

Eine Gesellschaft, die ausschließlich damit beschäftigt ist, Geld zu verdienen, hat keine allzu hohen Werte aufzuweisen. Das wurde oft ausgenutzt. Im Sommer druckte die »Times« die Anzeige eines Wertpapierhändlers für die National Water Works Corporation ab, eines Unternehmens, das gegründet wurde, um sich an städtischen Wasserwerken zu beteiligen. Die Anzeige präsentierte folgenden Gedankengang: »Stellen Sie sich vor, bei einem Naturereignis bliebe nur eine kleine Quelle für die große Stadt New York übrig. Ein Eimer Wasser würde dann einen Dollar, 100 Dollar, 1000 Dollar, ja 1 000 000 Dollar kosten. Der Mann, dem die Quelle gehört, würde zum Eigentümer des gesamten Reichtums der Stadt.« Alle Leute, die sich vor den Folgen von Naturereignissen schützen wollen, wurden in der Anzeige aufgefordert, Wasseranteile zu zeichnen, bevor es zu spät war.

Spekulation vom Taxifahrer bis zum Millionär

Die Börse spielte im amerikanischen Alltagsleben des Sommers 1929 eine dominante Rolle. Die Menschen aller Schichten investierten am Aktienmarkt. Frederic Lewis Allen zeichnete das Spektrum der Aktienanbeter in einer treffenden Skizze:

»Der Chauffeur des reichen Mannes lenkt den Wagen mit zurückgelegten Ohren, um Nachrichten über eine bedeutende Kursveränderung von Bethlehem Steel aufzufangen, denn er besitzt selbst 50 Anteile. Der Fensterputzer im Büro des Maklers macht eine Pause, um den Ticker zu beobachten, denn er überlegt, ob er die Früchte seiner Arbeit in einige Anteile von Simmons umtauschen soll. Edwin Levèfre, ein cleverer Marktberichterstatter dieser Zeit mit großen persönlichen Erfahrungen, erzählt vom Kammerdiener eines Maklers, der fast eine Viertelmillion an der Börse verdient hat, von einer Krankenschwester, die 30 000 Dollar mit Hilfe der Tipps gewann, die ihr dankbare Patienten gegeben hatten, und von einem Viehzüchter aus Wyoming, der mehr als 30 Meilen von der nächsten Bahnstation entfernt wohnte, aber täglich 1 000 Anteile kaufte oder verkaufte.«[94]

Das Interesse der Bevölkerung am Aktienboom wurde damals jedoch eher über- als unterschätzt. Die Klischeevorstellung von 1929, dass jedermann am Börsenmarkt beteiligt war, ist von der Wahrheit weit entfernt. Damals wie heute war der Aktienmarkt für die große Masse der Arbeiter, Farmer, Angestellten, überhaupt für die Mehrheit der Amerikaner, etwas Eigenartiges und Unklares. Die wenigsten wussten, wie man Wertpapiere kauft. Und den Kauf von Aktien auf Kredit kannten sie ebenso wenig wie das Kasino in Monte Carlo.

94) Frederick Lewis Allen, a.a.O., S. 315.

Einige Jahre später gab ein Senatsausschuss, der mit der Untersuchung des Aktienmarktes beschäftigt war, die Zählung jener Leute in Auftrag, die in die Wertpapierspekulationen von 1929 verwickelt waren. Damals meldeten die Mitglieder von 29 Börsen, ihnen seien Konten von 1 548 707 Kunden bekannt. Da hiervon allein 1 371 920 Kunden von Mitgliederfirmen der New Yorker Börse waren, konnte man sich ausrechnen, dass bei einer Gesamtbevölkerung von zu jener Zeit 120 Millionen (etwa 30 Millionen Familien) nur eineinhalb Millionen Menschen aktiv an der Börse agierten. Auch waren nicht alle von ihnen Spekulanten. Maklerfirmen schätzten bei dieser Untersuchung des Senatsausschusses, dass nur ungefähr 600 000 dieser Aktienbesitzer gegen Sicherheitsleistung kauften, während 950 000 die Papiere bar bezahlten. Doch auch in dieser Gruppe gab es einige Spekulanten: Sie brachten zwar den vollen Kaufpreis für die Wertpapiere auf, spekulierten aber trotzdem. Auch gab es Anleger, die sich außerhalb des Marktes Geld borgten und Wertpapiere als Sicherheit anboten. So waren sie zwar als Barzahlungskunden eingetragen, kauften aber in Wirklichkeit auf Kredit. Selbst auf der Höhe der Spekulation im Jahr 1929 lag die Zahl der aktiven Spekulanten sicherlich unter einer Million. Zwischen Ende 1928 und Ende Juli 1929 zeichneten Karikaturisten die Amerikaner als Lemminge, die hin- und herhetzten, um am Markt teilzunehmen – doch die Zahl derer, die tatsächlich auf Kredit kauften, war an allen Börsen des Landes nur um gut 50 000 angestiegen.[95] Das Überraschendste an der Börsenspekulation des Jahres 1929 war nicht die hohe Beteiligung, sondern die Art und Weise, wie sie zum gesellschaftlichen Mittelpunkt hochstilisiert wurde.

95) Stock Exchange Practices, Bericht, 1934, S. 9f.

Die Zunft der Pool-Manager

Im ausgehenden Sommer 1929 teilten die Börsenbulletins und Kursmeldungen nicht nur mit, dass und um wie viel die Kurse an einem bestimmten Tag gestiegen waren: Sie taten noch ein Übriges und kündigten zum Beispiel an, dass um 14.00 Uhr Radio oder General Motors »in Arbeit genommen würden«.[96] Die Überzeugung, der Markt sei das persönliche Instrument mysteriöser, allmächtiger Männer geworden, war nie zuvor stärker. Tatsächlich hatte man es mit einer Phase äußerst lebhafter Handelsaktivitäten von Pools und Syndikaten zu tun. Während des Jahres 1929 wurden mehr als 100 Emissionen an der New Yorker Börse durch derartige Manipulationen gestartet, an denen Börsenmitglieder oder ihre Partner beteiligt waren. Die Methoden waren unterschiedlich, aber meist legte eine gewisse Anzahl von Händlern ihre Geldmittel in einem Pool zusammen, um eine bestimmte Aktie in die Höhe zu treiben. Sie bestimmten einen Pool-Manager und sicherten sich gegenseitig zu, nicht durch private Transaktionen »querzuschießen«. Der Pool-Manager bezog dann seine Stellung an der Börse und fing an, sich auf einen bestimmten Wert zu konzentrieren, wobei auch Aktien der Pool-Mitglieder im Spiel sein konnten. Diese Käufe steigerten die Nachfrage am Markt und zogen das Interesse der Beobachter, die ja die Kursmeldungen im ganzen Land verfolgten, auf sich. Dies trieb erneut Kauf und Verkauf an, und das ganze Manöver erweckte den Eindruck, dass etwas im Busch sei. Kurszettel und Börsenkommentatoren vermeldeten eine aufregende Entwicklung, die sich anzubahnen schien. Wenn alles im Sinne der Spekulanten verlief, wurde dadurch auch das allgemeine Publikum zum Kaufen animiert. Die Preise stiegen dann von selbst. Schließlich konnte der Pool-Manager wieder verkaufen, einen prozentualen Gewinn für

96) Alexander Dana Noyes, a.a.O., S. 328

seine Dienste einstreichen und den Rest mit seinen Kapitalgebern teilen.[97]

Solange dieses System funktionierte, gab es keine angenehmere Art, Geld zu verdienen. Die Leute merkten größtenteils, wie attraktiv solche Transaktionen waren. Das war zwar eine Übertreibung, aber niemand stellte die Frage, ob er vielleicht nicht doch geschröpft wurde. Zwar verdienten beide, das Publikum und die Pool-Manager, Geld. Der Unterschied lag darin, dass die Letzteren mehr Geld machten. Das Publikum erhoffte sich von solchen Insidergeschäften, ebenfalls interne Informationen zu erhalten und dadurch wiederum einen Anteil an den Gewinnen von Größen wie Cutten, Livermore oder Raskob. Indem der Aktienmarkt immer weniger ein Barometer der industriellen Entwicklung war und sich zunehmend zu einem Produkt künstlicher Manipulationen entwickelte, beanspruchte er erst recht die ungeteilte Aufmerksamkeit der Spekulanten. Zuletzt galt es, die ersten Anzeichen einer beginnenden Verschwörung zu entdecken, um daran teilzuhaben. Das hieß, die Augen mussten auf die Börsentafel geheftet bleiben. Natürlich gab es Anleger, die sich auf Geistesblitze oder schlichtweg nur auf ihren Glauben verließen, im Gegensatz zu anderen, die versuchten, die Absichten der professionellen Händler in bare Münze umzusetzen. Doch selbst sie konnten ohne ständigen Kontakt mit dem Geschehen an der Börse kaum mehr leben. Die Wenigsten brachten es fertig, sich nur nebenberuflich mit der Börsenspekulation zu beschäftigen. Dazu war den meisten Menschen Geld viel zu wichtig.

Während der South Sea Bubble war es bereits so, dass »Staatsmänner ihre Politik, Rechtsanwälte das Gericht, Kaufleute ihren Handel, Ärzte ihre Patienten, Geschäftsleute ihre Geschäfte, Schuldner ihre Gläubiger, Geistliche die Kanzel und selbst die Frauen ihren Stolz und ihre Eitelkeit vergaßen.«[98] Genauso war es auch 1929:

97) Stock Exchange Practices, Bericht, 1934, S. 30ff.
98) Viscount Erleigh: The South Sea Bubble, New York 1933, S. 11.

»Die Maklerbüros waren von zehn Uhr morgens bis drei Uhr nachmittags überfüllt mit Kunden, die die Börsentafel beobachteten, statt ihren eigenen Geschäften nachzugehen. In einigen Büroräumen war es schwierig, einen Platz zu ergattern, von dem aus man die Kursnotierungen verfolgen konnte. Kaum einer hatte die Chance, den Kursticker zu beobachten.«[99]

Es war nervenaufreibend, auch nur für kürzeste Zeit den Markt aus den Augen zu verlieren. Glücklicherweise war das nicht oft erforderlich, war der Börsenfernschreiber doch mittlerweile zu einer nationalen Institution geworden. Ein örtliches Telefongespräch brachte die Kursmeldungen von fast überall her. Eine Reise nach Europa war eine der seltenen unglücklichen Ausnahmen. Wie der »Literary Digest« ausführte, »hatte das transozeanische Maklergeschäft riesige Ausmaße angenommen ... Aber für Spekulanten bedeutet es doch ein unsicheres und unbequemes Intermezzo, wenn sie den Ozean überquerten.«[100] Im August war auch diese Zwangspause ausgeschaltet. Fortschrittliche Maklerfirmen – allen voran J. J. Meehan, ein Spezialist in Radio-Aktien und ein verdienter Kämpfer bei so mancher Kursmanipulation – errichteten Filialen auf den großen Schiffen. Die besonderen Bedingungen dafür wurden von der Börse vorgegeben. Am 17. August verließen die »Leviathan« und die »Ile de France« den Hafen, komplett ausgerüstet für die Spekulation auch auf hoher See. Das Geschäft auf der »Ile« am Eröffnungstag wurde als »lebhaft« beschrieben. Eine der ersten Transaktionen war die von Irving Berlin, der 1 000 Anteile von Paramount-Famous-Lasky zu 72 verkaufte. Diese Aktie sank später auf null, und das Unternehmen ging Pleite.

99) Alexander Dana Noyes, a.a.O., S. 328.
100) The Literary Digest, 31. August 1929.

Die ersten Risse

Mit dem »Labor Day« am 2. September ging der Sommer von 1929 wie üblich zu Ende. Es herrschte eine Hitzewelle, und am Abend des Feiertages verstopften die heimkehrenden Fahrer die Straßen um New York meilenweit. Zuletzt sahen sich manche gezwungen, ihre Fahrzeuge stehen zu lassen und ihren Heimweg mit anderen Verkehrsmitteln anzutreten.

Fernab der Wall Street war es ein sehr ruhiger Tag in einer sehr ruhigen Zeit. Jahre später durchforstete Frederick Lewis Allen die Zeitungen dieses Tages und listete in einem köstlichen Artikel alles auf, was er gefunden hatte.[101] Es war nicht viel: Man diskutierte über die Abrüstung in der gleichen planlosen Art, die Amerika zweifellos einmal ruinieren wird. Das Luftschiff »Graf Zeppelin« näherte sich dem Ende seines ersten Fluges um die Welt. Ein dreimotoriges Flugzeug der Transcontinental Air Transport war in einem Gewitter über New Mexico abgestürzt. Acht Menschen kamen dabei ums Leben. Die Fluglinie hatte erst kurz zuvor einen 48-Stunden-Dienst zur Westküste eingerichtet. Babe Ruth, Baseballspieler und Abgott der Jugend, hatte damals bereits 40 Runden der Saison hinter sich. Der Bestseller » All Quiet on the Western Front« (Im Westen nichts Neues) führte weit vor dem Bestseller »Dodsworth«. Die Kleider der Damen zeigten eine ausgesprochen flache Silhouette – eine, die nichts, aber auch gar nichts betonte. Von Washington wurde gemeldet, dass Harry F. Sinclair, damals im Gefängnis des Districts von Columbia, wegen Missachtung des Senats während der Untersuchungen im Teapot-Dome-Skandal ab sofort strenger bewacht würde. Bis dato war er täglich mit dem Auto zum Gefängnisarzt gefahren. Zu Beginn des Jahres hatten seine Börsentransaktionen riesige Ausmaße angenommen, und Ende des Jahres wurden sie zum Gegenstand peinlichster Nachforschungen. Es ließ sich nie feststellen,

101) Zitiert in: The Literary Digest, 31. August 1929.

ob der Washingtoner »Aufenthalt« seine rege Börsenaktivität spürbar unterbrochen hatte. Sinclair war einer der findigsten und gerissensten Unternehmer seiner Generation.

Am 3. September wurden an der New Yorker Börse mehr als 4,4 Millionen Anteile verkauft. Tagesgeld kostete neun Prozent pro Tag; der Bankzins auf erstklassige Warenwechsel lag bei sechseinhalb Prozent, der Diskontsatz an der New York Federal Reserve Bank bei sechs Prozent. Der Aktienmarkt hatte – wie es die Wirtschaftsjournalisten nannten – eine sehr gute Grundstimmung. American Tel and Tel erreichten an diesem Tag 304 Punkte, U.S. Steel 262, General Electric 396, J. I. Case 350 und New York Central 256. Radio Corporation of America hatte noch immer keine Dividende bezahlt, die Papiere standen nun auf 505. Die Maklerdarlehen bei der Federal Reserve summierten sich auf 137 000 000 Dollar in einer Woche. Die New Yorker Banken borgten ebenfalls ausgiebig von der Federal Reserve, um den spekulativen Überbau zu tragen. Das Volumen ihrer in Anspruch genommenen Gelder stieg im Laufe von nur einer Woche um 64 Millionen Dollar. Im August war der Goldstrom aus dem Ausland nach New York weiterhin stark geblieben. Auch der neue Monat schien gut anzulaufen.

Nach allgemeiner Auffassung war am 3. September das Ende der Hausse am Aktienmarkt des Jahres 1929 gekommen. Die Volkswirtschaftslehre ist wie immer sehr zurückhaltend, wenn es darum geht, dramatische Wendepunkte exakt zu datieren. Die Ereignisse erscheinen auch im Rückblick verwirrend, zum Teil sogar nicht erklärbar. Nach dem 3. September notierte die eine oder andere Aktie zwar noch höher als der Durchschnitt, aber der Markt gewann niemals mehr seine frühere Festigkeit, die so vertrauensbildend gewesen war. Spätere Höhepunkte waren keine Höhepunkte mehr, sondern nur kurze Unterbrechungen in einer langen Abwärtsentwicklung. Am 4. September war die Stimmung an der Börse noch immer gut. Doch am 5. September kam dann der erste Bruch: Die Times-Industrials fielen um zehn Punkte, viele einzelne Aktien sanken noch tiefer. Die Spitzenwerte hielten sich ziemlich gut, obwohl Stahl von 255 auf 246 zurückging, während Westinghouse sieben Punkte und Tel and Tel sechs Punkte verloren. Das Volumen vergrößerte sich rapide, da nun die Leute versuchten, ihre Papiere abzustoßen. An der New Yorker Börse wurden zu dieser Zeit 5,5 Millionen Papiere gehandelt.

Der unmittelbare Anlass des Zusammenbruchs war klar – und interessant. Als Roger Babson vor der Annual National Business Conference am 5. September eine Rede hielt, sagte er: »Früher oder später kommt der Crash, und er kann schrecklich sein.« Das, was in Florida passiert war, könne sich, so Babson, an der Wall Street wiederholen. Mit der ihm eigenen Präzision erklärte er, dass die durchschnittlichen Marktwerte (Dow Jones) wahrscheinlich um 60 bis 80 Punkte fallen würden. Er kam zu dem Schluss, dass »Fabriken schließen würden ... Menschen arbeitslos würden ... Circulus vitiosus (Teufelskreis, hier: Abwärtsspirale) würde in Schwung kommen, und das Ergebnis wäre eine schwere Depression«.[102]

Das klang nicht sehr beruhigend. Die Öffentlichkeit wurde auf Babson aufmerksam. Allerdings stellte sich in der Öffentlichkeit schnell die Frage, warum man diese Warnung beachten sollte, schließlich hatte sich Babson schon früher zu vielen Voraussagen verstiegen, die von den Preisen vollkommen ignoriert wurden. Als Prophet war Babson auch nicht so vertrauenerweckend wie zum Beispiel Irving Fisher oder die Harvard Economic Society. Da er Lehrer, Philosoph, Theologe, Statistiker, Prophet, Wirtschaftler und ein Freund des Gesetzes der Schwerkraft in einem war, hielt man ihn für ein nicht ganz ernst zu nehmendes Genie. Problematisch waren die Methoden, mit denen er seine Schlüsse zog. Sie bestanden aus einem Hokuspokus von Linien und Kurven auf einer Tabelle. Intuition und vielleicht sogar Mystizismus spielten dabei mit. Jenen, die objektiv und wissenschaftlich arbeiteten, war es unbe-

102) Frederick Lewis Allen: »One Day in History«, Haper's Magazine, November 1937.

haglich bei Babsons Vorgehensweise, obwohl sie auch mit ihren eigenen Methoden den Zusammenbruch nicht voraussagen konnten. In solchen Fällen ist es – wie so oft im Leben – besser, auf seriöse Weise Unrecht als aus falschen Gründen Recht zu haben.

Die Wall Street war jedoch nicht in Verlegenheit, was sie mit Babson anstellen sollte. Sie kompromittierte ihn prompt und wirkungsvoll. Der Leitartikel in »Barron's« vom 9. September bezeichnete ihn, mit starker Ironie gewürzt, als den »Weisen von Wellesly«, den keiner ernst nehmen könne, der die »notorische Ungenauigkeit« seiner bisherigen Prognosen kenne. Die Börsenabteilung von Hornblower und Weeks erklärte ihren Kunden ernsthaft: »Wir würden nicht in ein wildes Aktienverkaufen flüchten wegen der grundlosen Prophezeiung eines Börsencrashs, die kürzlich ein bekannter Statistiker gemacht hat.«[103] Irving Fisher nahm ebenfalls Stellung. Er gab zu bedenken, dass die Dividenden stiegen, das Misstrauen gegenüber Aktien geringer würde und die Investment-Trusts den Kapitalanlegern nach wie vor eine breite und wohldurchdachte Palette an Anlagemöglichkeiten böten. Seine eigene Schlussfolgerung war: »Es möge sich wohl ein Rückgang in Aktienwerten anbahnen, aber nichts, was die Natur eines Zusammenbruchs beinhalten könnte.«[104] Ein Investment-Trust aus Boston ging das Thema von einer anderen Seite an. Er erklärte der Öffentlichkeit, dass sie sich auf kleine Rückschläge gefasst machen solle, aber sie müsse auch wissen, dass diese bald vorübergingen. In großen Anzeigen erklärte die Leitung des Trusts: »Auch wenn es vorübergehend zu Einbrüchen kommen sollte, zu Einschnitten in der permanent steigenden Kurve des amerikanischen Wohlstandes, wenn einzelne Aktien – sogar die der erfolgreichsten Gesellschaften – in der allgemeinen Wertung zurückgehen sollten … trotz allem«, so erklärte die Trust-Leitung auch in ihrem eigenen Namen, »werden eingetragene Kapitalgeber weich landen.«

---

103) The Commercial and Financial Chronicle, 7. September 1929.

104) Zitiert in: The Wall Street Journal, 6. September 1929.

Der »Babson Break« (die Babson-Baisse), wie das Ereignis prompt genannt wurde, kam an einem Donnerstag. Der Markt erholte sich am Freitag und war am Samstag wieder fest. Die Leute hatten ihre Furcht schnell überwunden. Es schien, als ob die Kurve von neuem nach oben steigen würde, wie so oft vorher, ob mit oder ohne Babson. Aber in der folgenden Woche – also in der Woche vom 9. September – waren die Kurse erneut schlecht. Am Montag deutete die »Times« mit der Vorsicht eines frühreifen Pessimisten an, dass das Ende gekommen sei, und fügte hinzu: »Es ist eine wohlbekannte Charakteristik der Hausse, dass die Vermutung, sie könnte auch in der altbekannten unangenehmen Weise zu Ende gehen, kaum als möglich angesehen wird.« Die Kurse schwankten weiterhin. An manchen Tagen war die Börse fest, an anderen wieder schwach. Zwar nur ganz leicht und hier und da festzustellen, war die Tendenz jedoch rückblickend betrachtet bereits eindeutig nach unten gerichtet. Noch immer wurden neue Investment-Trusts gegründet, noch immer strömten neue Spekulanten auf den Markt, und noch immer stieg das Volumen der Maklerkredite an. Das Ende war gekommen, aber man sah es noch nicht.

Vielleicht war das gut so. Die letzten Atemzüge des Lebens sollen leicht gemacht werden, hatte die Wall Street erklärt. Am 11. September veröffentlichte das »Wall Street Journal«, seiner üblichen Praktik folgend, die Gedanken zum Tage. An diesem Tag stammten sie von Mark Twain:

»Don't part with your illusions; when they are gone you may still exist, but you have ceased to live.« (Bewahr dir deine Träume. Hast du sie einmal verloren, dann existierst du zwar noch, aber wirklich leben, das kannst du nicht mehr.)

Kapitel 5

Der Crash

Wie die Öffentlichkeit zunehmend wahrnahm, befand sich ab Herbst 1929 die Wirtschaft tatsächlich in einer Depression. Im Juni erreichte der Index der industriellen und der gewerblichen Produktion seinen Höhepunkt, dann fiel er zurück. Im Oktober beispielsweise stand der Federal-Reserve-Index der Industrieproduktion auf 117 Punkten, vier Monate vorher lag er noch bei 126. Ab Juni ging die Stahlproduktion zurück. Im Oktober wurde wesentlich weniger Bahnfracht befördert. Der Wohnungsbau, eigentlich eine sehr lebhafte Branche, ging bereits seit einigen Jahren stetig zurück und fiel 1929 noch stärker. Schließlich fiel auch der Aktienmarkt.

Ein Zeitzeuge meinte, dass der Preissturz am Aktienmarkt »hauptsächlich die Veränderung widerspiegelte, die bei der Entwicklung der industriellen Produktion schon lange sichtbar war«[105]. Das bedeutet: Die Börse ist nichts anderes als ein Spiegel der allgemeinen Lage einer Volkswirtschaft. In diesem Fall funktionierte der Spiegel allerdings mit ein wenig Verspätung. Der Aktienmarkt wird immer von bestimmten wirtschaftlichen Faktoren beeinflusst, aber

105) Thomas Wilson: Fluctuations in Income and Employment (Dt.: Schwankungen in Einkommen und Beschäftigung), 3. Auflage, New York 1948, S. 143.

niemals umgekehrt. Im Jahr 1929 ging die Wirtschaft einer Krise entgegen, und diese Rezession spiegelte sich dann in der Reaktion der Wall Street deutlich wider. Wie überall im Jahr 1929 wünschte sich auch an der Wall Street kaum jemand eine große Depression. Hier herrschte der unbeirrbare Glaube an die suggestive Macht der Beschwörung. Doch als der Markt dann doch nachgab, ahnten viele die echte, drohende Gefahr. Man spürte die Gefahren für Einkommen und Beschäftigung, also für den Wohlstand allgemein. Diese Entwicklung musste unter allen Umständen vermieden werden. Die hierzu eingesetzte vorbeugende Beschwörung machte es erforderlich, dass viele wichtige Leute möglichst oft bestätigten, es werde und könne nichts passieren. Das taten sie dann auch: Sie erklärten, der Aktienmarkt sei quasi nur der Saum eines Unterrocks, während die Substanz des wirtschaftlichen Lebens, also Produktion, Beschäftigung, Käufe und Verkäufe, unberührt bleiben würden.

Natürlich wusste niemand sicher, ob das wirklich so ist. Aber die Beschwörung als Instrument der Wirtschaftspolitik erlaubt weder Zweifel noch Skrupel, wenn sie ihr Ziel erreichen will. In den späteren Jahren der Depression verwies man unentwegt auf die Bedeutungslosigkeit der Börse. Für die Vertreter dieser Politik freilich war die Depression eine höchst unerfreuliche Erfahrung.

Die Wall Street war nicht bei allen Menschen, die in Amerika lebten, ein Symbol, das es anzubeten galt. In bestimmten, ehrbaren Kreisen galten Leute, die am Aktienmarkt spekulierten – man nannte sie entrüstet »Spieler« – als unmoralisch. Deshalb wäre jede Erklärung, die Depression sei die Folge des Zusammenbruchs am Aktienmarkt, in diesen Kreisen sehr ernst genommen worden, und das hätte für die Manager der Wall Street unangenehm werden können. Die Wall Street hätte dies höchstwahrscheinlich überlebt, aber ein paar sichtbare Schrammen wären wohl geblieben. Eins ist sicher, es gab keine geheime Verschwörung, um die schwerwiegenden Folgen des Börsenkrachs zu verharmlosen oder gar zu leugnen. Es war eher so, dass es den meisten, vor allem konservativen Kräften, zum Überleben zweckmäßiger erschien, die Wall Street aus dem Spiel zu lassen. Sie war zu angreifbar.

Die Ereignisse im Herbst 1929 lassen sich nur dann erklären, wenn man als Hauptursache die riesige Spekulationsblase und den darauf folgenden Crash ausmacht. Bis September, ja sogar bis zum Oktober 1929 war der Rückgang der Geschäftstätigkeit relativ moderat. Wie später noch gezeigt werden wird, konnte man bis zum Zusammenbruch des Marktes sehr wohl davon ausgehen, dass die Abwärtsbewegung bald beendet sei und der Markt wieder drehen werde. Bereits 1927 war es nach einer Krise wieder aufwärts gegangen, und auch später, im Jahr 1949. Es bestand also noch kein Grund, eine echte Katastrophe zu erwarten. Niemand konnte damals voraussehen, dass die Produktion, die Preise, die Einkommen und alle anderen volkswirtschaftlichen Maßstäbe drei Jahre lang in Folge zurückgehen würden. Nach dem Zusammenbruch des Marktes gab es plausible Gründe für die Annahme, die Situation könnte sich für eine längere Zeit sogar noch weiter verschlechtern.

Zum Crash am Aktienmarkt kam es also nicht – wie manche vielleicht angenommen haben –, weil man sich plötzlich der Tatsache bewusst war, dass eine ernst zu nehmende Depression unmittelbar bevorstand. Eine Depression, ganz gleich, ob ernst oder weniger ernst, kann noch gar nicht in dem Augenblick vorhergesagt werden, in dem der Aktienmarkt zusammenbricht. Es hätte ja durchaus sein können, dass der Rückgang des Produktionsindex die Spekulanten alarmiert und veranlasst hätte, ihre Aktien abzustoßen. Es wurde eine Blase angestochen, die über kurz oder lang ohnehin geplatzt wäre.

Diese Erklärung erscheint mir plausibel: Einige Anleger hatten die Indexzahlen beobachtet und begannen zu verkaufen. Andere wurden dadurch angeregt und folgten dem Beispiel. Im Grunde sind diese Einzelheiten gar nicht so wichtig, denn in einem Spekulations-Boom ist fast alles Anlass für einen Zusammenbruch. Jede ernsthafte Erschütterung des Vertrauens stärkt die Neigung zu verkaufen, vor allem bei den Anlegern, die es darauf abgesehen haben, rechtzeitig vor dem endgültigen Zusammenbruch auszusteigen, vorher aber noch schnell von den Kurssteigerungen zu profitieren. Ihr Pessimismus steckt dann die naiveren Gemüter an, vor allem jene, die bis dahin glaubten, der Markt müsse ewig weitersteigen. Dann dauert es in der Regel nicht mehr lange, bis die Aufforderung kommt, im Effektengeschäft Geld nachzuschießen. Dadurch werden wieder einige Spekulanten gezwungen zu verkaufen, und schließlich platzt die Blase.

Neben dem Rückgang der wirtschaftlichen Indizes gab es zwei weitere Ereignisse, die man an der Wall Street für den Crash verantwortlich machte. In England brachen am 20. September 1929 die Unternehmungen von Clarence Hatry plötzlich und völlig unerwartet zusammen. Hatry war eine jener merkwürdigen Figuren, mit denen die Engländer meist nicht zurechtkamen – unenglische Figuren eben. Obwohl der Beginn seiner Laufbahn im Finanzgeschäft alles andere als Vertrauen erweckte, schaffte es Hatry in den 1920er-Jahren, ein industrielles und finanzielles Machtgebäude mit beeindruckenden Ausmaßen aufzubauen. Der Kern seiner Unternehmungen war – und das ist bemerkenswert – eine Kette von Münz- und Fotoautomaten. Von diesen wenig respektablen Unternehmungen stieg er dann ins Investment-Trust-Geschäft und in die Hochfinanz ein. Seine Geschäfte expandierten rasch, vor allem durch die Ausgabe von nicht genehmigten Effekten. Er schreckte auch nicht davor zurück, Aktienzertifikate zu fälschen und ähnliche fragwürdige Finanzgeschäfte zu machen. Beim Lesen der Berichte von 1929 wird deutlich, dass die öffentliche Demaskierung von Hatrys Geschäften in London auch das Vertrauen in die New Yorker Finanzgeschäfte nachhaltig erschüttern musste.[106]

106) Hatry wurde schuldig gesprochen und Anfang 1930 zu einer langen Freiheitsstrafe verurteilt.

Eine ähnliche Wirkung wie die Meldungen über Hatry zeigte die Weigerung des Massachusetts Department of Public Utilities vom 11. Oktober, der Boston Edison den beantragten Aktiensplitt zu genehmigen. Die Gesellschaft argumentierte dagegen, diese Art von Aufspaltung sei doch jetzt sehr modern; wer diesen Fortschritt bremse, laufe Gefahr, für altmodisch gehalten zu werden und es würde einen Rückfall in die Zeiten des Gaslichts bedeuten. Solch eine Verweigerung hatte es bis dahin noch nicht gegeben. Darüber hinaus trat verschlimmernd hinzu, dass das Department eine Überprüfung der Kurse der Gesellschaft anordnete und feststellte, dass der Kurs der Aktien »gemäß der Aktivität der Spekulanten« eine Höhe erreicht habe, »die nach unserer Auffassung keinem Käufer mehr einen Vorteil bieten könne«.

Harte Worte – sie konnten genauso ausschlaggebend sein wie es möglicherweise die Entlarvung von Clarence Hatry war. Aber es war ebenso gut denkbar, dass allein eine spontane Entscheidung das labile Gleichgewicht erschütterte: Am 22. September veröffentlichten New Yorker Zeitungen im Wirtschaftsteil eine Anzeige mit der ins Auge springenden Überschrift »Die Hausse an der Börse überstehen!«.

Unter anderem konnte man lesen: »Die meisten Geldgeber machen in einer Börsenhausse Gewinne, nur um diese, und manchmal noch mehr, bei der Normalisierung, die unweigerlich folgen muss, wieder zu verlieren.« Anstelle des Rückgangs des Produktionsindex konnte auch die Aufdeckung der Machenschaften von Hatry oder die ungewöhnliche Weigerung des Massachusetts Department oder eben diese Anzeige die Furcht vor einer Depression zuerst in ein paar Dutzend Köpfen gezündet und dann in Tausende von Herzen gepflanzt haben. Was den Anstoß gab, wissen wir nicht. Wahrscheinlich ist es auch gar nicht wichtig, dass wir es wissen.

Zickzackweg in den Abgrund

Das Vertrauen wurde erst nach und nach erschüttert. Wie schon erwähnt, kamen sowohl im September als auch im Oktober einmal schlechte, dann wieder gute Tage, aber der Trend des Marktes ging abwärts. An der New Yorker Aktienbörse lagen die Verkäufe fast immer über vier Millionen, häufig sogar über fünf. Im September erschienen noch größere Emissionen als im August, und sie wurden in der Regel mit einem Aufschlag auf den Angebotspreis verkauft. Am 20. September meldete die »New York Times«, dass die Aktie von Lehman Corp., die erst kurz zuvor aufgelegt worden war und zu einem Preis von 104 angeboten wurde, am Vortag 136 Punkte erreicht hatte. Im Fall dieses – ausnahmsweise gut geführten – Investment-Trusts wurde die Begeisterung der Leute nicht unbedingt in die falsche Richtung gelenkt. Im September stiegen die Maklerkredite um fast 670 Millionen Dollar, die größte Zunahme bislang. Das Spekulationsfieber war noch nicht gesunken.

Auch andere Faktoren zeigten an, dass die Götter des Booms noch immer in ihren Tempeln residierten. In der Ausgabe der »Saturday Evening Post« vom 12. Oktober befasste sich die Titelgeschichte von Isaac F. Marcosson mit Ivar Kreuger. Das war sensationell, ... denn bisher war Kreuger gegenüber Journalisten ausgesprochen unzugänglich gewesen. »Kreuger«, so beobachtete Marcosson, »ist wie Hoover ein Systematiker. Er hat sich konsequent mit Genialität und Präzision ein weltweites Industrieimperium zusammengeschweißt.« Das war nicht die einzige Ähnlichkeit. »Wie Hoover«, so der Autor der Titelgeschichte weiter, »regiert Kreuger nur durch reine Vernunft.«

Im Interview äußerte sich Kreuger bemerkenswert aufrichtig, zumindest in einem Punkt. Er erzählte Marcosson: »Meine Erfolge führe ich auf drei Dinge zurück. Das eine ist Schweigen, das zweite ist noch mehr Schweigen, und das dritte ist noch viel mehr Schweigen.« Das stimmte zufällig. Zweieinhalb Jahre später nahm sich

Kreuger in seinem Appartement in Paris das Leben. Seine Abneigung, Informationen zu geben, ließ sogar seine intimsten Bekannten in Unwissenheit darüber, dass er den größten Betrug der Geschichte begangen hatte. Seine amerikanischen Versicherungen, darunter die respektable Firma von Lee, Higginson and Company in Boston, hatten nichts gehört und wussten nichts. Ein Mitglied der Firma, Donald Durant, war sogar Vorstandsmitglied in Unternehmen, die Kreuger gehörten. Er hatte jedoch nie an einer Sitzung teilgenommen – und hätte er es getan, dann wäre er sicherlich nicht klüger gewesen.

In den Spätsommertagen, dem so genannten Indianersommer, lenkte das »Wall Street Journal« die Aufmerksamkeit auf die offizielle Ankündigung, dass Schatzminister Andrew Mellon bis mindestens 1933 im Kabinett bleiben werde – es hatte Gerüchte gegeben, er wolle zurücktreten. Die Zeitung bemerkte hierzu: »Optimismus gewinnt wieder die Oberhand ... diese Ankündigung trug mehr dazu bei, das Vertrauen wiederherzustellen, als irgend etwas anderes.« In Deutschland versicherte Charles E. Mitchell, die wirtschaftlichen Verhältnisse in den Vereinigten Staaten seien ausgesprochen gesund, den Maklerdarlehen würde viel zu viel Aufmerksamkeit geschenkt und es gebe nichts, was die Aufwärtsbewegung aufhalten könne. Am 15. Oktober, als Mitchell nach Hause zurückfuhr, sagte er noch zu diesem Punkt: »Alle Märkte befinden sich zurzeit in einer gesunden Verfassung ... die Kurse haben eine gesunde Basis, eingebettet in den allgemeinen Wohlstand unseres Landes.« Am gleichen Abend machte Professor Irving Fisher seine berühmt gewordene Anmerkung über das »hohe Niveau« und fügte hinzu: »Ich rechne damit, dass der Aktienmarkt in einigen Monaten noch viel höher liegen wird.« Das Einzige, was in diesen Oktober-Tagen störte, war die Tatsache, dass der Markt kontinuierlich zurückging.

Rette sich, wer kann!

Am Samstag, 19. Oktober, wurde aus Washington gemeldet, Handelsminister Lamont habe Schwierigkeiten, 100 000 Dollar an öffentlichen Geldern aufzubringen, um Reparaturen an der Jacht »Corsair« zu bezahlen, die JP Morgan der Regierung vermacht hatte. Morgans Verlust war übrigens nicht besonders groß, schon wurde eine neue »Corsair« für drei Millionen Dollar gebaut. Aber es gab noch deutlichere Anzeichen einer ungewöhnlicher Geldknappheit: Die Zeitungen hatten über einen schwachen Markt berichtet. Die letzten Kurse zeigten große Verluste, der Times-Industrial-Index ging um sieben Punkte zurück, Steel verlor sieben Punkte, General Electric, Westinghouse und Montgomery Ward verloren sechs Punkte. Der Markt reagierte an diesem Tag äußerst negativ. An diesem 19. Oktober, dem zweitintensivsten Samstagsgeschäft in der Geschichte des Booms, wechselten fast 3,5 Millionen Anteile den Besitzer. Zum Handelsschluss war der Times-Index um zwölf Punkte zurückgegangen. Die Spitzenwerte gerieten ernstlich in Unordnung, und die Lieblinge der Spekulanten fielen weiter, Case-Aktien beispielsweise um 40 Punkte.

Am Sonntag beherrschten Börsenmeldungen die Titelseiten. Die »Times«-Überschrift lautete: »Verkaufswelle sinkender Aktien überschwemmt den Markt«. Der »Financial Editor« meldete am nächsten Tag zum wahrscheinlich zehnten Mal, das Ende sei gekommen, und fügte hinzu: »Jetzt hat sich auch die Wall Street anscheinend an die Realität erinnert.« Die Zentralbank hüllte sich nach wie vor in Schweigen. Auch Babson hatte nichts Neues zu berichten. Die Geschehnisse um Hatry und das Massachusetts Department of Public Utilities lagen ohnehin schon eine Woche bis zu einem Monat zurück und wurden erst später zu aufschlussreichen Erklärungen.

Die Sonntagszeitungen enthielten drei Themen, die in den folgenden Tagen gegenwärtig blieben. Nach dem Samstagsgeschäft wurde berichtet, dass ziemlich viele Aufforderungen zur Nachzahlung von Eigenmitteln (Margin Calls) unbeantwortet blieben. Das hieß: Der Wert der als Sicherheiten hinterlegten Aktien war bis unter das kritische Minimum gefallen. Die Kreditgeber fürchteten, auf ihren Darlehen sitzenzubleiben. Die Spekulanten mussten folglich eine höhere Summe in bar entrichten. Die anderen Nachrichten klangen beruhigender. Zum einen meinten die Zeitungen – und das war auch die Insider-Ansicht der Wall Street –, das Schlimmste sei nun überstanden, zum anderen wurde angekündigt, der Markt werde in den nächsten Tagen organisierte Unterstützung erhalten. Sollte jemals eine Schwäche auftreten, so würde sie nicht toleriert werden.

Kein anderes Schlagwort war so magisch wie »organisierte Unterstützung«. Es war sofort in aller Munde. Organisierte Unterstützung bedeutet, so glaubte man, dass mächtige Leute sich zusammentun, um die Aktienkurse auf einer vernünftigen Höhe zu halten. Wer diese Unterstützung organisieren sollte, darüber gingen die Meinungen auseinander. Einige dachten an die großen Stars der Boom-Phase wie Cutten, Durant und Raskob, denn diese Leute konnten sich einen Zusammenbruch am allerwenigsten leisten. Andere hofften auf die Bankiers, schließlich hatte Charles Mitchell schon früher einmal gehandelt, und sicherlich würde er erneut eingreifen, falls sich die Dinge verschlechtern sollten. Außerdem waren da noch die Investment-Trusts. Sie hielten riesige Aktienportfolios und konnten also sicherlich nicht riskieren, dass diese immer weniger wert wurden. Außerdem besaßen sie Bargeld. Sollten die Aktien tatsächlich billiger werden, konnten sie damit in das Marktgeschehen eingreifen und gute Geschäfte machen. Kurzum: Wenn so viele Leute vermeiden wollten, dass die Kurse weiter fielen, so würde ein weiteres Fallen auch sicher verhindert werden können. Von da an machte sich die Neigung bemerkbar, an den Wochenenden düstere Gedanken auszubrüten, Zweifel und Pessimismus blühen zu lassen und den Entschluss zu befördern, am folgenden Montag aus dem Geschäft auszusteigen. Das geschah wohl auch am Sonntag, dem 20. Oktober.

Der Börsenticker streikt

Montag, 21. Oktober, war ein sehr schlechter Tag. Mehr als sechs Millionen Aktien wurden verkauft, der höchste Umsatz in der Geschichte der Börse. Viele von den Tausenden, die den Markt beobachteten, machten eine schreckliche Entdeckung: Es gab jetzt keine Möglichkeit mehr zu überblicken, was eigentlich los war. Früher, in den heißesten Tagen der Hausse, war der Ticker häufig hinter den Kurssteigerungen zurückgeblieben. Erst lange nach Börsenschluss erfuhr der Anleger, um wie viel reicher er geworden war. Erfahrungen mit fallenden Kursen gab es damals noch nicht. Seit März war der Kursticker zuverlässig mit den zurückgehenden Werten mitgegangen. Jetzt versagte er zum ersten Mal. Viele Spekulanten hatten das unheimliche Gefühl, dass sie möglicherweise ruiniert waren – komplett und für immer –, nur wussten sie es noch nicht. Und wenn es auch nicht so war, so sprachen doch viele Anzeichen dafür, dass sie sich auf den Ruin vorbereiten mussten. Bereits bei der Eröffnung am 21. Oktober blieb der Ticker wieder zurück. Mittags hinkte er schon eine Stunde hinterher. Erst eine Stunde und vierzig Minuten nach Börsenschluss meldete er die letzten Transaktionen.

Alle zehn Minuten erschienen die Preise bestimmter Aktien auf dem Zähler. Aber der große Unterschied zwischen diesen Kursen und denen auf dem Streifen des Börsenschreibers verstärkten die Unsicherheit noch weiter und heizten die Überzeugung an, es sei doch wohl das Beste, ebenfalls zu verkaufen.

Gegen Ende des montäglichen Handels erholte sich der Markt jedoch. Die letzten Kurse lagen wieder über den Werten vom davor liegenden Samstag, und die Nettoverluste waren deutlich geringer. Am Dienstag wurde der Markt erneut labil. Abermals sah es so aus, als erhole er sich. Die Leute redeten sich ein, es handle sich mal wieder, wie schon so oft, um einen Rückfall. Unterstützt wurde diese Überzeugung von den beiden Männern, die nun offiziell als die Propheten der Wall Street anerkannt waren. Am

Montag konstatierte Dr. Fisher in New York, der Rückgang habe lediglich »die wahnwitzigen Höhenflüge ausgeschaltet«. Er habe, so Fisher weiter, das Gefühl, dass die Aktienkurse während des Booms ihren echten Wert nicht erreicht hätten und dass sie wahrscheinlich noch höher steigen würden. Beispielsweise habe der Markt noch nicht die günstigen Auswirkungen bemerkt, die die Prohibition hervorgerufen habe, zum Beispiel, dass durch die Prohibition der amerikanische Arbeiter »produktiver und verlässlicher geworden sei«.

Am Dienstag traf Charles Mitchell mit der Neuigkeit in New York ein, dass »der Rückgang zu weit gegangen sei«. Die »Bedingungen seien von Grund auf gesund«, so Mitchell, der erneut betonte, dass der großen Summe der Maklerkredite viel zu viel Aufmerksamkeit geschenkt worden sei. Mitchells Fazit: Die Situation werde sich selbst korrigieren, wenn man sie nur in Ruhe ließ. Später stellte sich allerdings im Laufe der Zeit heraus, in verschiedenen Senatssitzungen und Gerichtsverfahren, dass es persönliche Motive waren, die Mitchell zu dieser Einschätzung kommen ließen.

Ein anderer, aber sehr kritischer Vorschlag kam von Roger Babson, dem Chef des »Babson-Report«. Er empfahl, Aktien zu verkaufen und dafür Gold zu erwerben.

Am Mittwoch wurden jedoch alle Hoffnungen wieder zerstört. Statt weiterer Gewinne gab es große Verluste. Die Börse eröffnete äußerst ruhig, aber am Vormittag wurden in wachsendem Tempo die Aktien von Motorzubehörfirmen abgestoßen, das Verkaufsvolumen stieg wieder an. Die letzte Handelsstunde war geradezu phänomenal: 2,6 Millionen Aktien wechselten den Besitzer zu rapid fallenden Preisen. Der Times-Industrial-Index sank an diesem Tag von 415 auf 384 Punkte und war damit alle Gewinne los, die er seit Ende Juli erzielt hatte. Tel and Tel verloren 15 Punkte, General Electric 20, Westinghouse 25 und J. I. Case weitere 46. Der Ticker blieb weit zurück, und die Unsicherheit vergrößerte sich, als ein Schneesturm im Mittleren Westen die Telefonverbindungen lahmlegte. An diesem Nachmittag und an diesem Abend entschlossen sich Tausende von Spekulanten zu verkaufen, weil sie annahmen, noch günstig aus ihrem Engagement aussteigen zu können. Sie irrten sich.

Vielen anderen wurde suggeriert, sie hätten gar keine andere Wahl, als ihre Aktien abzustoßen, wenn sie nicht noch mehr Sicherheiten nachschießen wollten. Denn noch bevor der Börsentag zu Ende ging, wurde eine ungewöhnlich hohe Summe an Terminaufträgen aufgegeben. Sogar Professor Fisher, der in Washington gerade einen Vortrag hielt, war bereits weniger optimistisch. Er sagte bei einem Treffen von Bankleuten, »es gibt auch Wertpapiere, die ein wenig überteuert sind«. Dennoch hielt er an seiner Behauptung fest, die günstigen Auswirkungen der Prohibition seien noch gar nicht realisiert.

Die Abendblätter dieses Tages weckten Erinnerungen an die Zeiten des Börsenbooms. Riesige Annoncen machten auf Optionsrechte für ein neues Angebot von Wertpapieren aufmerksam. Es handelte sich um Kreuger and Toll zu 23 Dollar. Es gab auch ein Fünkchen Hoffnung durch die Ankündigung, der Markt würde am nächsten Morgen sicherlich die bereits versprochene »organisierte Unterstützung« erhalten.

Churchill – der Hauptschuldige?

Donnerstag, der 24. Oktober, ist der Tag, den die Historiker mit der Panik von 1929 in Verbindung bringen – eine zutreffende Charakterisierung angesichts des Aufruhrs, der Furcht und der Konfusion, die vorherrschten. An diesem Tag wechselten 12 894 650 Anteile den Besitzer, die meisten zu einem Preis, der die Träume und Hoffnungen der bisherigen Inhaber restlos zerstörte. Von all den Mysterien der Börse ist keines so geheimnisvoll wie folgende Frage: Wo finden sich Käufer für alle die, die verkaufen wollen? Der

24. Oktober 1929 gab dieser Theorie Recht: Es gab keine Käufer mehr, und nur nach fast senkrechten Kursstürzen konnte sich ab und zu jemand entschließen zu bieten.

Die Panik hielt allerdings nicht den ganzen Tag an, sondern war auf die Morgenstunden beschränkt. Die Börse eröffnete normal, und für kurze Zeit blieben die Preise fest. Doch der Angebotsdruck wuchs sich zur Lawine aus: Die Preise begannen zu fallen, der Ticker blieb plötzlich zurück, die Kurse fielen stärker und schneller, und der Ticker hinkte hoffnungslos hinterher. Etwa um elf Uhr war aus dem Markt eine einzige Balgerei geworden, jeder wollte verkaufen. In den überfüllten Börsen des ganzen Landes zeigte der Ticker einen fürchterlichen Crash an. Verschiedene Kursmeldungen, die über den Draht hereinkamen, zeigten, dass die laufenden Werte schon weit unter den Notierungen lagen, die das antiquierte Papierband des Börsenschreibers meldete. Diese Unsicherheit führte dazu, dass noch mehr Leute verkaufen wollten. Andere, die nicht mehr in der Lage waren, Nachschusszahlungen zu leisten, mussten Hals über Kopf ihre Werte abstoßen. Um elf Uhr dreißig war der Markt von blinder, hoffnungsloser Angst erfüllt. Die Panik war da.

Draußen auf der Straße hörte man Geschrei, eine Menschenmenge bildete sich. Polizeikommissar Grover Whalen beorderte eine Polizeiabordnung in die Wall Street, um für Ruhe zu sorgen. Viele Leute kamen und warteten, doch offensichtlich wusste niemand, worauf. Ein Arbeiter erschien auf dem Dach eines hohen Gebäudes, um dort etwas zu reparieren. Die Menge glaubte, er wolle Selbstmord begehen, und wartete ungeduldig darauf, dass er endlich sprang. Menschentrauben bildeten sich auch vor den Niederlassungen der Maklerfirmen – in New York wie im ganzen Land. Nachrichten darüber, was hier eigentlich geschah oder was man glaubte, dass geschehen würde, wurden von den Anlegern weiterverbreitet, die die Börsentafel oder die Leuchtschrift sehen konnten. Ein Beobachter beschrieb die Mimik der Leute als weniger leidend, son-

dern eher ungläubig entsetzt.[107] Ein Gerücht nach dem anderen überschwemmte die Wall Street und setzte sich bis an weit entfernte Orte fort. Aktien wurden nun für ein Trinkgeld verkauft. Die Börsen von Chicago und Buffalo hatten geschlossen. Eine Selbstmordwelle brach an. Es hieß, dass sich bereits elf sehr bekannte Spekulanten umgebracht hätten.
Um zwölf Uhr dreißig schloss die Geschäftsleitung der New Yorker Börse die Besuchergalerie. Einer der Besucher, der mit den anderen nach draußen gespült wurde, schien ein bemerkenswertes Gespür für historische Ereignisse zu haben. Es war der frühere Kanzler des britischen Schatzamtes, Chancelor of the Exchequer, Winston Churchill. Er war es, der 1925 in England den Goldstandard wieder eingeführt und das Pfund aufgewertet hatte, was dann, theoretisch betrachtet, in New York den Boom auslöste. Nun konnte Churchill die Früchte seiner verhängnisvollen Arbeit betrachten. So weit ich weiß, hat ihn nie jemand dafür verantwortlich gemacht. Da Wirtschaft nie seine starke Seite war, ist es auch sehr unwahrscheinlich, dass er sich selbst Vorwürfe machte.

Zumindest in New York war die Panik schon mittags vorüber, denn die »organisierte Unterstützung« trat in Erscheinung. Um zwölf Uhr mittags erfuhren nämlich die Reporter, dass in Wall Street Nr. 23, im Büro von JP Morgan and Company, ein Treffen der Bankleute stattfand. Schnell sprach sich herum, wer daran teilnahm: Charles E. Mitchell, der Vorstandsvorsitzende der National City Bank, Albert H. Wiggin, Generaldirektor der Chase National Bank, William C. Potter, Präsident der Guaranty Trust Company, Seward Prosser, Vorsitzender der Bankers Trust Company, und als Gastgeber Thomas W. Lamont, der Seniorpartner der Morgan-Gruppe.

Nach einem Gerücht hatte der ältere Morgan während der Panik von 1907 – als es darum ging, die ins Trudeln geratene Trust Company of Amerika zu retten – die Dinge wieder ins Lot gebracht. Mor-

107) Edwin Lefèvre: »The Little Fellow in Wall Street«, The Saturday Evening Post, 4. Januar 1930.

gan tat kund, der richtige Ort, der Panik Einhalt zu gebieten, sei hier in seinem Büro. Damals wurde die Krise tatsächlich abgewendet. Jetzt, 22 Jahre später, kam das gleiche Drama zur Aufführung. Morgan senior war tot, sein Sohn weilte in Europa. Aber es gab ähnlich entschlossene Männer, die nun auf den Plan traten. Es waren die mächtigsten Finanzleute der Nation. Sie waren durch die New Dealers (Roosevelt-Anhänger) noch nicht an den Pranger gestellt und schlechtgemacht worden. Die bloße Nachricht, dass diese Männer etwas unternehmen würden, nahm den Menschen die Angst.

Und die Männer, die in Morgans Büro versammelt waren, unternahmen etwas: Sie beschlossen, neue Quellen zu erschließen, die den Markt stützen sollten.[108] Das Treffen war beendet, und Thomas Lamont trat den Reportern gegenüber. Seine Miene wurde als ernst bezeichnet, doch seine Worte klangen beruhigend. Das, was er den Journalisten erklärte, nannte Frederick Lewis Allen später die bemerkenswerteste Untertreibung aller Zeiten.[109] Lamont sagte, »es gab ein paar Notverkäufe an der Börse« und erklärte, dass diese »mehr auf die technischen Bedingungen der Börse« zurückzuführen seien als auf irgendeine andere Ursache. Weiter erzählte er den Zeitungsleuten, dass die Möglichkeit für eine Besserung der Lage vorhanden sei. Die Banken, so ließ er wissen, hätten sich entschlossen einzugreifen.

Kaum hatte die Nachricht vom Treffen der Banker den Eingang der Börse erreicht und die Fernschreiber die Neuigkeit verbreitet, als sich auch schon die Kurse festigten und wieder zu steigen begannen. Um ein Uhr dreißig erschien dann Richard Whitney auf dem Parkett und ging dorthin, wo die Steel-Titel gehandelt wurden.

108) Die Beträge, die beigesteuert oder auf andere Weise festgelegt werden sollten, wurden niemals angegeben. Frederick Lewis Allen (Only Yesterday, a.a.O., S. 329f.) sagt, dass jede der Institutionen zusammen mit George F. Baker, Jr., von der First National Bank, der später der Interessengemeinschaft beitrat, 40 Millionen Dollar zur Verfügung stellte. Diese Gesamtsumme – 240 Millionen – scheint viel zu groß um glaubhaft zu sein. Die New York Times (9. März 1938) vermutete, dass die Gesamtsumme zwischen 20 bis 30 Millionen Dollar lag.

109) Frederick Lewis Allen: Only Yesterday, a.a.O., S. 330.

Er war die wohl bekannteste Figur im Handelssaal. Whitney gehörte zu jener Gruppe von gut situierten und hoch gebildeten Männern, von denen man damals annahm, sie hätten die Situation an der Börse im Griff.

Zu jener Zeit war er Vizepräsident der Börse, aber da sich H. E. Simmons gerade in Hawaii aufhielt, fungierte er als Präsident. Und was in diesem Augenblick noch wichtiger war: Er war dafür bekannt, im Sinne von Morgan zu handeln. Zudem war sein älterer Bruder ein Partner von Morgan. Als er sich seinen Weg durch die aufgeregte Menge bahnte, schien er gut gelaunt und voller Selbstvertrauen. Später bezeichnete man seine Miene sogar als fröhlich. Am Stand für Steel bot er 205 für 10 000 Anteile. Das war der Preis des letzten Verkaufs gewesen. Die aktuellen Angebote lagen um einige Punkte niedriger. Mit einer Auffälligkeit, die die übliche kaufmännische Diskretion gänzlich vermissen ließ, kaufte er 200 Papiere. Den Rest des Auftrags erledigten die Broker. Er setzte seinen Weg fort und platzierte verschiedene Kaufaufträge für etwa 20 andere Titel.

Das war es, was die Leute erwartet hatten: organisierte Unterstützung in ihrer reinsten Form – die Banker sind eingestiegen! Der Effekt war wie ein Stromschlag: Die Preise stiegen wieder.

Die Banker hatten einen bemerkenswerten Coup gelandet. Als die Preise an diesem Morgen fielen, unterschritten sie etliche Kursmarken und lösten Stop-Loss-Orders aus. Die Broker hatten viele dieser Orders bei Wertpapieren von Kunden, die ihre Margin Calls nicht erfüllt hatten, zu ihrem eigenen Schutz platziert. Jedes dieser Stop-Loss-Orders warf mehr Wertpapiere in den Markt und trieb die Preise weiter nach unten. Jeder verzweifelte Versuch, zu liquidieren, regte eine neue Liquidierung an. Die Banker lösten eine wahre Kettenreaktion aus, und sie taten dies bewusst.

In den letzten Börsenstunden, als immer noch mehr Verkaufsaufträge aus allen Teilen des Landes eintrafen, knickte der Markt wieder ein. Dennoch, die vorübergehende Erholung des Marktes am Schwarzen Donnerstag ist in ihrer Art ebenso bemerkenswert wie die rasanten Verkäufe, die ihn überhaupt zum Schwarzen Donnerstag machten. Die Times-Indizes waren nur um zwölf Punkte gefallen[110] – mit anderen Worten: nur um etwas mehr als ein Drittel der Verluste des vorausgegangenen Tages. Steel, die Aktie, die Whitney ausgewählt hatte, um die Erholung des Marktes zu starten, hatte an diesem Morgen mit 205,5 eröffnet, ein bis zwei Punkte über dem Abschluss des vorausgegangenen Tages. Dann erholte sie sich beim Abschluss auf 206 mit einem überraschenden Nettogewinn von zwei Punkten. Montgomery Ward, die mit 83 eröffnet hatten und bis auf 50 gesunken waren, kamen wieder auf 74. General Electric standen einmal 32 Punkte unter dem Eröffnungswert, dann wieder 25 Punkte. Im Freiverkehr eröffneten Goldman Sachs Trading Corp. zu 81, fielen auf 65 und erholten sich dann wieder auf 80. J. I. Case wurde seinem Image als Exzentriker gerecht und erzielte an diesem Tag einen Gewinn von sieben Punkten. So mancher hatte allen Grund, den Mächtigen der Wall Street dankbar zu sein.

Abschied von Autos und Juwelen

Aber nicht jeder war dankbar. In der Provinz hatten die Leute vom neuen Aufschwung kaum etwas mitbekommen. Als am frühen Donnerstagnachmittag der Markt wieder in Bewegung kam, hinkten die Ticker immer noch weit hinterher. Zwar signalisierten lokale Kursmeldungen für festverzinsliche Wertpapiere eine Besserung der Lage, doch der Börsenschreiber verkündete weiter Horrormeldungen. Und das war ausschlaggebend. Es bedeutete für viel zu viele Beobachter, dass sie erledigt waren. Ihr kurzer Traum von Reichtum schwand dahin und ebenso ihre Häuser, Autos, Pelzmäntel,

110) Gewöhnlicherweise wurden bis zu diesem Zeitpunkt Kursnotierungen immer auf die nächste ganze Zahl gerundet. Die Stahlkursnotierungen dieses Tages scheinen da eine Ausnahme zu machen.

Juwelen und ihr gesellschaftliches Ansehen. Zu wissen, dass der Markt sich erholte, nachdem er sie ruiniert hatte, war alles andere als ein Trost für sie.

Es war achteinhalb Minuten nach sieben Uhr abends, als der Ticker endlich aufhörte, das Unglück des Tages weiterzuverbreiten. In den Börsenräumen saßen immer noch die Spekulanten, die schon seit dem Morgen ruiniert waren, und starrten schweigend auf das Papierband des Börsenschreibers. Die Gewohnheiten von Monaten oder Jahren konnten nicht so plötzlich abgelegt werden, so sinnlos sie nun auch waren. Als die letzten Verläufe registriert waren, traten sie, je nach Mentalität resigniert oder wütend, hinaus in die einbrechende Nacht.

An der Wall Street selbst waren alle Büros noch hell erleuchtet. Die Angestellten waren noch damit beschäftigt, das Tagesgeschäft abzuschließen. Boten und Börsenjungen, noch ganz aufgeregt, aber unberührt von den Verlusten, liefen lärmend durch die Straßen, bis die Polizei auftauchte und sie verwarnte. Die Vertreter der 35 größten Telegrafendienste versammelten sich in den Büros von Hornblower und Weeks. Im Anschluss erklärten sie vor der Presse, der Markt sei »grundsätzlich gesund«, »eigentlich in besserer Kondition als Monate zuvor« und das Schlimmste sei überstanden. Die Gastgeberfirma verkündete in einem Bericht, dass »ab dem heutigen Tag der Markt beginnen wird, das Fundament für jenen konstruktiven Fortschritt zu legen, der nach unserer Überzeugung das Jahr 1930 charakterisieren wird«. Charles E. Mitchell behauptete, von den »rein technischen« Schwierigkeiten sei »das Fundament unberührt«. Senator Carter Glass beschuldigte Charles E. Mitchell, an dem ganzen Unglück hauptsächlich schuld zu sein, und Senator Wilson von Indiana schrieb den Zusammenbruch gar dem demokratischen Widerstand gegen höhere Zölle zu.

Blinde Kühe

Am Freitag und Samstag war der Handel lebhaft – knapp unter sechs Millionen am Freitag und mehr als zwei Millionen Papiere am kurzen Börsensamstag. Die Preise blieben im Großen und Ganzen stabil, im Schnitt waren sie am Freitag etwas höher und fielen am Samstag wieder. Die Banker, so wurde vermutet, würden sicherlich die meisten Wertpapiere, die sie am Donnerstag erworben hatten, um den Markt zu stützen, erneut anbieten. Die Banken hatten also nicht nur Mut, sondern auch ihre Macht gezeigt, und das Volk applaudierte. In der »Times« war zu lesen, man könne sich nun »sicher fühlen in dem Bewusstsein, dass die mächtigsten Banken des Landes bereitstünden, um zu verhindern, dass erneut eine Panik ausbricht«. Auch die Zeitung hatte sich also von ihrer Angst erholt. Vielleicht niemals vorher oder nachher hatten so viele Menschen wirtschaftliche Prognosen betrachtet und für gut befunden wie in den beiden Tagen nach dem Schwarzen Donnerstag. Der Optimismus ging sogar so weit, dass man sich gegenseitig gratulierte: Keinem anderen Land sei es bislang gelungen, einen solchen Crash weitgehend schadlos zu überstehen. Andere betonten, die Geschäftsaussichten seien nun wieder gut und das Börsendesaster könne sich kaum noch ungünstig darauf auswirken.

Eugene M. Stevens, der Präsident der Continental Illinois Bank, beruhigte die Öffentlichkeit: »Es gibt nichts in der wirtschaftlichen Situation, was Nervosität rechtfertigen würde.« Walter Teagle sagte, es gebe keine »fundamentale Änderung im Ölgeschäft, die irgendwelche Bedenken rechtfertigten«. Charles M. Schwab erklärte, das Stahlgeschäft habe »einen wesentlichen Fortschritt« in Richtung Stabilität gemacht und dass diese »grundsätzlich gesunde Verfassung« für den Erfolg der Industrie verantwortlich sei. Nach Samuel Vauclain, dem Vorsitzenden von Baldwin Locomotive Works, war »die Basis nach wie vor gesund«. Auch Präsident Hoover verkündete, dass die wirtschaftliche Lage des Landes, die Produktion und die Verteilung der Waren auf einer gesunden Grundlage stünden. Als er jedoch gebeten wurde, sich ein wenig genauer auszudrücken, beispielsweise zu sagen, Aktien seien im Moment sehr billig, weigerte er sich.[111]

Howard C. Hopson, der Chef der Associated Gas and Electric, vermied die Standardbemerkung über die »gesunden Grundlagen der Wirtschaft«. Er sagte stattdessen, die Ausschaltung des Spielertyps unter den Spekulanten sei zweifellos ein Vorteil für die Geschäftsinteressen des Landes. Hopson, selbst Spekulant, jedoch eher der vorsichtige Typ, war bald danach selbst »ausgeschaltet«. Ein Investment-Trust aus Boston kaufte einige Spalten des »Wall Street Journals« und erklärte: »Langsam! Oberstes Gebot ist, einen kühlen Kopf zu bewahren. Hört auf die Worte der größten Banker Amerikas.« Es gab eine einzige abweichende Stimme, die, obwohl bedeutend, aber wie der sprichwörtliche Prediger in der Wüste ungehört blieb: Gouverneur Franklin D. Roosevelt kritisierte in »Poughkeep« in einer Rede das »Spekulationsfieber«.

Am Sonntag wurde hier und da gepredigt, dass ein gewisses Ausmaß göttlicher Vergeltung die Republik heimgesucht habe und dass diese Vergeltung nicht ganz unverdient gewesen sei. Die Leute hätten die geistigen Werte bei ihrer einseitigen Jagd nach dem Reichtum vernachlässigt. Nun hätten sie ihre Lektion erhalten.

Fast jeder glaubte, dass das Schlachtgetümmel nun vorbei war und man sich allmählich wieder an das – freilich seriösere – Spekulieren heranwagen konnte. Die Zeitungen waren voll von Prospektbeilagen für den Markt der nächsten Woche. Aktien, darüber war man sich einig, seien wieder billig, und entsprechend würde sicher wieder ein Kauf-Boom stattfinden. Einige Makler, so berichtete man, wüssten von einem sagenhaften Volumen von Kauforders,

111) Diese Schilderung stammt von Garet Garrett in The Saturday Evening Post (28. Dezember 1929), und sie ist generell durch Hoover in seinen Memoiren bestätigt worden. Nach Garrett bat das Bankiers-Konsortium den Präsidenten um eine Stellungnahme/Erklärung, die vermittelte, dass die Maßnahmen zur Beruhigung wie auch zur Unterstützung des Marktes ausreichend gut organisiert seien.

die sich in Erwartung der nächsten Markteröffnung gestapelt hätten. In einer gut gesteuerten Anzeigenkampagne in den Montagszeitungen legten die Börsenfirmen dem Anlegervolk dringend ans Herz, diese günstigen Chancen sofort zu ergreifen. »Wir glauben«, so eine dieser Firmen, »dass der Investor, der zum jetzigen Zeitpunkt Wertpapiere kauft, dies mit allergrößtem Vertrauen tun kann, wenn er das Geschäft mit jenem Maß an Urteilsvermögen abschließt, das immer schon die Voraussetzung für kluge Geldanlagen war.« Doch am Montag war alles anders, da begann erst das wirkliche Unglück.

Kapitel 6

Es kommt noch schlimmer

Im Herbst des Jahres 1929 war die New Yorker Börse 112 Jahre alt. Seit ihrem Bestehen hatte sie schon schwere Zeiten durchgemacht. Am 18. September 1873 beispielsweise brach die Firma Jay Cooke and Company zusammen, in den darauf folgenden Wochen 57 weitere Börsenfirmen. In der Panik des Jahres 1907, am 23. Oktober, kletterte der Zinssatz für Tagesgeld auf unglaubliche 125 Prozent. Am 16. September 1920 explodierte eine Bombe vor der Tür von Morgans Nachbarfirma, tötete 30 Menschen und verletzte einige hundert. All diese Unglücksfälle, so schrecklich sie teilweise waren, hatten gemeinsam, dass sie, sobald sie eintrafen, auch schon vorüber waren. Das Schlimmste war so relativ leicht erkennbar. Anders der Crash von 1929. Sein besonderes Merkmal war, dass auf einen Tiefpunkt ein schlimmerer folgte. Was an einem Tag wie das Ende des Crashs aussah, erwies sich am nächsten Tag erst als sein Anfang. Kein Plan hätte raffinierter sein können, um das Leid zu vergrößern und sicherzustellen, dass so gut wie niemand dem allgemeinem Unglück entkam. Der Spekulant, der genügend Vermögen hatte, um den ersten Nachschuss zu leisten, bekam eine neue und genauso dringende Nachschussaufforderung, und wenn er diese ebenfalls erfüllen konnte, bekam er eine weitere, bis am Ende auch sein Vermögen erschöpft und er bankrott war. Der Anleger, der sein Geld aus dem Markt gerettet hatte als der erste Crash kam, stieg natürlich sofort wieder ein, um die kommenden günstigen Geschäfte nicht zu versäumen. Es waren nicht nur die gemeldeten 12 894 650 Anteile am 24. Oktober verkauft worden, sondern die gleiche Anzahl wurde natürlich auch gekauft. Diese Pseudogewinne verwandelten sich über Nacht in Totalverluste. Auch der Anleger, der den ganzen Oktober und den kompletten November abgewartet hatte, der sah, dass das Handelsvolumen sich normalisierte, der beobachtete, dass die Wall Street wieder so ruhig wie der Produktionsmarkt wurde, und der dann Aktien kaufte – auch er musste tatenlos zusehen, wie ihr Wert innerhalb von 24 Monaten auf ein Drittel oder sogar Viertel des Kaufpreises fiel. Die Coolidge-Hausse war ein bemerkenswertes Phänomen – der Schrecken ihrer Liquidation war es umso mehr.

Bei Morgan ist man ratlos

Montag, der 28. Oktober, mit seinem permanenten, hemmungslosen Auf und Ab, war ein weiterer schrecklicher Tag. Das Handelsvolumen wuchs in furchteinflößendem Ausmaß, dennoch lag es mit 9,25 Millionen noch unter den 13 Millionen des vorausgehenden Donnerstags. Die Verluste waren jedoch viel größer: Die Times-Industrials fielen um 49 Punkte, General Electric um 48, Westinghouse um 34, Tel and Tel ebenfalls um 34, Steel um 18 Punkte. An diesem einen Tag gingen die Kurse stärker zurück als in den ganzen vorangegangenen hektischen Wochen. Wieder einmal blieb der Börsenticker hinter der tatsächlichen Entwicklung zurück und ließ die Anleger in Unwissenheit darüber, was tatsächlich geschah.

An diesem Tag gab es keine Erholung mehr. Um 13.10 Uhr sah man Charles E. Mitchell in Morgans Büro gehen. Der Ticker nahm diese Nachricht umgehend auf. Die Stahl-Aktien beruhigten sich wieder und stiegen von 194 auf 198. Aber Richard Whitney stellte dieses Mal nicht glatt. Man vermutete später, dass Mitchell damit beschäftigt war, sich ein privates Darlehen zu sichern. Der Markt wurde wieder schwächer, und in der letzten Handelsstunde wechselte die unwirklich anmutende Zahl von drei Millionen Aktien den Besitzer zu einem rapide fallenden Preis. Das war damals der größte Handelsumsatz und er ist es bis heute (1954 Anm. d. Hrsg.) geblieben.

Um 16.30 Uhr versammelten sich die Banker wieder bei Morgan und tagten dort bis 18.30 Uhr. Der Presse gegenüber erklärten sie, die Situation habe »noch hoffnungsvolle Merkmale«. Welcher Art diese Merkmale waren, sagten sie nicht. Aber das nach dem Treffen veröffentlichte Statement macht klar, was sie zwei Stunden lang diskutiert hatten: Es sei nicht Sinn und Zweck der Banken, ein bestimmtes Preisniveau aufrechtzuerhalten oder irgendjemandes Gewinne zu schützen. Ihr Ziel sei vielmehr ein funktionsfähiger Markt, bei dem sich Angebot und Nachfrage bei einem bestimmten Preis deckten. Die Banker hätten sich nur darum zu bemühen, »Luftlöcher«, wie Lamont sie bezeichnet hatte, zu vermeiden. Wie viele Kleinanleger auch, hatten sich Lamont und seine Kollegen plötzlich auf einen zusammenbrechenden Markt umgestellt. Inzwischen waren Hilfsversprechungen seitens der Banker knapp geworden. Hilfe, in welcher Form auch immer, kann nicht mit dem überspannten Wunsch Gewinne zu machen wetteifern. Am Rande des Treffens wurde auch darüber gesprochen, wie eigene Verbindlichkeiten wieder aufzulösen wären, ohne die allgemeine Unruhe zu vergrößern.

Die Lösung, die man gefunden hatte, war abschreckend. Am Donnerstag hatte Whitney die Preise gestützt und die Gewinne abgesichert, anders gesagt, den Verlusten Einhalt geboten. Genau das war es, was die Leute wollten. Für den Anleger, der Aktien auf Kredit besaß, hatte das Unglück nämlich nur ein Gesicht: fallende Preise. Jetzt aber durften die Preise ganz offiziell fallen. Der einzige Trost der Spekulanten war, dass der Ruin sich nun in ordentlichen und angemessenen Bahnen vollzog.

Beschuldigungen wurden seinerzeit nicht laut. Im harten Geschäftsleben liegen die Dinge wohl anders als etwa in der Politik. Im geschäftlichen Umgang miteinander sind die Menschen oft überraschend vornehm und geduldig. In jenen Tagen wurden selbst die dümmsten Anklagen oder Entschuldigungen vom Publikum geduldig aufgenommen und in keiner Weise überbewertet. Am Abend des 28. Oktober konnte sich niemand mehr darauf verlassen, dass die mächtigen Banken vielleicht bereitstünden, um eine erneute Panik zu verhindern. Der Markt hatte seine Eigendynamik und unpersönliche Macht gezeigt, die sich jeglicher menschlicher Kontrolle entzog. Diese Offenbarung war niederschmetternd. Aber keiner kam auf die Idee, die Vertreter der Banken dafür anzuklagen, dass sie die kleinen Leute im Stich ließen. Im Gegenteil, hier und dort war immer noch Hoffnung, der Markt würde am nächsten Tag eine organisierte Unterstützung erhalten.

Aktienverkauf en bloc

Dienstag, 29. Oktober, schließlich war der verheerendste Tag in der Geschichte der New Yorker Börse. In ihm waren sämtliche Übel der vorausgegangenen angsterfüllten Tage vereint. Das Handelsvolumen war erheblich größer als am Schwarzen Donnerstag, die Preisstürze fast größer als am Montag. Die Unsicherheit und die Panikstimmung erreichten ihren Höhepunkt.

Kaum hatte der Markt eröffnet, rollte eine wahre Verkaufswelle heran. Ganze Aktienblöcke wurden zu einem Preis am untersten Limit angeboten. Bereits nach 30 Minuten standen 1,5 Millionen Papiere bereit, den Besitzer zu wechseln. Aus den »Luftlöchern«, die die Banker eigentlich hätten schließen sollen, war ein luftleerer

Raum geworden. Das riesige Überangebot an Verkaufsorders erdrückte alles. Käufer waren keine zu finden. Die Aktie der White Sewing Machine Company, in den vorausgegangenen Monaten auf 48 geklettert, war bei Börsenschluss am Tag zuvor bei 11 stehen geblieben. Dann geschah etwas Groteskes: Irgendjemand hatte die Idee, ein Angebot für einen ganzen Block dieser Aktien zu einem Dollar pro Stück zu machen. Nach den Berichten von Frederick Lewis Allen soll es ein Botenjunge der Börse gewesen sein. Da es keine andere Offerte gab, erhielt er die Aktien.[112] Wieder hinkte der Ticker hinterher. Bei Börsenschluss lag er zweieinhalb Stunden zurück. Zu dieser Stunde waren 16 410 030 Aktien an der New Yorker Börse zum Verkauf gemeldet und eine ganze Reihe wurde nicht mehr aufgenommen. Der Times-Industrial-Durchschnitt sank um 43 Punkte. Damit hatten sich sämtliche Gewinne der zwölf vorausgegangenen Monate in Luft aufgelöst.

Die Verluste wären noch viel größer gewesen, wenn sich nicht einige Titel bei Börsenschluss wieder erholt hätten. Steel zum Beispiel, für die Whitney am Donnerstag 205 geboten hatte, erreichte an diesem Tag 167, stieg dann zum Börsenschluss aber wieder auf 174. American Can begann mit 130, fiel auf 100 zurück und erreichte dann wieder 126. Westinghouse eröffneten mit 131 – am 3. September hatten sie mit 286 abgeschlossen –, fielen auf 100 zurück und kletterten dann wieder auf 126. Das Schlimmste an diesem entsetzlichen Tag widerfuhr den Investment-Trusts, denn nun offenbarte sich, dass sie im Grunde genommen nichts mehr wert waren. Goldman Sachs Trading Corporation hatte den Vortag mit 60 abgeschlossen. Während dieses Tages fielen sie auf 35 und schlossen auch auf dieser Höhe ab. Das heißt: Sie waren auf die Hälfte gesunken. Blue Ridge – sein Entstehen wurde bereits geschildert – erging es noch viel schlechter, denn hier wirkte die Hebelkraft umgekehrt: Im September wurden seine Wertpapiere zu 24 verkauft, am 24. Ok-

112) Frederick Lewis Allen: Only Yesterday, a.a.O., S. 333.

tober standen sie auf 12 und überstanden das Desaster dieses und der folgenden Tage recht gut. Doch am Morgen des 29. Oktober eröffneten sie mit zehn und fielen sofort auf drei zurück. Sie verloren also mehr als zwei Drittel ihres Wertes. Andere Investment-Trusts traf es noch härter, denn ihre Aktien konnten überhaupt nicht mehr verkauft werden.

Der schlimmste Tag der Wall Street neigte sich seinem Ende zu. Wieder einmal erhellten die erleuchteten Büros die Nacht. Die Mitglieder der Börse, ihre Angestellten und die Angestellten der Aktienfirmen waren erschöpft. In dieser Verfassung hatten sie die schwierige Aufgabe zu lösen, das größte jemals existierende Transaktionsvolumen zu bewältigen. Dabei gab es keine Aussicht auf Besserung, eher konnte nur noch alles schlechter werden.

Das Stützkorsett bricht

In den ersten Wochen fielen die Naiven und die Unschuldigen dem Crash zum Opfer. In der zweiten Woche waren es dann die Schlauen und die Wohlhabenden, die in dem Strudel untergingen. Was sein Ausmaß und seine Plötzlichkeit betrifft, kann man diesen Zusammenbruch mit dem gesellschaftlichen Erdrutsch vergleichen, den ein Jahrzehnt zuvor Lenin losgetreten hatte. Jetzt zeigte die Größe der angebotenen Aktienblöcke, dass nun die großen Spekulanten verkauften, oder besser: verkaufen mussten. Ein anderes Anzeichen hierfür waren die Vorstandsetagen. Eine Woche zuvor waren sie dicht gefüllt, nun standen sie nahezu leer. Diejenigen, die jetzt in Schwierigkeiten waren, hatten Gelegenheit, in privater Zurückgezogenheit zu leiden.

Am 29. trafen die Bankiers zweimal zusammen, einmal zur Mittagszeit und noch einmal am Abend. An diesem Tage machte ein schreckliches Gerücht die Runde. Es wurde ausgeplaudert, die Banker dächten gar nicht daran, den Markt zu stabilisieren sondern hätten begonnen, Aktien zu verkaufen. Der Ruf der Bankiers fiel daraufhin noch schneller als der Markt. Nach der Abendsitzung hatte Lamont die unangenehme Aufgabe, in einer Pressekonferenz das Gerücht zu dementieren, die Banken würden Wertpapiere verkaufen, hätten also an einer Baisse-Aktion teilgenommen. Nachdem er erneut erklärt hatte – was eigentlich nach den Ereignissen des Tages höchst überflüssig war –, dass es nicht die Aufgabe der Banken sei, ein bestimmtes Preisniveau zu sichern, schloss er mit folgenden Worten: »Unsere Gruppe wird auch weiterhin in vorbildlicher Zusammenarbeit den Markt unterstützen und hat keine Aktien verkauft.«

Damit endete die organisierte Unterstützung durch die Banken. Die Phrase tauchte zwar in den folgenden Tagen noch auf, doch niemand schöpfte mehr einen Funken Hoffnung daraus. Es gibt nur wenige Menschen, die jemals so schnell ihren guten Ruf verloren wie die New Yorker Bankiers in den fünf Tagen vom 24. bis zum 29. Oktober. Der Crash am 24. Oktober war das Signal für Unternehmen und Banken außerhalb der Stadt, ihr Geld von der Wall Street abzurufen. Zwischen dem 23. und dem 30. Oktober, als alle Papiere fielen und immer mehr Einschusskonten liquidiert wurden, brach auch das Volumen der Maklerkredite um mehr als eine Milliarde Dollar ein. Viele Unternehmen und die Provinzbanken reagierten umgehend auf diese entsetzlichen Nachrichten von New York und zogen über zwei Milliarden Dollar ab. Sie taten dies, obwohl ihr Vermögen eigentlich gar nicht gefährdet war. Die New Yorker Banken füllten diese Lücke, die diese »Sommer-Finanzleute« verursacht hatten sofort auf und weiteten in der ersten Woche der Krise ihre Kredite um über eine Milliarde Dollar aus.

Das war an sich ein kühner Schritt. Wären die New Yorker Banken der allgemeinen Angst erlegen, hätte die Geldpanik das Problem noch verschärft. Manche Aktie wäre dann nur deshalb gesunken, weil ihr Eigentümer nicht mehr in der Lage war, sich – zu welchem Preis auch immer – Geld zu borgen und seine Papiere zu halten. Dies zu verhindern war eine beachtliche Leistung, für die alle Aktienbesitzer hätten dankbar sein müssen. Aber die Banken erfuhren keinen Dank. In der Erinnerung der Leute war haften geblieben, dass sie sich dem Preiskollaps zwar tapfer entgegengestemmt hatten aber schließlich doch unterlagen.

Entgegen der landläufigen Meinung arrangieren sich die Menschen bereitwillig mit der Macht. Es ist kaum anzunehmen, dass den großen Banken ihr Einfluss übel genommen wurde, solange er vorhanden war. Aber Menschen haben schon immer hart über diejenigen gerichtet, die ihre Macht eingebüßt und verloren haben. Der Ärger über die frühere Arroganz kommt dann mit der Verachtung wegen der gegenwärtigen Schwäche zusammen, und das Opfer muss dann alle erdenklichen Misshandlungen über sich ergehen lassen.

Das war das Schicksal der Banker. In den Folgejahren wurden sie zum Spielball der Kongressausschüsse, der Gerichte, der Presse und der Kabaretts. Ein Bankier muss nicht unbedingt populär sein. In einer gesunden kapitalistischen Gesellschaft ist es vielleicht sogar besser, wenn ein guter Banker relativ unbeliebt ist. Denn die Leute vertrauen ihr Geld nicht gerne einem Sonnyboy an, sondern eher einem Misanthropen, der auch einmal nein sagen kann. Doch eines darf ein Bankier nicht: ohne Tatkraft, läppisch oder sogar dümmlich wirken. Dies war 1929 das wenig überzeugende Bild der Großbankiers und es stand in deutlichem Gegensatz zu der eisernen Macht, die Morgan im Jahr 1907 verkörperte. Das Versagen der Bankiers ließ jedoch die Masse nicht ganz ohne »konstruktive Führung«. Da war zum Beispiel Bürgermeister James J. Walker. Bei einer Konferenz von Kinobesitzern appellierte er an diese, »Filmvorführungen zu zeigen, die in den Herzen der Leute wieder Mut und Hoffnung wecken«.

Die Börse schließen?

An der Börse selbst war man überzeugt, Mut und Hoffnung am besten dadurch wiederherstellen zu können, indem man für eine Weile die Schotten dicht machte. Dies hatte auch einen praktischen Aspekt, denn alle hatten ein enormes Schlafbedürfnis. Angestellte verschiedener Börsenfirmen waren tagelang überhaupt nicht mehr nach Hause gekommen. Hotelzimmer in New York wurden zur Mangelware, und die Restaurants im Bankenviertel gingen auf einen 15- bis 20-Stunden-Tag über. Die Nerven lagen blank, Fehler waren an der Tagesordnung. Beispielsweise fand nach Geschäftsschluss am Dienstag ein Makler einen riesigen Korb unerledigter Aufträge, den er sich zur Erledigung beiseitegestellt und dann schlichtweg vergessen hatte.[113] Ein Kunde, der seine Nachschusspflicht nicht mehr erfüllen konnte, wurde gleich zweimal ausverkauft. So manche Firma brauchte lange Zeit, um festzustellen, ob sie überhaupt noch solvent war. Das waren ganz alltägliche Pannen, die einfach dazugehörten. So auch die Firma, die sich selbst bankrott gemeldet hatte, und das allein wegen des Irrtums eines Angestellten, der völlig erschöpft war.[114]

Die Börse zu schließen war jedoch eine ernste Sache. Das konnte nämlich signalisieren, dass alle Aktien ihren Wert verloren hatten, was eine zweite Lawine ausgelöst hätte. Die Wertpapiere wären dann völlig eingefrorenen Vermögenswerten gleichgekommen, was ein schwerer Schlag für die solventen Kapitalgeber gewesen wäre, die vielleicht die Aktien veräußern oder als Pfand einsetzen wollten. Früher oder später wäre ein neuer Schwarzmarkt entstanden.

1929 stand die New Yorker Börse im Wesentlichen unter der Kontrolle ihrer Mitglieder. Abgesehen von allgemeinen Statuten,

113) Frederick Lewis Allen: Only Yesterday, a.a.O., S. 334.

114) Richard Whitney: The Work of the Stock Exchange in the Panic of 1929, Vortrag vor der Boston Association of Stock Exchange Firms, Boston, 10. Juni 1930, S. 16f. Die weiter unten folgenden Darstellungen Whitneys der Ereignisse des 29. Oktobers und der Zeit danach sind der gleichen Quelle entnommen.

die die Geschäftsführung und mögliche Betrugsfälle betrafen, hatte der Staat kaum Einfluss auf sie. Das war ein ganz beachtliches Beispiel von Selbstverwaltung. Die Bestimmungen über die Führung der Geschäfte mussten überwacht, Aktien zugelassen, Gebäude und Verkaufsführung der Börse verwaltet werden. Ähnlich dem Kongress der Vereinigten Staaten wurde die ganze Arbeit von Ausschüssen geleistet. Diese Ausschüsse wurden im Wechsel von einer kleineren Gruppe von Mitgliedern geleitet. Man erwartete von ihnen, dass alle Angelegenheiten zur allgemeinen Zufriedenheit geordnet würden. Die Entscheidung, die Börse zu schließen, hätte vom leitenden Börsenausschuss, einem Gremium von ungefähr vierzig Mitgliedern, getroffen werden müssen. Allein die Nachricht über die Absicht des Ausschusses, zusammentreten zu wollen, hätte den Markt sehr ungünstig beeinflusst.

Trotzdem wurde am Dienstag, 29. Oktober, mittags eine Konferenz abgehalten. Da man jegliches Aufsehen vermeiden wollte, verließen die Mitglieder des Ausschusses zu zweit oder zu dritt die Börsenräume. Sie gingen jedoch nicht wie üblich zu ihren Büros, sondern in das Geschäftszimmer des Präsidenten der Stock Clearing Corporation, das direkt unterhalb der Börse lag. Einige Monate später beschrieb der damals als Präsident amtierende Whitney diese Szene mit folgenden anschaulichen Worten: »Das Büro, in dem sich damals die Männer trafen, war überhaupt nicht für größere Konferenzen dieser Art bestimmt. Deshalb mussten die meisten Anwesenden stehen oder auf den Tischen sitzen. Während der Sitzung tobte über ihnen der Lärm in den Büroräumen. Alle paar Minuten wurden die letzten Notierungen ausgerufen. Der Trend ging schnell und unaufhaltsam nach unten. Die Männer des Ausschusses konnten fast alles mithören. Die Spannung zeigte sich deutlich in den Gesichtern. Fortwährend wurden Zigaretten angezündet und nach wenigen Zügen wieder ausgedrückt. Bald füllte sich der enge Raum mit einer stickigen Rauchwolke.«

Das einzige Ergebnis dieser Beratung war der Entschluss, am Abend erneut zusammenzukommen. Am Nachmittag zeichnete sich ein neuer leichter Aufschwung ab, und man beschloss, auch am nächsten Tag wieder zu öffnen. Man fand eine neue Lösung: Die Börse sollte geöffnet bleiben, aber einige spezielle Feiertage eingeschaltet und die Börsenzeit verkürzt werden. Diese Nachricht sollte allerdings erst dann die Öffentlichkeit erreichen, wenn sich der Markt stabil genug zeigte, sie zu verkraften.

Viele Mitglieder des Exekutivausschusses waren immer noch dafür, die Börse zu schließen. Whitney übertrieb ein wenig als er später sagte, die Verantwortlichen der Börse hätten in diesen Tagen ein Leben von Gejagten führen müssen bis zu dem Zeitpunkt, an dem alle Beteiligten sich darüber einig wurden: Wir halten die Börse offen.

Rockefeller kauft

In den nächsten Tagen stiegen die Kurse plötzlich wieder – eigentlich eine wunderbare Überraschung: Die Times-Industrials erhöhten sich um 31 Punkte, eine Art Ausgleich für die Riesenverluste der vergangenen Tage. Warum sich die Aktien plötzlich erholten, wird wohl niemals jemand erfahren. Organisierte Unterstützung kann es nicht gewesen sein, eher organisierte Beruhigung. Am Abend des 29. sprach Dr. Julius Klein, Vizehandelsminister, ein Freund von Präsident Hoover und gleichzeitig der älteste Apostel der amtlichen Wirtschaftspolitik, im Radio, um das Land an die Worte des Präsidenten zu erinnern, nach denen »die Wirtschaft des Landes gesund« sei. Er fügte noch hinzu: »Der wesentliche Punkt, den ich noch bekräftigen will, ist die Tatsache, dass die wirtschaftliche Aktivität im Allgemeinen auf einem gesunden Fundament steht.« Arthur Brisbane schrieb ein wenig sarkastisch in der Hearst-

Presse: »Damit Sie sich, falls Sie verloren haben, beruhigen, bitte ich Sie, an die Leute zu denken, die neben dem Mount Pelee wohnten. Sie verloren nämlich ihr Vermögen und ihr Leben.«[115]

Das vielleicht Wichtigste in jenen Tagen war, dass von den Pocantico Hills die erste öffentliche Stellungnahme von John D. Rockefeller seit Jahrzehnten kam. Soweit man es der Aufnahme entnehmen kann, erfolgte sie spontan. Möglicherweise hatte jedoch die Wall Street bemerkt, dass eine Verlautbarung von Rockefeller mehr bedeuten könnte als etwa eine Rede von Präsident Hoover. Rockefeller erklärte: »In dem Glauben, dass die Situation des Landes gesund ist ..., haben mein Sohn und ich seit Tagen gesunde Stammaktien gekauft.« Dieses Statement hatte großen Erfolg. Nicht ganz zu Unrecht kommentierte dies ein Zyniker der Wall Street: »Wer, zum Teufel, hätte denn sonst noch Geld übrig gehabt, wenn nicht Rockefeller!«[116]

Die Wall Street schrieb das Wunder vom Mittwoch – dass es ein Wunder war, wurde allgemein akzeptiert – nicht der wiedergewonnenen Zuversicht, sondern den Dividendenankündigungen des Vortages zu. Auch das war ohne Zweifel auf eine gewisse Art organisiert worden. US-Steel hatte einen Extra-Gewinnanteil zugesichert. American Can kündigte nicht nur eine Extra-Dividende an, sondern erhöhte auch seine reguläre Ausschüttung. Diese verirrten Sonnenstrahlen waren willkommen in den dunklen Canyons von Manhattan.

Kurz bevor Rockefeller sein Statement abgab, schien die Lage an der Börse so gut zu sein, dass sich Richard Whitney zu folgender Ankündigung entschloss: Die Börse wird nicht vor Mittag des folgenden Tages, Donnerstag, geöffnet, und sie bleibt Freitag und Samstag geschlossen. Diese Meldung wurde freudig aufgenommen.

115) Ein Ausbruch des Mount Pelee auf der Antillen-Insel Martinique vernichtete im Jahr 1902 die Stadt Saint Pierre mit all ihren 26 000 Einwohnern.

116) Eddie Cantor: Caught Short! A Saga of Wailing Wall Street, New York 1929 A.C. (After Crash – nach dem Crash), S. 31.

Man begrüßte die Ruhepause. Die Nerven aller waren bis aufs Äußerste gespannt. In Chicago ließ ein Junge einen Knallfrosch los, und wie eine Feuersbrunst verbreitete sich das Gerücht, Gangster hätten aus Protest gegen ihre Verluste eine Schießerei auf der Straße veranstaltet. Polizeiabordnungen erschienen, um sie zu ermahnen, ihr Schicksal so wie andere ehrbare Leute zu tragen. In New York wurde die Leiche eines Börsenkaufmanns aus dem Hudson gefischt. Seine Taschen enthielten 9,40 Dollar Kleingeld und ein paar Schreiben, in denen er aufgefordert wurde, Nachschusszahlungen zu leisten.

Die Unternehmen sterben

Innerhalb von nur drei Stunden wurden am Donnerstag, 31. Oktober, mehr als sieben Millionen Aktien gehandelt. Der Markt verzeichnete plötzlich wieder einen Gewinn, der Times-Index lag um 21 Punkte höher. Der Wochenbericht der Federal Reserve Bank verzeichnete einen Rückgang der Maklerdarlehen um mehr als eine Milliarde, das war ein neuer Rekord. Die Einschusspflichten waren schon auf 25 Prozent gesunken. Nun reduzierte die Federal Reserve Bank den Diskontsatz von sechs auf fünf Prozent. Die Banken des Federal-Reserve-Systems betrieben daraufhin eifrig Offenmarktpolitik, um die Geldmarktsätze aufzulockern und die Kreditvergabe zu erleichtern. Der Boom war zusammengebrochen. Nun sollte die daraus resultierende Zurückhaltung einer Politik der aktiven Wirtschaftsförderung den Weg freimachen. Angesichts solch freudiger Aussichten schloss der Markt dann für Freitag, Samstag und Sonntag. Doch es waren alles andere als Ruhetage: Die Maklerbüros waren überfüllt, die Börsenräume nach wie vor offen für den Abschluss von laufenden Geschäften und dafür, Missverständnisse aus dem Weg zu räumen und Fehler zu korrigieren.

Am Wochenende traf die Nachricht vom Fehlschlag der Foshay-Gruppe von Minneapolis mit einem Kapital von 20 Millionen Dollar ein. Foshay besaß Versorgungsunternehmungen in zwölf Staaten und eine Reihe von Hotels, Mühlen, Banken, Produktionsbetrieben und Einzelhandelsgeschäften. Er kaufte alles, was in seine Finger kam. Der 32-stöckige Turmbau, der das Unternehmen verkörpert und bis heute die Silhouette von Minneapolis beherrscht, war erst im August mit einer großen Zeremonie von Kriegsminister James W. Good eingeweiht worden. Good hatte das Gebäude als das Washington Monument des Nordwestens bezeichnet.[117] Richtig betrachtet, war Forshay schon zu diesem Zeitpunkt pleite. Er existierte nur noch aufgrund seiner Fähigkeit, auch weiterhin Aktien an die Öffentlichkeit zu verkaufen. Der Börsenkrach vernichtete jedoch diese Einnahmequelle und machte ihn allein abhängig von den ungenügenden Einkünften seines Unternehmens.

Die Nachrichten, die von anderen »Fronten« kamen, waren relativ gut. Alfred P. Sloan jr., Präsident der General Motors Corporation, sagte: »Die Geschäfte sind gesund.« Die Ford Motor Company äußerte eine ähnliche Überzeugung, indem sie eine allgemeine Preissenkung ankündigte. »... wir haben das Gefühl, dass ein solcher Schritt der beste Beitrag ist, um die Fortdauer der guten Geschäfte zu garantieren«. Der Preis des Roadster wurde von 450 auf 435 Dollar gesenkt, der Phaeton kostete statt 640 nur noch 440 Dollar, und der Preis des Tudor Sedan wurde von 525 auf 500 Dollar reduziert. In den drei Tagen, an denen die Börse geschlossen blieb, berichteten die Zeitungen über eine Häufung von Kaufanträgen. Seltsamerweise wirkten diese Geschichten viel überzeugender als alle Meldungen der vergangenen Wochen. Der Markt hatte nach hervorragendem zweitägigen Geschäft geschlossen. Es konnte nun angenommen werden, dass die Aktien ohne »falsche Romantik« verkauft würden. Am Montag füllte die Commercial

117) Investment News, 16. Oktober 1929, S. 538.

National Bank and Trust Company fünf Spalten der »Times« um bekannt zu geben: »Es ist unser Glaube und unsere Überzeugung, dass die allgemeine Situation der Industrie und des Geschäftslebens des ganzen Landes grundsätzlich gesund und im Wesentlichen unverletzt ist«. An eben diesem Tag stürzte der Markt ins Bodenlose.

Das Pendel schwingt zurück

Der Verlauf des Marktes am Montag schockierte. Er löste an der Börse fassungsloses Erstaunen und Ungläubigkeit aus. Das Handelsvolumen war geringer als in der vergangenen Woche, lag aber immer noch über sechs Millionen. Alle Papiere waren schwach, auch Spezialwerte machten große Verluste. Der Times-Index war um 22 Punkte zurückgegangen. Im Vergleich mit der vergangenen Woche war dies ein sehr schlechter Start. Gemessen an den großen Hoffnungen die auf diesen Tag gerichtet waren, war er sehr enttäuschend.

Erklärungen für dieses neuerliche Fiasko gab es viele. So tauchte beispielsweise das Gerücht auf, dass die erwartete »organisierte Unterstützung« lediglich aus dem Verkauf von Aktien bestanden habe. Lamont schmückte bei einer Pressekonferenz seine Rede noch mit einer kleinen Randbemerkung: Er wisse selber nicht genau Bescheid, doch sei »die organisierte Unterstützung anscheinend nicht sehr gut organisiert«. Die plausibelste Erklärung lautet zweifellos: Jeder an der Wall Street war zuversichtlich, nur nicht das Publikum. Wie schon so oft hatte man am Wochenende viel Zeit zum Nachdenken, und mit dem Nachdenken stellten sich auch wieder der Pessimismus ein und der Entschluss, zu verkaufen. So strömten am Montag die Verkaufsorders wieder in Massen herein.

Jetzt wurde auch deutlich, dass die Investment-Trusts, einst angesehen als Stützpfeiler und Bollwerk gegen einen möglichen Crash, in Wirklichkeit die Wurzel des Übels waren. Die Hebelwirkung, von der man noch vor zwei Wochen so fachmännisch und anerkennend gesprochen hatte, zeigte jetzt die unerwünschte entgegengesetzte Wirkung. Mit rasender Geschwindigkeit entwertete sie nun alle Aktien. Nehmen wir nochmals einen namenlosen typischen kleinen Trust als Beispiel. Angenommen, er verfügte über Staatsanleihen, die Anfang Oktober einen Marktwert von zehn Millionen aufwiesen. Davon war die eine Hälfte in Stammaktien, die andere in Obligationen und Vorzugsaktien angelegt. Diese Wertpapiere waren durch den laufenden Marktwert voll gedeckt. Das Portfolio des Trusts enthielt also Wertpapiere mit einem Marktwert von zehn Millionen Dollar. Anfang November aber wäre dieses Portfolio nur noch etwa 50 Prozent wert gewesen. Diese fünf Millionen hätten ausgereicht, um die älteren Ansprüche auf die Vermögenssubstanz der Obligationen und Vorzugsaktien zu decken. Die Stammaktie wäre also bereits ungedeckt gewesen. Abgesehen von den großen Erwartungen, die man auf sie setzte, war sie in vielen Fällen ohnehin wertlos.

Diese rechnerische Unerbittlichkeit wirkte überall dort, wo es Aktien von Investment-Trusts gab. Anfang November waren fast alle Aktien dieser Trusts praktisch unverkäuflich geworden. Verschlimmernd trat hinzu, dass viele davon im Freiverkehr oder an Provinzbörsen gehandelt wurden, wo es wenig Käufer gab und der Markt recht dünn war.

Wohl niemals zuvor haben die Menschen gieriger nach dem Geld gegriffen als in jenen Tagen. Hieß es, »es hat einen Mann an der Börse erwischt«, war es für seine Kreditgeber das Signal, über ihn herzufallen wie ein Heuschreckenschwarm. Viele Anleger, die Schwierigkeiten hatten, ihren Nachschusspflichten nachzukommen, wollten Aktien verkaufen, um wenigstens einen kleinen Rest Bargeld retten zu können. Aber sie mussten feststellen, dass ihre Investmentpapiere nur für einen äußerst geringen Betrag oder überhaupt nicht mehr verkauft werden konnten. So waren sie gezwungen, ihre guten Papiere zu veräußern. So wurden Standardaktien wie Steel, General Motors oder Tel and Tel in ungewöhnlich großen Mengen auf den Markt gepumpt, mit der entsprechenden Wirkung auf die Preise. Der große Boom der Investment-Trusts endete mit einem einmaligen Beweis für die Richtigkeit des Gresham'schen Gesetzes, wonach die schlechten Aktien auch die guten aus dem Verkehr ziehen werden.

Der Stabilisierungseffekt der riesigen Geldquellen bei den Investment-Trusts hatte sich als Fata Morgana erwiesen. Noch im Frühherbst besaßen die Investment-Trusts umfangreiche Geldmittel und waren liquide. Aber nun, da die Hebelkraft sich umkehrte, waren die Vorstände der Investment-Trusts viel stärker über die Werteinbußen ihrer eigenen Aktien besorgt als über die unglückliche Entwicklung am Aktienmarkt allgemein. Denn die Investment-Trusts hatten heftig untereinander investiert. So verursachte der Preissturz von Blue Ridge den Kollaps von Shenandoah, was sich wiederum noch verheerender auf die Goldman Sachs Trading Company auswirkte.

Unter diesen Umständen griffen viele Trusts auf ihr verfügbares Bargeld zurück, um verzweifelt ihre eigenen Papiere zu stützen. Jetzt bedeutete es jedoch etwas ganz anderes, eigene Aktien zurückzukaufen als noch im Frühjahr, als noch jeder kaufen wollte. Nun ging das Geld hinaus und die Aktie kam herein. Aber die Preise wurden kaum berührt, zumindest nicht für lange Zeit. Was noch vor sechs Monaten ein brillantes Finanzmanöver war, wurde nun eine Form von finanzieller Selbstaufopferung.

All das war damals jedoch nicht sofort offensichtlich. Für ein zwar geschlagenes aber ungebeugtes Finanzgenie – jeder Vorsitzende eines Trusts hielt sich für genial – bot sich jetzt die Stützung der eigenen Aktien als ein kühner, erfinderischer und wirkungsvoller Schachzug an. Es schien die einzige rettende Alternative zum sicheren Todesstoß zu sein. Damit wählten die Vorstände der Trusts, je nach dem wie es ihre liquiden Mittel erlaubten, den schnelleren, jedoch nach wie vor sicheren Tod. Sie kauften ihre eigenen wertlosen Aktien zurück. Auf verschiedenste Art und Weise und bei unterschiedlichsten Gelegenheiten sind Menschen von anderen belogen worden. Der Herbst 1929 bewies, dass sich Menschen auf breiter Basis selbst belügen.

Bürgermeisterwahl in New York

Dienstag, der 5. November, war Wahltag, und die Börse hatte geschlossen. Den Kampf um das Amt des New Yorker Bürgermeisters gewann mit überwältigender Mehrheit der demokratische Kandidat James J. Walker gegen seinen republikanischen Gegenspieler La Guardia. Dieser Sieg bedeutete eine völlige Neuausrichtung. In einer Erklärung rief Babson zur Gelassenheit auf und appellierte an Einsicht und Vernunft, Mut sowie an den Gemeinsinn. Am Mittwoch öffnete der Markt wieder, aber nur für drei Stunden. Diese kurze Öffnungszeit wurde zunächst beibehalten. Das war der Kompromiss aus der Debatte der vorangegangenen Woche, als es darum ging, ob die Börse ganz geschlossen werden sollte. Fast sechs Millionen Aktien wurden an diesem kurzen Börsentag gehandelt. Es gab einen neuen Einbruch: US Steel eröffnete mit 181 und ging auf 165 zurück, Auburn Automobile verlor 66 Punkte, Otis Elevator 45. Der Times-Industrial-Index war auf 37 Punkte gesunken, nur 6 Punkte weniger als am furchtbaren Dienstag 8 Tage zuvor. Wo sollte das enden? Auch von außerhalb der Börse kamen bestürzende Nachrichten; sämtliche Fundamente schienen zu bröckeln. Der Wochenbericht der Frachtmärkte zeigte einen enormen Rückgang, der Stahlpreis war seit der vergangenen Woche gewaltig gesunken. Noch ernster wirkte sich der Kurssturz auf den Warenmarkt aus. Bisher reagierte er mehr oder weniger heftig auf die Schwankungen des Aktienmarktes. An diesem Mittwoch hatte er seine eigenen Schwierigkeiten. Baumwolle notierte so tief wie seit Wochen nicht, und die senkrechten Preisstürze am Mittag auf dem Getreidemarkt kamen einer Panik gleich.

Am Donnerstag stieg der Aktienmarkt ein wenig, um am Freitag dann erneut nachzulassen – die Leute hatten wieder ein Wochenende und viel Zeit zum Nachdenken vor sich. Dieses Mal war nicht mehr von einer Anhäufung von Kaufaufträgen die Rede (wie eine Woche zuvor), es gab so gut wie keine positiven Nachrichten mehr zu verbreiten. Am Montag, dem 11. November, gab es einen erneuten gewaltigen Kurssturz. In den nächsten zwei Tagen wurde heftig gehandelt – die Börse war immer noch in »Kurzarbeit« –, und die Preise fielen weiter. In diesen drei Tagen büßten die Times-Industrials weitere 50 Punkte ein.

Betrachtet man den Zusammenbruch im Gesamten, so waren dies ohne Zweifel die schrecklichsten Tage. Die »organisierte Unterstützung« galt als misslungen, man hatte es bereits aufgegeben, auch nur eine »organisierte Ermutigung« zu inszenieren. Allein Galgenhumor konnte noch helfen. Es wurde erzählt, dass die Angestellten der Hotels in der Stadt ihre Gäste fragten, ob sie ein Zimmer zum Schlafen oder eines zum Hinunterspringen wünschten. Zwei Männer stürzten sich Hand in Hand aus einem der oberen Fenster des Ritz-Hotels in den Tod. Sie besaßen ein Gemeinschaftskonto. Das »Wall Street Journal« schlug einen biblischen Ton an und erklärte seinen Lesern: »Wahrlich, ich sage euch, macht die Angst vor dem Markt zum Gesetz eures Lebens und vertraut auf die Worte derer, die Obligationen verkaufen.« Die Finanzspalte der »New York Times«, die zu dieser Zeit fast ein wenig Genugtuung über den Zusammenbruch zeigte, schien jedoch auch der Meinung zu sein, dass die Dinge zu weit gegangen waren. »Vielleicht wird keiner unserer Generation mehr in der Lage sein … von einer ›Gesundung‹ zu sprechen. Es gibt viele Anzeichen, dass diese Phrase endgültig ihren Wert verloren hat.«

Kapitel 7

Die Folgen des Crashs

In der Woche, die dem Schwarzen Donnerstag folgte, schrieb die Londoner Boulevardpresse geradezu wollüstig über die Szenen, die sich in der New Yorker City abspielten. Spekulanten sprangen aus den Fenstern ihrer Büros, Fußgänger bahnten sich vorsichtig ihren Weg durch die Leichen zu Tode gestürzter Finanzleute. Der amerikanische Korrespondent des »Economist« schrieb eine wütende Kolumne in seiner Zeitung und protestierte gegen derlei Geschmacklosigkeiten. Die angebliche Selbstmordwelle, die in den Vereinigten Staaten auf den Zusammenbruch des Aktienmarktes folgte, ist Teil jener Legende, die sich um die Ereignisse des Jahres 1929 rankt. In Wahrheit gab es nämlich gar keine. Zwar war schon in den Jahren vor 1929 die Zahl der Selbstmorde angestiegen, und sie stieg 1929 weiter und nahm in den Jahren 1930, 1931 und 1932 noch stärker zu. Man kam aber bald dahinter, dass viele Dinge außerhalb des Börsengeschehens schuld daran waren, dass die Menschen ihr Leben nicht mehr länger für lebenswert hielten. In der Statistik wiesen die New Yorker, denen wegen der Nähe zur Börse ein ganz besonderer Hang zum Suizid unterstellt wird, nur eine schwache Abweichung von der Selbstmordrate in der gesamten Bevölkerung des Landes auf. Aber weil sich der Mythos von der Selbstmordwelle so stark eingebürgert hat, ist es möglicherweise ganz interessant, einige Zahlen zu nennen.

Da der Zusammenbruch des Marktes erst am Ende des Jahres erfolgte, konnte logischerweise erst spät im Oktober und in der darauf folgenden Zeit eine substantielle Zunahme an Selbstmorden zu verzeichnen sein. Diese Zeitspanne war zu kurz, um die Gesamtjahreszahlen zu beeinflussen. Jedoch zeigen die monatlichen Statistiken für Todesursachen im Jahr 1929[118], dass es im Oktober und November verhältnismäßig wenige Selbsttötungen gab. In den gesamten Vereinigten Staaten fanden im Oktober 1331 und im November 1344 Selbstmorde statt. Gemessen am Jahresdurchschnitt wiesen nur die drei Monate Januar, Februar und September niedrigere Zahlen auf. Während der Sommermonate, als der Markt noch in Hochform war, lag die Selbstmordrate wesentlich höher.

Zahl der Selbstmorde von 1925 bis 1934 auf 100 000 Einwohner

Jahr	New York City	Übriges Amerika
1925	14,4	12,1
1926	13,7	12,8
1927	15,7	13,3
1928	15,7	13,6
1929	17,0	14,0
1930	18,7	15,7
1931	19,7	16,8
1932	21,3	17,4
1933	18,5	15,9
1934	17,0	14,9

118) Mein Dank gilt den Verwaltungsangestellten der Abteilung für Bevölkerungsstatistik im Ministerium für Gesundheit, Schul- und Sozialwesen, die diese Zahlen für mich aufgestöbert haben. Sie sind entnommen aus: Sterblichkeitsstatistik, 1929, Washington, Department of Commerce, Bureau of the Census (Handelsministerium, Statistisches Bundesamt).

Der Mythos von der Selbstmordwelle entstand vermutlich durch die allgemein verbreitete Annahme, ruinierte Spekulanten hätten wie Alkoholiker und Spieler eine besondere Affinität zum Selbstmord. Zu einer Zeit, in der es viele gescheiterte Spekulanten gab, haben eventuell Zeitungen und ihre Leser diese Legende geschaffen. Wurde früher gefragt: »Warum hat er es wohl getan?«, erhielten nun viele Selbstmorde sofort dieses Motiv zugeschrieben: »Den armen Burschen hat es beim Börsenkrach erwischt.« Jedoch nahm erst in den späteren Jahren der Depression die Selbstmordquote stark zu. Im Gedächtnis der Zeitgenossen sind möglicherweise viele dieser Tragödien um ein oder zwei Jahre zurückverlegt worden – in die Zeit des Wall-Street-Crashs.

Kurz nach dem Schwarzen Donnerstag erschienen die Geschichten über diesen oder jenen Selbstmord mit einiger Regelmäßigkeit in den Zeitungen. Es liegt nahe, dass die Zeitungen und die Öffentlichkeit bevorzugt solche Selbstmorde aufgriffen, die zeigten, dass Menschen angemessen auf ihr Unglück reagierten. Es gab genügend Todesfälle, bei denen in der einen oder anderen Weise ein Bezug zum Aktienmarkt hergestellt werden konnte, damit sie diesem Anspruch genügten. Obwohl die »Legende« genau das Gegenteil erzählt, folgten eigenartigerweise nur wenige Menschen der klassischen Methode, aus einem Fenster zu springen. Ein Selbstmordkandidat sprang zum Beispiel in den Schuylkill-Fluss. Doch als er in das Wasser eingetaucht war, änderte er seinen Entschluss, schrie um Hilfe und wurde herausgefischt. Der Direktor der Rochester Gas and Electric Company griff zum Gashahn. Ein anderer Selbstmörder tränkte seine Kleider mit Benzin und zündete sich an. Da war auch noch der Selbstmord von J. J. Riordan. Sein Tod beherrschte am Sonntag, den 10. November, die Schlagzeilen der Zeitungen. Die Reporter hatten offensichtlich eine Story gewittert, nicht nur wegen seines Todes, sondern auch wegen der Art und Weise, wie er angekündigt worden war. Riordan war eine bekannte und populäre Persönlichkeit unter den New Yorker Demokraten. Sowohl bei der Wahl von Bürgermeister Walker als auch davor bei der Wahlkampagne für den Demokraten Al Smith war er Schatzmeister gewesen. Er und Smith waren enge Freunde und Geschäftspartner. Al Smith saß im Aufsichtsrat der neu organisierten County Trust Company, deren Präsident Riordan war.

Am Freitag, 8. November, ging Riordan zu seiner Bank, nahm eine Pistole aus der Schublade eines Schalterbeamten, ging nach Hause zurück und erschoss sich. Al Smith wurde sofort benachrichtigt. Zum Kummer über den Tod des Freundes kam das wenig tröstliche Wissen, dass diese Neuigkeit einen gefährlichen Run auf seine Bank auslösen könnte. Es wurde ein Leichenbeschauer geholt, die Todesnachricht aber bis zum Mittag des folgenden Tages, einem Samstag, zurückgehalten. Die Bank hatte über das Wochenende wie üblich geschlossen. Es gab eine lange Totenwache, während der die vornehmen Trauergäste das eine Auge auf die Leiche richteten und das andere auf die Uhr.

Der Arzt deutete an, er habe die Bekanntmachung aus einem tiefen Verantwortungsgefühl für die Einleger des Country Trusts verschoben. Das war eine sehr interessante Auslegung der ärztlichen Schweigepflicht. In der letzten Konsequenz würde daraus folgen, dass bei allen Todesfällen der hinzugezogene Arzt die finanziellen Folgen abwägen müsste. Später wurde stillschweigend zugegeben, dass es Al Smiths Entscheidung war. So groß war also sein Prestige, und die allgemeine Nervosität, dass keiner diese Aktion hinterfragte.

Eine Zeit lang hielt sich das Gerücht, dass auch Riordan ein Opfer des Crashs geworden sei. Doch seine Freunde verteidigten ihn, er habe überhaupt nicht an der Börse spekuliert. Bei späteren Nachforschungen des Senatsausschusses über den Aktienmarkt stellte sich aber heraus, dass Riordan tief in der Baisse gefangen war. Eine eilig durchgeführte Rechnungsprüfung bei der Bank ergab, dass ihre Vermögensverhältnisse in Ordnung waren. Diese Tatsache wurde über das Wochenende groß publiziert. Die Stadtverwaltung behauptete mutig, dass sie ihre Einlagen bei der Bank belasse, was sich ein wenig anhörte, als wolle sie im guten Einvernehmen mit Tammany

Hall bleiben. (Tammany Hall ist das Hauptquartier der Demokraten, also der damals in New York regierenden Partei.) Raskob, Direktor bei General Motors, übernahm kommissarisch den Vorsitz. Es kam zu keinem Run. Die Kirche entschied, der Katholik Riordan sei vorübergehend geistig umnachtet gewesen und habe somit Anspruch auf ein Begräbnis in geweihter Erde. Unter den Ehrensargträgern waren Al Smith, Herbert Lehman und John J. Raskob. Unter denen, die am Begräbnis teilnahmen, sah man Mayor Frank Hague, Vincent Astor, Grover Whalen, James A. Farley und M. J. Meehan, den Marktspezialisten.

Zweieinhalb Jahre später, am Samstag, den 12. März 1932, erschoss sich um elf Uhr morgens Ivar Kreuger in seinem Pariser Appartement, sechs Stunden, bevor die New Yorker Börse schloss. Mit Hilfe der Pariser Polizei hielt man die Todesnachricht bis zum Börsenschluss zurück. Später äußerte sich ein Kongressausschuss außerordentlich kritisch zu dieser Taktik. Zur Rechtfertigung führte man im Fall Kreuger die Aktion von Al Smith an. Allerdings war im Fall Kreuger das Polizeisystem alles andere als perfekt und wies Lücken auf. Ziemlich sicher ist, dass an diesem Morgen ein großer Ausverkauf begann, einschließlich großer Terminverkäufe von Kreuger and Toll, aber vor allem von europäischen Anlegern.[119]

119) Stock Exchange Practices, Januar 1933, Teil 4, S. 1214ff. Solche Verkäufe fanden vermehrt freitags und samstags statt, aber in den damaligen Aufzeichnungen der Börse wurden diese zwei Tage nicht gesondert betrachtet. Donald Durant, der höchst uninformierte amerikanische Direktor von Kreuger and Toll, war in Paris, als Kreuger starb und telegrafierte die Neuigkeit an die Firma Lee, Higginson and Company, deren Gesellschafter er war. Die letztere Gesellschaft, die Kreugers amerikanischer Effektenbankier war, scheint sich mit einer Reaktion auf diese Nachricht ängstlich zurückgehalten zu haben. Ebenda, S. 1215f.

Welle der Unterschlagungen

Der Börsencrash wirkte sich auf versuchte und vollzogene Unterschlagungen in mancherlei Hinsicht viel stärker aus als auf die Selbstmordrate. Für den Wirtschaftler ist die Unterschlagung ein interessantes Verbrechen: Unter den verschiedenen Formen des Diebstahls folgt nur sie einem bestimmten zeitlichen Rhythmus. Zwischen dem Verbrechen und seiner Entdeckung können Wochen, Monate oder sogar Jahre liegen. Das ist genau der Zeitabschnitt, in dem derjenige, der unterschlagen hat, seinen Gewinn genießt. Der andere, der betrogen wurde, hat seltsamerweise in diesem Zeitraum nicht das Gefühl, er habe etwas verloren. Immer wieder gab und gibt es unentdeckte Unterschlagungen in den Unternehmen und Banken eines Landes. In guten Zeiten, wenn die Leute zufrieden und voller Vertrauen sind, ist genügend Geld da. Die Zahl der Unterschlagungen wächst, die Quote der Entdeckungen sinkt. In der Depression ist das alles umgekehrt: Das Geld wird argwöhnisch bewacht, die Rechnungsprüfung ist peinlich genau, die wirtschaftliche Moral wird besser, Unterschlagungen sind seltener. Der Aktienboom und der Crash blähten diese an sich normalen Zusammenhänge ins Überdimensionale auf. Zu den grundlegenden Bedürfnissen nach Geld für Heim, Familie und Luxus kam während des Booms ein unüberwindliches Verlangen nach Kapital hinzu, um am Markt agieren oder seinen Verpflichtungen nachkommen zu können. Es war außergewöhnlich viel Geld vorhanden, und die Leute zeigten sich allzu gutgläubig. Ein Bankpräsident, der Kreuger, Hopson und Insull vertraute, verdächtigte am allerwenigsten seinen langjährigen Freund, den Kassierer. In den späten Zwanzigerjahren wuchsen die Unterschlagungen zusehends.

So wie der Boom die Versuchung zur Unterschlagung verstärkte, so begünstigte der Crash die Aufklärungsrate. Innerhalb weniger Tage schlug sich das allgemeine Vertrauen in allgemeines Misstrauen um. Rechnungsprüfer wurden eingesetzt, merkwürdiges Verhalten wurde umgehend bemerkt. Hatte ein Angestellter Geld veruntreut, um zu spekulieren, so wurde er jetzt bestimmt entlarvt. In den ersten Wochen nach dem Schwarzen Donnerstag war die Entdeckung von Angestellten, die Gelder veruntreut hatten, an der Tagesordnung und viel häufiger als Selbstmorde. An manchen Tagen füllten Notizen darüber eine Spalte oder mehr in der »Times«. Die betreffenden Geldbeträge waren groß oder klein, die Meldungen kamen von nah und fern. Die berühmteste Unterschlagung in diesen Tagen – das Gegenstück zum Selbstmord von Riordan – war die Affäre um die Union Industrial Bank of Flint, Michigan. Die zunächst geschätzte Höhe des Verlusts stieg während der Untersuchung dieses Betrugs alarmierend an und wurde schließlich im »Literary Digest« mit 3,5 Millionen Dollar beziffert.[120]

Anfangs war die Unterschlagung eine Angelegenheit einzelner Individuen. Ohne dass sie voneinander wussten, brachten einzelne Bankangestellte Geld auf die Seite. Später stellte der Einzelne fest, dass er nicht allein war. Da keiner den anderen verraten konnte, arbeiteten sie zusammen. Eine solche Kooperation umfasste etwa ein Dutzend Mitglieder. Die meisten wichtigen Leute der Bank arbeiteten mit, und manche Gruppen waren so gut organisiert, dass sogar das Eintreffen der Bankprüfer in den Hotels der Stadt den Mitgliedern der Banden sofort gemeldet wurde.

Die meisten der entwendeten Vermögenswerte stammten aus den Einlagen der Bank, die auf dem Markt für tägliches Geld verliehen werden sollten. Das Geld wurde ganz regulär nach New York gesandt, dort aber sofort gekündigt. Natürlich belegten die Bücher weiterhin, dass es dort war. Das Geld wurde von den Betrügern dann in Aktien angelegt. Im Frühjahr 1929 hatte solch eine Gruppe durch geschicktes Spekulieren etwa 100 000 Dollar Überschuss erzielt. Plötzlich wurde das Geld knapp, dummerweise gerade in dem Augenblick, als die Kurse weiter nach oben in den blauen Sommerhim-

120) Literary Digest, 7. Dezember 1929.

mel schossen. Die Gruppe wollte mithalten und nahm Geld auf. Das war kurz vor der Baisse, und die war tödlich. Die meisten Betrüger waren kleine Leute, die einen Ausflug in die Spekulation unternommen hatten und schließlich tiefer darin verwickelt wurden. Später hatten sie gewichtigere Komplizen. Der Crash und der unbarmherzige Einbruch der Werte brachten die Riesenspekulationen von Kreuger, Hopson und Insull ans Tageslicht, die diese mit dem Geld von anderen Leuten getätigt hatten. Sollte die amerikanische Wirtschaft jemals wieder Vollbeschäftigung und Wohlstand erreichen, so ist den Firmen zu raten, ihre Rechnungsprüfer gut zu instruieren und zu größtem Misstrauen anzuhalten. Denn die Depression bringt oft Dinge an den Tag, die Rechnungsprüfer vergeblich suchen. Bagehot beobachtete einmal: »Jede große Krise enthüllt die ausschweifenden Spekulationen vieler Haushalte, die zuvor niemand verdächtigt hatte.«[121]

Was tut der Präsident?

Mitte November kam der Einbruch zeitweilig zum Stehen. Der tiefste Stand war am Mittwoch, den 13. November erreicht. Der Times-Industrials-Index schloss bei 224 Punkten. Im Vergleich zum 3. September, wo er bei 452 Punkten lag, war er demnach um fast die Hälfte gefallen. An diesem Tag notierte er um 82 Punkte (fast ein Viertel) tiefer als knapp zwei Wochen vorher am Ende des Tages, an dem John D. Rockefeller erklärt hatte, er und sein Sohn würden Stammaktien kaufen. Nun gab es wieder eine Rockefeller-Neuigkeit: Es wurde erzählt, seine Familie sei an einem riesigen Aktienkaufantrag beteiligt, um den Kurs von Standard Oil of New Jersey bei 50 zu stützen.

121) Walter Bagehot: Lombard Street, London 1922, S. 150.

Die Baisse hatte ihren Verlauf genommen. Am Ende gab es ein letztes Bemühen um Zuversicht. Dazu gehörte eine von der New Yorker Börse angestrengte Untersuchung der Leerverkäufe. In den Wochen zuvor kursierten Gerüchte, an der Börse hätten Baisse-Manöver stattgefunden. Es hieß, manche Spekulanten hätten durch Leerverkäufe ein Vermögen erzielt. Die »gütigen« und »wohlwollenden« Leute, die einst dem Markt zu seiner Blüte verhalfen, waren nun niederträchtige Leichenfledderer, die seine letzten Werte zerstörten und ihren Nutzen aus dem allgemeinen Unglück zogen. Einem zu Beginn des Crashs weit verbreiteten Gerücht zufolge hatte Jesse L. Livermore aus Boston den Ruf eines Baisse-Spekulanten, der an der Spitze eines Syndikats stehe und den Markt nach unten drücke. Das war zweifellos übertrieben. Livermore war bisher der öffentlichen Meinung gegenüber recht unempfindlich gewesen, aber das hartnäckige Gerede brachte ihn schließlich dazu, ganz offiziell abzustreiten, an irgendeinem Baisse-Komplott beteiligt zu sein. »Die paar Geschäfte, die ich an der Börse getätigt habe«, sagte er, »habe ich als Einzelner gemacht, und das werde ich auch weiterhin so halten.«

Wesentlich wichtiger war der von Präsident Hoover unternommene Beruhigungsversuch. Möglicherweise stand er dem Markt immer noch gleichgültig gegenüber, doch angesichts der vielfach veröffentlichten Tatsachen und Nachrichten, die von Woche zu Woche schlechter wurden, konnte er nicht länger passiv bleiben. Die Preise für Gebrauchsgüter fielen, die Frachttarife und die Preise für Roheisen sanken. Stahlproduktion, Kohleförderung sowie Automobilfertigung gingen zurück und, als Resultat dieser Einzelfaktoren, der Index der Industrieproduktion.

Hoovers erster Schritt hätte etwa den letzten Werken von John Maynard Keynes entnommen sein können. Wie Keynes und seine Anhänger wahrscheinlich empfohlen hätten, kündigte er eine Steuersenkung an. Der Einkommen- und Körperschaftsteuersatz wurde stark reduziert. Das verminderte beispielsweise die Einkommensteuer eines Familienoberhaupts ohne Kinder mit einem Einkommen von 4 000 Dollar um rund zwei Drittel. Wer 5 000 Dollar verdiente, erhielt einen ähnlichen Nachlass. Die Steuer für einen verheirateten Mann ohne Kinder mit einem Einkommen von 15 000 Dollar wurde halbiert. Das waren zwar erhebliche Steuernachlässe, aber ihr Effekt wurde abgeschwächt, da für die meisten Leute diese Steuersenkung unerheblich war. Wer 4 000 Dollar verdiente, hatte bisher eine jährliche Steuerlast von 5,63 Dollar zu tragen, die jetzt auf 1,88 Dollar gesetzt wurde, und der Mann, der 10 000 Dollar einnahm, zahlte nun 65 an Stelle der früheren 120 Dollar. Trotzdem wurde der Schritt Hoovers gut aufgenommen, und zwar als ein Versuch, die Kaufkraft zu erhöhen, das Geschäftskapital zu erweitern und das Vertrauen wiederherzustellen.

Präsident Hoover berief auch eine Reihe von Konferenzen ein. Die führenden Industriellen, die maßgebenden Eisenbahnexperten, die Vorsitzenden der großen Versorgungsgesellschaften, die Topmanager der wichtigsten Baugesellschaften, die Gewerkschaftsführer, die Vorsitzenden der Landwirtschaftsorganisationen – alle trafen Ende November mit dem Präsidenten zusammen. Das Verfahren war bei jedem dieser Treffen das gleiche: Es gab eine feierliche Tagung mit dem Präsidenten, die Anwesenden ließen sich mit dem Präsidenten fotografieren, und dann gab es ein Presseinterview, in dem die Konferenzteilnehmer ihre Meinungen über die wirtschaftlichen Aussichten mitteilten. Diese Einschätzung fiel meist sehr positiv aus. Nach der Versammlung der führenden Industriellen am 21. November, an der Henry Ford, Walter Teagle, Owen D. Young, Alfred P. Sloan jr., Pierre du Pont, Walter Gifford und Andrew Mellon teilnahmen, war die Zuversicht so groß, dass der Industrielle Julius Rosenwald erklärte, man müsse wohl bald einen Mangel an Arbeitskräften befürchten.

Genauso optimistisch waren die Versorgungsgesellschaften, die Eisenbahnleute und die Bauwirtschaft. Sogar die führenden Funktionäre der Landwirtschaft zeigten sich weniger misanthropisch als sonst. Später erklärten sie, sie hätten dem Präsidenten gesagt, »die Moral in ihrem Wirtschaftszweig sei besser als noch vor Jahren«[122]. Das war organisierte Zuversicht auf breiter Basis, und sie zog unweigerlich die enthusiastischsten Kommentare nach sich. Ein Wirtschaftsjournalist der Wall Street begann seinen Kommentar über die Tagungen: »Lasst die stillen Reserven der Wirtschaft heraus, so befahl Präsident Hoover, als aus allen Teilen pessimistische Nachrichten dem Börsenkrach folgten.« Der »Philadelphia Record« beschrieb den Präsidenten »als die imponierendste Figur in der modernen Wissenschaft der Staatskunst«. Der »Boston Globe« tat kund, der Nation sei nun bewusst, »dass sie im Weißen Haus einen Mann hat, der weniger an die Philosophie des Treibenlassens glaubt als an die Dynamik der Führung«[123].

Meetings, Meetings ...

Nun anzunehmen, Präsident Hoover sei lediglich damit beschäftigt gewesen Zuversicht zu verbreiten, tut ihm ernsthaft Unrecht. Er pflegte auch einen der ältesten und wichtigsten – leider aber auch am wenigsten verstandenen – Bräuche des amerikanischen Lebens, nämlich »Meetings« einzuberufen. Hierbei geht es nicht darum, etwas Konkretes zu tun, sondern ausschließlich darum, sich zu treffen. Dieses Ritual wird auch heute noch praktiziert. Es lohnt sich, kurz darauf einzugehen.

Es gibt viele Gründe, warum sich Männer zu geschäftlichen Zwecken zusammensetzen. Sie wollen sich gegenseitig informieren oder zu etwas überreden. Im Laufe der Verhandlung müssen sie sich auch

122) Magazine of Wall Street, December 14, 1929, S. 264. Die Angaben zu Foch und der Schlacht an der Marne stammen aus derselben Quelle.

123) Beide Kommentare entstammen The Literary Digest, 30. November 1929.

einmal einig werden. Häufig ist es für sie viel produktiver und weniger anstrengend, gemeinsam zu denken, als für sich allein. Aber es gibt auch genauso viele Gründe für Zusammenkünfte ohne geschäftliche Hintergründe. Man trifft sich, weil die Männer Gesellschaft lieben, oder auch, weil sie der Langeweile ihrer Pflichten entrinnen wollen. Sie sehnen sich nach dem Prestige, Präsident einer Versammlung oder eines Verbandes zu sein, und das bringt sie dazu Sitzungen einzuberufen, bei denen sie dann präsidieren können. Das Ergebnis ist dann ein Treffen, das nicht einberufen wurde, weil ein Geschäft zu machen ist, sondern nur um einen entsprechenden Eindruck zu erwecken.

Die Tatsache, dass bei einem außergeschäftlichen Treffen keine geschäftlichen Abschlüsse zustande gekommen sind, ist üblicherweise kein Grund für die Teilnehmer, enttäuscht zu sein. So sind zum Beispiel Wissenschaftler erklärte Freunde von Konferenzen, die keinen geschäftlichen Hintergrund haben. Sie finden dort ihre Bestätigung durch gegenseitigen Gedankenaustausch. Für sie lohnt es sich, gemeinsame Ideen auszutauschen, und jedes Treffen dieser Art ist ausgesprochen nützlich. Denn man kann kaum von einer Versammlung behaupten, dass es dort keinen geistigen Austausch gegeben hätte. Geschäftsleute, die diese No-Business-Meetings mit großem Engagement veranstalten, haben für gewöhnlich verschiedene Erklärungen dafür. Eine davon hat einen stark geistigen Unterton: Aus der Wärme der Kollegialität, dem Entfalten der Persönlichkeit, der Auflockerung durch den Alkohol und durch die Inspiration der Reden, so heißt es, gewinne man ein viel besseres Verhältnis zur täglichen Arbeit. Bei den No-Business-Meetings der großen Manager geht es jedoch weder um den Austausch von Ideen noch um den geistigen Lohn der Kollegialität, es geht schlichtweg um das Gefühl von konzentrierter Macht. Obwohl man nichts Wichtiges sagt oder tut: Wichtige Männer können sich einfach gar nicht treffen, ohne dass ihre Versammlung wichtig erscheint. Die einfachste Bemerkung einer der führenden Persönlichkeiten einer großen Gesellschaft bleibt eben immer noch die Feststellung eines Mannes, der an der Spitze eines großen Unternehmens steht. Was seine Worte an Gehalt vermissen lassen, das gewinnen sie an Macht durch das Kapital, das hinter ihnen steht.

Das No-Business-Meeting war eine hervorragende Einrichtung in der Situation, die der Präsident im Herbst 1929 vorfand. Von der moderaten Steuersenkung einmal abgesehen, war Hoover deutlich abgeneigt, der sich entwickelnden Depression mit breit angelegten Regierungskampagnen entgegenzuwirken. Auch war zu der Zeit noch völlig unklar, was getan werden könnte. Der allgemeine Glaube an das »Laisser-faire« war allerdings 1929 bereits arg erschüttert. Kein verantwortlicher Politiker konnte es noch wagen, sich für eine solche Haltung starkzumachen. Und in der Tat ging vom Weißen Haus keine positive Aktion aus. Das Ritual dieser »Als-ob-Konferenzen« war so raffiniert, dass es jedes Misstrauen im Keim erstickte. Diejenigen, die dabei waren, sahen in der Teilnahme so wichtiger Leute den Maßstab für den Stellenwert des Treffens. Auch die Zeitungen trugen das ihre dazu bei und priesen das Gewicht dieser Sitzungen. Schließlich wurden diese Meetings im Weißen Haus, an denen Gouverneure, Industrielle, Repräsentanten der Geschäftswelt, der Arbeiter und der Landwirtschaft teilnahmen, eine ständige Einrichtung. Der Kunstgriff, Handlung zu simulieren, wenn die echte Tat ausbleibt, ist in einer gut funktionierenden Demokratie offensichtlich unvermeidlich. Hoover war 1929 ein Pionier auf dem Gebiet der öffentlichen Verwaltung. Als sich die Depression verschärfte, sagte man, dass die Hoover'schen Versammlungen misslungen seien. Diese Meinung zeugt jedoch von einem sehr engen Horizont!

Leichte Erholung

Von Januar bis März 1930 erholte sich die Börse wieder ein wenig. Im Juni kam dann erneut ein großer Einbruch. Danach fiel der Markt stetig Monat für Monat und Jahr für Jahr, mit winzigen Ausnahmen, bis zum Juni 1932. Als er endlich zum Stillstand kam, hatte er den schlechtesten Stand während der schwarzen Tage im Oktober/November weit hinter sich gelassen. Erinnern wir uns an den 13. November 1929. Damals standen die Times-Industrials auf 224. Am 8. Juli 1932 lagen sie noch bei 58. Dieser Wert war nicht viel höher als die Punktzahl, um die der Index am 28. Oktober an einem Tag gefallen war. Standard Oil of New Jersey, von denen man geglaubt hatte, dass sie die Rockefellers am 13. November 1929 auf 50 gestützt hätten, brachen im April 1932 auf unter 20 ein, am 8. Juli erreichten sie 24. US-Steel sah am 8. Juli einen Tiefstand von 22 Punkten – am 3. September 1929 waren sie noch um 262 verkauft worden. General Motors konnten am 8. Juli mit acht gekauft werden, sie waren seit dem 3. September 1929 von 73 herabgestürzt. Montgomery Ward stand auf vier, im Gegensatz zu vormals 138. Tel and Tel fielen auf 72, während sie am 3. September 1929 noch zu 304 verkauft worden waren. Anaconda standen am 8. Juli bei vier Punkten. Der Commercial and Financial Chronicle bemerkte: »Kupferaktien stehen so niedrig, dass Kursschwankungen kaum Auswirkungen haben«[124].

Doch im Vergleich zu den Investment-Trusts hatten sich diese Werte noch verhältnismäßig gut gehalten. Blue Ridge stand in der Woche des 8. Juli 1932 auf 63 Cent, Shenandoah auf 50. United Founders and American Founders lagen bei 50 Cent, im Gegensatz zu 70 Dollar und 117 Dollar am 3. September 1929. Die Befürchtungen vom November 1929, die Investment-Trusts könnten bald nichts mehr wert sein, hatten sich damit in hohem Maße bestätigt.

124) 9. Juli 1932.

Niemand konnte jetzt noch behaupten, dass das Geschäftsleben »von Grund auf gesund« war. Um den 8. Juli 1932 meldete Iron Age, die Kapazitäten der Stahlunternehmen seien nur zu zwölf Prozent ausgelastet. Das hatte es bisher noch nicht gegeben. Der Roheisenausstoß war der niedrigste seit 1896. An diesem Tag wurden an der New Yorker Börse 720 278 Aktien gehandelt.

Doch bevor dieser Tiefpunkt erreicht war, gab es noch unzählige Versuche, die wirtschaftliche Lage zu beruhigen. In den Wochen des Crashs hatte Hoover weise bemerkt: »Meine eigene Erfahrung ... ist, dass Worte in Zeiten wirtschaftlicher Unordnung ziemlich bedeutungslos sind.« Doch diese Regel, die man durchaus hätte beherzigen sollen, vergaß er gleich wieder. Im Dezember erklärte er dem Kongress, durch die von ihm unternommenen Schritte (damit meinte er insbesondere die No-Business-Konferenzen) sei das Vertrauen wiederhergestellt. Nachdem seine Untergebenen eine Flut optimistischer Prognosen vorausgeschickt hatten, verkündete er im März, die schlimmsten Auswirkungen des Zusammenbruchs auf die Beschäftigungslage würden in zwei Monaten wieder behoben sein. Im Mai war Hoover überzeugt, dass »wir nun das Schlimmste ausgestanden haben und nun mit vereinter Kraft fortfahren werden, uns schnell zu erholen«. Am Monatsende meinte er, die Geschäfte würden bis zum Herbst wieder normal laufen.[125]

Das vielleicht letzte Wort zur Politik des Gesundbetens stammt von Simeon D. Fess, dem Vorsitzenden des Republican National Committee: »Einflussreiche Personen in republikanischen Kreisen glauben, dass gewisse Leute den Aktienmarkt als ein Mittel benützen, um die Regierung in Misskredit zu bringen. Denn jedes Mal, wenn ein Regierungsmitglied eine optimistische Erklärung über die wirtschaftliche Lage abgibt, fällt prompt der Markt.«[126]

125) Frederick Lewis Allen: Only Yesterday, a.a.O., S. 340f.

126) Zitiert nach Edward Angly: 0h, Yeah!, in: The New York World vom 15. Oktober 1930, S. 27.

Kapitel 8

Nachlese

Der Börsencrash vernichtete das Glück und zerstörte das Vermögen vieler tausend Amerikaner. Aber für die Unternehmer, die Finanzexperten und die Wirtschaftswissenschaftler hatte er noch schlimmere Folgen: Er ruinierte ihren guten Ruf. Der Glaube der Öffentlichkeit an diese Kreise, an ihre Klugheit, ihre Voraussicht und an ihre Ehrlichkeit war endgültig dahin. Dabei war die öffentliche Meinung noch relativ nachsichtig: Im Allgemeinen machte man jenen, die noch während des Zusammenbruchs optimistisch verkündet hatten, die wirtschaftliche Lage sei »von Grund auf gesund«, keine Vorwürfe. Denn man wusste ja, dass es sich hierbei um rein routinemäßige Äußerungen handelte, dass hier amtliche Sprecher ihre Unwissenheit darüber vertuschen wollten, ob die Lage nun ernst sei oder ob es noch eine Rettung gebe. Die Propheten belasteten ihr eigenes Gewissen nicht mit derlei Skrupeln: Kam es anders, dann kam es eben so.

Eine Ausnahme war Präsident Hoover. Er litt zweifellos unter der Tatsache, dass seine Prognosen über einen baldigen Aufschwung von der Realität so radikal überrollt wurden. Aber Hoover war schließlich eine ranghohe Amtsperson. Bei ihm wurde aus dem allgemeinen Brauch, Mut zu machen, ein Instrument der Wirtschaftspolitik. Was aus dem Weißen Haus kam, wog schwerer als die wissenschaftliche Meinung irgendeines Wirtschaftsprofessors. Sicher wurden Hoovers Stellungnahmen aus diesem Grund später besonders stark kommentiert und kritisiert. Fast ebenso unglücklich waren die Propheten aus den Reihen der Wissenschaft. Das Publikum hielt mit seiner Schadenfreude nicht hinter dem Berg zurück. Nun hatte man gesehen, dass die Professoren nicht allwissend sind. So verschwand Lawrence aus Princeton. Unter den Nationalökonomen wurde seine Stimme nie wieder gehört.

Die Harvard Economic Society stand, wie schon berichtet, bis zum Sommer 1929 in dem Ruf, sehr skeptisch, ja fast pessimistisch zu sein. Diese Haltung gab sie jedoch auf, als im Spätsommer der Aktienmarkt immer weiter stieg.

- Anfang November, kurz nach dem Börsencrash, vertrat die Gesellschaft den Standpunkt, dass »die gegenwärtige Rezession sowohl bei Aktien als auch in der übrigen Wirtschaft keine Anzeichen für eine Depression aufweist«. Und am 10. November hörte man aus Harvard: »Eine Depression wie etwa in den Jahren 1920/21 ist nicht zu befürchten.«
- Die Prognose für 1930 (18. Januar) lautete: »Wir erwarten eine Erholung der Wirtschaft und einen weiteren Aufschwung für den Herbst.« Am 22. März erfuhren die Leute: »Die Aussichten sind weiterhin günstig« und
- am 19. April hieß es: »Im Mai oder Juni wird die Frühjahrserholung, die wir im Dezember angekündigt haben, offen zutage treten, und im dritten Quartal erfolgt dann eine kräftige Erholung.« Man steuerte den optimistischen Kurs weiter
- am 17. Mai: Die Geschäfte »werden in diesem Monat oder im nächsten besser, im dritten Quartal werden sie sich kräftig erholen und am Ende des Jahres ein überdurchschnittlich hohes Niveau erreicht haben«;
- am 24. Mai wurde bemerkt, dass die Bedingungen »fortfahren, die am 17. Mai gemachten Vorhersagen zu bestätigen«;

- am 21. Juni: »Trotz noch bestehender Unregelmäßigkeiten wird bald eine Besserung zu verzeichnen sein«;
- am 28. Juni: »Unregelmäßige und sich widerstreitende Bewegungen im Geschäftsleben werden bald den Weg für eine lang anhaltende Erholung freigeben«;
- am 19. Juli wurde hervorgehoben: »Unerwünschte Elemente haben daran gearbeitet, die Erholung hinauszuzögern, aber trotz allem gibt es Anzeichen, die auf eine wesentliche Verbesserung hinweisen«;
- am 30. August stellte man fest, die »gegenwärtige Depression läuft langsam aus«. Noch ein Jahr später gab man sich in Harvard optimistisch und meinte, »dass eine Stabilisierung auf dem Rücken der augenblicklichen Depression durchaus im Bereich des Möglichen liegt«.[127]

Kurze Zeit später – der Ruf der Gesellschaft war schon ziemlich erschüttert – wurde sie aufgelöst. Die Wirtschaftsexperten von Harvard hörten auf, die Zukunft vorherzusagen und zogen sich bescheiden wieder in ihre Studierstuben zurück.

Ein anderer Prophet, der bald nichts mehr galt im eigenen Land, war Professor Irving Fisher von der Yale-Universität. Er bemühte sich nach dem Krach, mit allen Kräften zu erklären, warum er sich geirrt habe. Anfang November 1929 bezeichnete er das ganze Geschehen an der Börse als irrational. Es sei daher äußerst schwer, irgendwelche Prognosen zu stellen. Und weiter: Man habe es hier mit einer Art Psychologie der Panik zu tun, die er als »Psychologie des Mobs« bezeichnete. »Der Börsencrash«, so argumentierte Fisher, »beruhte nicht auf der ungesunden Höhe der Aktienkurse, sondern auf psychologischen Motiven. Der Markt fiel weiter, weil er eben angefangen hatte zu fallen!«[128] Seine Erklärungen fanden nur ein

127) Zitiert aus: Harvard Economic Society, Weekly Letter, 1929–1930 vom jeweils angegebenen Datum.

128) New York Herald Tribune, 3. November 1929, zitiert nach: The Commercial and Financial Chronicle, 9. November 1929.

schwaches Echo. Einzig der Herausgeber des »Commercial and Financial Chronicle« meinte bissig: »Der gelehrte und studierte Professor hat vollkommen Unrecht, wie meistens, wenn er den Mund aufmacht und über den Aktienmarkt spricht.« Der »Mob«, so stand weiter in dem Artikel, »verkaufte nicht aus eigenem Willen, er wurde gegen seinen Willen ausverkauft.«

Bevor das Jahr zu Ende war, versuchte Professor Fisher noch einmal, sich zu rechtfertigen. Dieses Mal war es ein Buch mit dem Titel *»Der Zusammenbruch des Aktienmarktes – und die Zeit danach«*[129]. Darin argumentierte er, der Markt habe immer noch ein beachtliches Niveau, der Börsenkrach sei ein großer Unglücksfall gewesen und dass die Kurse angesichts der berechtigten und durchaus normalen Erwartung einer angemessenen Rendite langsam wieder steigen würden. Fishers Steckenpferd, die Prohibition, musste ein weiteres Mal herhalten. Er leitete von ihr höhere Aktivität und steigende Gewinne ab. Fisher kam zu dem Schluss, dass die Aussichten für die nächste Zeit recht günstig seien. Auch dieses Buch stieß auf wenig Interesse. Es ist wirklich dumm, dass ein Prophet, der sich irrt, immer gerade dann seine Zuhörer verliert, wenn er ihnen erklären will, warum er sich geirrt hat.

Professor Dice aus Ohio – ebenfalls ein großer Marktoptimist – überstand seine Irrtümer, ohne Schaden zu nehmen. Er schrieb und lehrte sein weiteres Leben lang über Wirtschafts- und Finanzwissenschaft. Und noch ein weiterer Hauptakteur des Crashs fiel wieder auf beide Beine: Goldman Sachs and Company retteten ihren Firmennamen aus den unehrenhaften Tagen des Booms, kehrten zurück auf den Pfad der Tugend, gaben sich seitdem äußerst redlich und seriös und erlangten einen hohen Bekanntheitsgrad mit ehrbaren Geschäften, die auch dem strengsten Wirtschaftsprüfer standhielten.

129) Irving Fisher: The Stock Market Crash – and After, New York 1930. Die folgenden Zitate finden sich auf S. 53 und S. 269.

Die Schmach der Bankiers

Die zwei größten Banken New Yorks, die Chase und die National City, hatten nach dem Crash einen schweren Stand. Sie teilten die allgemeine Schmach der New Yorker Bankleute, durch ihre »organisierte Unterstützung« die größten Hoffnungen geweckt und dann die größten Enttäuschungen ausgelöst zu haben. Unglücklicherweise standen gerade in diesen Wochen Männer an der Unternehmensspitze, die selbst den Markt in großem Stil manipulierten.

Vielleicht war die Chase Bank noch die glücklichere von beiden. Albert H. Wiggin, abwechselnd Vorstandsvorsitzender und Präsident des Verwaltungsausschusses, war selbst ein großer Spekulant und Marktstratege, agierte allerdings eher im Hintergrund. In den Jahren vor dem Zusammenbruch ging er einige recht lukrative Verbindungen ein. Als erster Mann der Chase erhielt er im Jahr 1929 eine Vergütung von 275 000 Dollar. Er saß aber nebenbei noch auf den Direktorenstühlen von 59 anderen Gesellschaften, Versorgungsbetrieben, Versicherungen und Industrieunternehmen. Von einigen bezog er ebenfalls ein recht erkleckliches Einkommen. Armour and Company bezahlte ihm 40 000 Dollar pro Jahr für seine Mitgliedschaft im Finanzausschuss ihrer Gesellschaft. Von der Brooklyn Manhattan Transit Corporation erhielt er 20 000 Dollar im Jahr, sieben weitere Gesellschaften führten jährlich 2 000 bis 5 000 Dollar an ihn ab.[130] Klugheit, Ansehen und Sympathie waren nicht die einzigen Motive für diese Geschäfte, vielmehr waren die betreffenden Firmen Kunden der Chase Bank oder sogar künftige Schuldner. Die bemerkenswertesten Nebengeschäfte Wiggins waren jedoch eine Reihe von Personengesellschaften, darunter drei private Holdings. In einem Anfall von Sentimentalität benannte er zwei davon mit den Namen seiner Töchter. Drei andere hatte er in Kanada gegrün-

130) Stock Exchange Practices, Bericht, 1934, S. 201f.

det – dies allerdings nicht aus Sentimentalitätsgründen, sondern aus steuerlichen Motiven.[131]

Mit den Aktien dieser Gesellschaften manipulierte Wiggin's auf vielfältige Weise den Markt. Er schloss sich mit Firmen wie Sherman Corporation und Harry Sinclair and A. Cutten zu einem Mammut-Pool zusammen, in den die Stammaktien der Sinclair Consolidated Oil Company eingebracht wurden. Selbst in diesen toleranten Tagen galt Sinclair and Cutten als ziemlich zwielichtiger Geschäftspartner für einen Bankier in Wiggins Position. Ohne nennenswerten Kapitaleinsatz brachte diese Operation Sherman Corporation 891 600 Dollar ein[132].

Für seine spektakulärste Operation setzte Wiggin jedoch die Aktien der Chase Bank selbst ein. Die Wiggin gehörende Sherman Corporation verkaufte zwischen dem 23. September und dem 4. November 1929 rund 42 000 Anteile der Chase Bank auf Termin. Das Geschäft war gut geplant. Die Preise gingen Anfang November wunschgemäß zurück. Wer Aktien auf Termin gekauft und sich den Kaufpreis dafür ebenfalls in Aktien geborgt hatte, der kam dem Crash zuvor und machte gute Geschäfte. Am 11. Dezember 1929 kaufte eine Wiggin-Tochter, die Murlyn Corporation, 42 000 Anteile von einer Chase-Tochtergesellschaft. Dieses Geschäft finanzierte sie mit einer Anleihe von 6,5 Millionen Dollar, die sie bei der Chase Bank selbst und bei der Sherman Corporation aufnahm. Diese Anteile wurden dazu genutzt, Sherman's Leerverkauf zu decken, das heißt die Anleihe für die Wertpapiere zurückzuzahlen. Zu einer Zeit, als es vielen anderen Spekulanten bereits reichlich schlechter ging, betrug der Gewinn aus diesem Manöver über vier Millionen Dollar[133]. Kleinliche Menschen mögen annehmen, der Gewinn sei an die Bank geflossen, um deren Aktie es ging, deren Angestellter

131) Stock Exchange Practices, Anhörungsverfahren, Oktober–November 1933, Teil 6, S. 2877ff.
132) Stock Exchange Practices, Bericht 1934, S. 192f.
133) Stock Exchange Practices, Bericht 1934, S. 188ff.

Wiggin war und die das Geld für dieses Geschäft zur Verfügung stellte. Tatsache war, dass der ganze Ertrag an Wiggin ging. In der Folgezeit trat er dafür ein, Banken sollten ihren eigenen leitenden Angestellten Kredite gewähren, damit diese mit den Wertpapieren ihrer Bank spekulieren konnten. Dies würde das Interesse an der betreffenden Bank wachhalten, erklärte er. Allerdings ist es problematisch, wenn die Bank ihren Angestellten Kredite für Termingeschäfte gewährt. Denn es entsteht die Gefahr, das die Bank bei solchen Geschäften die eigenen Papiere zu niedrigen Kursen an die Angestellten verkauft. Mit anderen Worten: sie sollten fallen. Durch dieses Argument in die Enge getrieben, zweifelte schließlich auch Wiggin daran, dass es gut sei, wenn Angestellte Leerverkäufe mit ihrem eigenen Unternehmen durchführten.

Ende 1932 bot Wiggin an, vom Posten des Verwaltungsratsvorsitzenden zurückzutreten, und verzichtete auf eine Wiederwahl. Der beinahe 65-Jährige meinte hierzu, er habe seine Gesundheit und seine Kraft viele Jahre hindurch strapaziert, um den Wohlstand und das Ansehen der Chase Bank zu fördern[134]. Es ist aber auch möglich, dass Withrop Aldrich, der nun in eine der Spitzenpositionen der Chase einrückte, die Ansicht vertrat, Wiggin sei im Grunde entbehrlich[135]. Aldrich stieß zur Chase Bank durch die Verschmelzung dieses Instituts mit der Equitable Trust Company, die als Handelsbank eher strengere Grundsätze vertrat – sie wurde von den Rockefellers kontrolliert. Im Vorstand der Chase Bank wurde einstimmig beschlossen, Wiggin eine Rente von 100 000 Dollar als Abfindung für sein Ausscheiden zu gewähren. Damit wollte die Bank noch bestehende moralische Verpflichtungen gegenüber Wiggin abgelten[136]. Später stellte sich heraus, dass diese großzügige Geste von Wiggin

134) Stock Exchange Practices, Anhörungsverfahren, Oktober 1933, Teil 5, S. 2304.

135) Albrich erzählte später vor einem Senatsausschuss (committee (ibid., S. 4020)), dass die Meinungsverschiedenheiten zwischen ihm und Wiggins Freunden sowie vermutlich auch zwischen ihm und Wiggin selbst allgemein bekannt waren.

136) Ebenda, S. 2302.

selbst in die Wege geleitet worden war. Nach seinem Ausscheiden schaute man sich vor allem die letzten Jahre seiner Amtszeit ein wenig genauer an. Aldrich, der Nachfolger, war nach eigenen Angaben entsetzt über die Art, die Vielfalt und die Ausdehnung der Geschäfte Wiggins. Er verkündete, die Aussetzung einer Lebensrente an ihn sei ein großer Fehler gewesen. Wiggin verzichtete später dann auch darauf.

Mitchells Niederlage

Verglichen mit der National City Bank waren die Unannehmlichkeiten der Chase geradezu klein. Wiggin von der Chase blieb immer im Hintergrund und war ausgesprochen zurückhaltend, was ihm bei einigen den Ruf einbrachte, er sei ein Gelehrter. Der Chef der National City dagegen, Charles E. Mitchell, war ein kontaktfreudiger Typ, ein Objekt für Schlagzeilen in den Massenblättern. Er war bei jedermann bekannt als der wahre Prophet der neuen Ära.

Im Herbst 1929 machten Gerüchte an der Wall Street die Runde, Mitchell trage sich mit Rücktrittsgedanken. Percy A. Rockefeller, der auch im Direktorium der National City saß und an so mancher heftigen Aktienschlacht teilgenommen hatte, kommentierte kurz, diese Gerüchte seien »zu absurd, um überhaupt ernst genommen zu werden«[137]. In den folgenden zwei bis drei Jahren wurde es allerdings ein wenig stiller um Mitchell. Dann, am 21. März 1933 um neun Uhr abends, wurde er auf Veranlassung des Staatsanwalts Thomas Dewey verhaftet und wegen Steuerhinterziehung angeklagt.

Wie Wiggin hatte auch Mitchell mit den Aktien der eigenen Bank umfangreiche Manipulationen durchgeführt, doch waren bei ihm nicht nur egoistische Motive im Spiel. Das Jahr 1929 war ein Jahr

137) Investment News vom 16. November 1929, S. 546.

der Bankfusionen. Charles Mitchell war nicht der Mann, um diesem Trend zu widerstehen. Im Frühherbst stand die Fusion mit der Corn Exchange Bank vor ihrem Abschluss. Die Vorsitzenden beider Institute waren sich einig, dass nur noch die formelle Ratifizierung durch die Aktionäre fehle. Ihnen ließ man die Wahl zwischen vier Fünfteln einer National-City-Aktie oder 360 Dollar in bar. Da der Kurs der National-City-Aktie zu dieser Zeit bei über 500 Dollar lag, war ziemlich sicher, dass die Aktionäre der Corn Exchange die Variante des Aktientauschs wählen würden.

Dann kam der Schwarze Donnerstag. Die National-City-Aktien fielen auf etwa 425. Jeder Preis unter 450 Dollar (vier Fünftel davon kamen den 360 Dollar in bar gleich) würde die Aktionäre der Corn Exchange veranlassen, den Geldbetrag statt der Aktie zu wählen. Alle Aktionäre der Corn Exchange auszuzahlen hätte die National City 200 Millionen Dollar gekostet. Das war zu viel. So versuchte Mitchell, das Geschäft zu retten, und begann, Aktien der National City Bank zu kaufen. In der Woche nach dem 28. Oktober gelang es ihm, zwölf Millionen Dollar von JP Morgan zu borgen. Mit diesem Geld kaufte er noch mehr Aktien. Zwölf Millionen Dollar waren selbst zu dieser Zeit für Mitchell und JP Morgan eine abschätzbare Größe. Mitchell beanspruchte davon nur zehn Millionen, von denen er wiederum nach ungefähr einer Woche vier Millionen zurückzahlen konnte. Im Nachhinein machten sich wahrscheinlich einige Partner Morgans ihre Gedanken darüber, ob dieser Kredit eine richtige Entscheidung war.

Mitchells Husarenritt zum Vorteil der eigenen Bank schlug fehl. Wie viele andere musste auch er erfahren, wie anders es ist, eine Aktie in Zeiten zu stützen, wenn jeder verkaufen will, verglichen mit jenen Tagen, als noch jeder kaufen wollte. Der Kurs der National-City-Aktie sank tiefer und tiefer. Mitchell gab auf.

In diesen Tagen war kein Platz für falschen Stolz, man dachte nüchtern und sachlich. Unter dem sanften Druck der Geschäftsführung stimmten die Aktionäre der National City Bank der Fusion nicht zu, die zum damaligen Zeitpunkt ein verheerendes Geschäft gewesen wäre. Mitchell blieb auf erheblichen Schulden an Morgan und Co. sitzen. Diese Schulden waren zwar durch Aktien und durch den persönlichen Wertpapierbesitz Mitchells abgesichert. Aber die Kurse fielen laufend weiter, und am Ende des Jahres stand die National-City-Aktie, die Mitte Oktober noch bei 500 lag, bei knapp 200.

Charles Mitchell wurde weiter vom Pech verfolgt. Was früher sein Vorteil war, wurde nun sein Unglück. Als Direktor der National City Bank bezog Mitchell ein relativ bescheidenes Gehalt von 25 000 Dollar. Doch die National City hatte ein System der Gewinnbeteiligung eingeführt, das wohl immer noch als Rekord der Großzügigkeit bezeichnet werden kann. (Diese Zeilen wurden 1954 geschrieben, mittlerweile sind die damaligen Auswüchse längst überholt. Anm. d. Hrsg.) Abzüglich acht Prozent wurden zwanzig Prozent der Gewinne der Bank und ihrer Tochtergesellschaften, zusammengefasst in der National City Company, in einen Verwaltungsfonds eingezahlt. Zweimal im Jahr teilte man den Inhalt dieses Fonds unter den führenden Direktoren auf. Die Prozedur, die zugleich den Schlüssel zu dieser Teilung lieferte, nahm etwa eine halbe Stunde in Anspruch. Jeder Direktor warf zunächst einen unsignierten Zettel in einen Hut. Auf diesem Papier hatte er die Höhe des Anteils angegeben, den er dem Präsidenten Mitchell zukommen lassen wollte. Im zweiten Wahlgang wurden signierte Zettel in den Hut geworfen, auf denen jeder Direktor – er selbst ausgeschlossen – die geschätzten Anteile für seine Kollegen angab. Der Geschäftsführerausschuss der Bank errechnete aus diesen Unterlagen den jeweils tatsächlichen Anteil jedes Direktors und des Präsidenten.

Die Jahre 1928 und 1929 warfen enorme Gewinne ab. Mitchells Kollegen waren der Meinung, der Präsident habe sehr viel geleistet. Die Quote des Vorstandsvorsitzenden im Jahr 1928 belief sich daher auf 1,316 Millionen Dollar. Das Jahr 1929 lief noch besser. Als nach dem ersten Halbjahr der Gewinn-Pool aufgeteilt wurde, konnte Mitchell bereits 1,1 Millionen Dollar[138] auf sein Privatkonto überweisen. Dividenden und andere Geschäfte erhöhten sein Einkommen noch weiter, sodass ihm hier erhebliche einkommensteuerliche Vorteile entstanden. Es wäre ein Leichtes gewesen, Aktien der National City zu verkaufen und wenigstens hier einen Verlust zu konstruieren. Aber Mitchells eigene Papiere waren ja, wie erwähnt, an Morgan and Co. verpfändet.

Mitchell verkaufte trotzdem Aktien – und zwar an seine eigene Frau. 18 300 Exemplare wurden an die wahrscheinlich ahnungslose Dame zu einem Kurs von 212 überschrieben. Buchmäßig bedeutete dies einen Verlust von 2,8 Millionen Dollar. Damit waren die Steuerschulden für das Jahr 1929 kompensiert. Das Haus Morgan wurde von dieser Transaktion natürlich nicht unterrichtet. Später erwarb Mitchell die Aktien zum gleichen Preis von 212 von seiner Frau zurück. Hätte er sie auf dem Markt gekauft, würde er sie für ungefähr 40 bekommen haben. Als er vor einem Senatsausschuss über diese Transaktion befragt wurde, antwortete Mitchell in einem Anflug von Ehrlichkeit, der seinen Rechtsanwalt an den Rand der Verzweiflung brachte: »Wenn ich ehrlich bin, habe ich die Aktien lediglich aus steuerlichen Gründen verkauft.«[139] Diese Ehrlichkeit führte dann einige Wochen später zu seiner Verhaftung. Nach seiner Zeugenaussage trat Mitchell von seinem Posten bei der National City Bank zurück. Der Mitchell-Prozess in New York im Mai/Juni 1933 war eine kleine Sensation. Trotzdem gab es darüber nur wenige Schlagzeilen, denn diese lieferte der neu gewählte Präsident Franklin Delano Roosevelt, der in seiner Antrittsrede drastisch verkündete, er werde »die Geldwechsler aus dem Tempel vertreiben«. Mitchell gilt als erstes Opfer Roosevelts.

Am 22. Juni 1933 sprach das Gericht Mitchell in allen Anklagepunkten frei. Am meisten überrascht über dieses Urteil waren nach

138) Stock Exchange Practices, Bericht, 1934, S. 206.

139) Ebenda, S. 322.

Zeitungsberichten Mitchell selbst und sein Anwalt. In der Urteilsbegründung hieß es, Mitchell habe die Aktienverkäufe gewissermaßen »in gutem Glauben« durchgeführt; sie seien nach den Steuergesetzen als »Bona-fide-Transaktionen« anzusehen. Generalstaatsanwalt Cummings erklärte nach der Urteilsverkündung, er werde trotzdem seinen Glauben an die amerikanischen Gerichte aufrechterhalten.

Mitchell setzte später seine Karriere an der Wall Street als Generaldirektor der Firma Blyth and Company fort. Die Regierung strengte nun einen Zivilprozess gegen ihn an, um ihre Steuerforderungen einzutreiben. Sie erreichte ein Urteil, das auf 1,1 Millionen Dollar für Steuernachzahlungen und Konventionalstrafen lautete. Mitchell legte Berufung beim Obersten Gerichtshof ein, verlor und schloss schließlich Ende Dezember 1938 einen für beide Teile annehmbaren Vergleich mit Washington. Zu seinen Gunsten muss gesagt werden, dass der Trick, mit dem er den Fiskus hintergehen wollte, damals gang und gäbe war.

Aus den Akten der Senatsuntersuchungen in den Jahren 1932 bis 1934 geht hervor, dass zum Zweck der Steuerersparnis eine ganze Reihe von Persönlichkeiten mit Rang und Namen finanzielle Transaktionen mit ihren Ehefrauen durchführten.[140]

Die Wall Street am Pranger

In den Dreißigerjahren hatte die Wall Street viele Feinde. Das ist verständlich, denn es gab Sozialisten und Kommunisten, die der Meinung waren, der Kapitalismus müsse abgeschafft werden. Und ganz offensichtlich hatten sie auch kein Interesse, die kapitalistische Zitadelle, die Börse, zu schonen. Einige Linke waren der Meinung,

140) Ebenda, S. 321f.

ausschließlich die Wall Street – und nur sie allein – sei das große Übel. Andere Sozialisten und Kommunisten wollten weder die Wall Street abschaffen noch kümmerten sie sich um ihre angeblich krummen Touren. Sie freuten sich lediglich, dass es nun den Reichen, den Mächtigen und den Stolzen schlecht ging. Der größte Teil dieser Kritiker gehörte zu den Leuten, die an der Wall Street Geld verloren hatten. Die schlimmsten Feinde der Wall Street waren aber die Apostel des New Deals. Die Regierungen der Präsidenten Coolidge und Hoover hatten noch auf eine mehr oder weniger offene Allianz mit den großen Finanzgruppen Wert gelegt, deren Symbol Wall Street war. Mit dem Beginn des New Deals jedoch wurden die Sünden der Wall Street gleichzeitig die Sünden der politischen Gegner. Alles, was die Wall Street verbrochen hatte, ging jetzt auf das Konto der republikanischen Partei.

Wer das absolut Schlechte in der Wall Street suchte, für den war die Entdeckung, dass die führenden Köpfe der National City und der Chase Bank große Fehler gemacht hatten, geradezu ideal. … Das waren die beiden bekanntesten und einflussreichsten Banken, was konnte günstiger sein, als gerade hier Mängel aufzudecken! Dass deshalb die Vergehen von Wiggin und Mitchell willkommen waren, ist einleuchtend. Doch aus einem undefinierbaren Grund waren nicht sie es, die dem Volk als Hauptverdächtige erschienen. Das Verbrechen der Wall Street war in den Augen ihrer klassischen Feinde weniger ihre Macht als vielmehr ihre Moral. Die Brutstätte der Unmoral, so hieß es, seien nicht die Banken, sondern die Börse. Denn an der Börse spielte man nicht nur mit dem eigenen Geld, sondern mit dem Wohlstand der Nation. Der Aktienmarkt mit seinen Versprechungen eines leicht zu schaffenden Reichtums war es, der auch die anständigen – wenn auch oft nicht sehr klugen – Leute ins Verderben führte, beispielsweise den Kassierer einer New Yorker Bank, der gleichzeitig Kirchenältester war. Das sinnlose Auf und Ab der Börse beeinflusste die Agrarpreise, die Immobilienpreise, die Prolongierung von Wechseln und bisher gesicherter Darlehen. Obwohl für den intellektuell anspruchsvollen Gegner der Wall Street die wirkliche Gefahr bei den Banken lag, hatte die angeblich so gesunde Volksmeinung den New Yorker Aktienmarkt im Visier. Dementsprechend konnte man nur hier den Ursprung des Bösen finden, denn die Börse war die Institution, von der die Öffentlichkeit gerne das Schlechteste annahm.

Die Suche nach einem Börsenschurken ordentlichen Formats, den man als Schuldigen hinstellen konnte, begann im April 1932. Sie wurde vom Senatsausschuss für Bankenwesen und Währung durchgeführt. Er sollte die Praktiken der Börse genauestens untersuchen. Unter der späteren Leitung von Ferdinand Pecora entwickelte sich dieses Komitee zur Geißel der Handels-, der Investment- und der Privatbanken. Aber das war zunächst, als der Ausschuss ins Leben gerufen wurde, nicht vorgesehen. Das ursprüngliche, mehr oder weniger ausschließliche Objekt der Untersuchungen war der Aktienmarkt.

Dieser Teil der Nachforschungen verlief recht unproduktiv. Als die Vernehmungen am 11. April 1932 begannen, trat als erster Zeuge Richard Whitney[141] auf. Am 30. November 1929 hatte der Geschäftsführungsausschuss der New Yorker Börse eine Resolution veröffentlicht, die die »wirkungsvolle und gewissenhafte« Arbeit ihres amtierenden Präsidenten während der letzten stürmischen Wochen würdigte. Es gebe ein altes Sprichwort, so hieß es in der Resolution, wonach »große Notzeiten auch die Männer hervorbringen, die in der Lage sind, mit ihnen fertigzuwerden ...«. Dieses Gefühl der Verpflichtung machte es denn auch unvermeidlich, dass, als Edward H. Simmons als Präsident der Börse im Jahr 1930 nach sechsjähriger Amtstätigkeit zurücktrat, Whitney als sein Nachfolger gewählt wurde. Als Präsident der Börse fiel es nun in seinen Aufgabenbereich, im Frühjahr 1932 den Aktienmarkt vor seinen hartnäckigen Kritikern zu schützen.

141) Stock Exchange Practices, Anhörungsverfahren, April 1932, Teil 1, S. 1ff.

Whitney erwies sich in mehrerlei Hinsicht als recht unbequemer Zeuge. Er gab nicht den geringsten Fehler bei den Transaktionen der Börse zu, nicht einmal die Möglichkeit, dass er sich vielleicht geirrt habe. Zwar lieferte er die Informationen, die von ihm erwartet wurden, aber er war nicht sonderlich gesprächig, als die Senatoren versuchten, die Mysterien der Terminverkäufe, der Optionen, der Pools und der Syndikate aufzudecken. Einmal schien er der Meinung zu sein, diese Dinge überstiegen die Intelligenz eines Senators, dann wieder deutete er an, alles wäre so einfach, dass jeder intelligente Schuljunge es verstehen könne und es sei ihm peinlich, diese Offensichtlichkeiten nochmals erläutern zu müssen. Auch war er so unklug, sich in eine Diskussion über Wirtschaftsphilosophie mit Senator Smith W. Brookhart von Iowa einzulassen, der zutiefst überzeugt war, dass die Börse eine Erfindung des Teufels sei. Die Regierung und nicht die Wall Street sei verantwortlich für die gegenwärtigen schlechten Zeiten, behauptete Whitney und er glaube, die Regierung könnte ihren größten Beitrag zur Erholung der Lage leisten, indem sie das Budget ausglich und so das Vertrauen wiederherstellte. Zu diesem Zweck empfahl er, die Pensionen und Vergünstigungen derjenigen Veteranen zu kürzen, die sich ihr Leiden nicht im Kriegsdienst zugezogen hatten und trotzdem auf Staatskosten lebten.

Gefragt, ob nicht auch sein Gehalt gekürzt werden solle, meinte er nein, es sei sehr gering. Als man dann nachhakte und die Höhe seines gegenwärtigen Einkommens wissen wollte, sagte Whitney, es seien nur etwas über 60 000 Dollar. Nun macht man ihn darauf aufmerksam, dass dies sechsmal so hoch sei wie das Einkommen eines Senators. Aber Whitney bestand stur auf seiner Forderung, die öffentlichen Gehälter einschließlich der Bezüge der Senatoren zu kürzen.[142]

142) Stock Exchange Practices, Anhörungsverfahren, February–March 1933, Teil 6, S. 2235ff.

Trotz Whitneys eigensinnigen Verhaltens – oder vielleicht gerade deshalb – blieben die verschiedenen Vernehmungen ziemlich ergebnislos. Man entdeckte weder besondere Verfehlungen noch gelang es, auch nur einen einzigen Schuldigen ausfindig zu machen. Vor dem Crash habe er zwar allgemein von Syndikaten oder Pools gehört, erzählte Whitney, aber genaue Angaben könne er hierzu nicht machen. Er versicherte dem Komitee wiederholt, dass die Börse diese und alle anderen Dinge unter Kontrolle gehabt habe. Er stand damit im krassen Gegensatz zu Senator Brookharts Auffassung, wonach die Börse eine Spielhölle sei und überhaupt geschlossen werden sollte. Whitney durfte schließlich gehen, bevor seine Zeugenaussage vollständig war.

Als sich abzeichnete, dass die Befragung Whitneys völlig ergebnislos blieb, nahm das Komitee die berühmten Marktspekulanten ins Visier. Doch auch hier blieben die Ergebnisse enttäuschend. Alles, was bewiesen werden konnte, war etwas, das sowieso schon jeder wusste: Bernard E. Smith, M. J. Meehan, Arthur W. Cutten, Harry F. Sinclair, Percy S. Rockefeller und viele andere waren in größere Transaktionen verwickelt, deren alleiniger Zweck es war, den Markt hochzupushen. Harry F. Sinclair zum Beispiel konnte nachgewiesen werden, dass er in ausgedehnten Operationen mit Sinclair Consolidated Oil verwickelt war. Es war unmöglich sich vorzustellen, Harry F. Sinclair wäre nicht in irgendein undurchsichtiges Manöver der Hochfinanz verstrickt gewesen. So sehr diese Aktionen zu tadeln waren, so darf man nicht vergessen, dass noch drei Jahre zuvor die gleichen Geschäfte mit größter Hochachtung bestaunt wurden. Das Problem, dem man sich hier gegenübergestellt sah, hatte gewisse Ähnlichkeit mit der großen Jagd auf Kommunisten Ende der 1940er-Jahre. Auch damals war man sehr erstaunt darüber, denn kurze Zeit zuvor war die Sowjetunion doch noch der tapfere sowjetische Alliierte gewesen.

Freilich boten die großen Strategen des Marktes keinen besonders sympathischen Anblick, als sie vor Gericht erschienen. Arthur

Cutten zeigte dort ein ausgesprochen schlechtes Gedächtnis. M. J. Meehan klagte über seine angegriffene Gesundheit und fuhr versehentlich ins Ausland, als er eigentlich nach Washington kommen sollte. Später entschuldigte er sich höflich für seinen Irrtum. Auch von den anderen konnten sich sehr wenige an ihre Operationen erinnern, so »napoleonisch« diese auch einst der staunenden Umwelt erschienen waren.

Diese Leute konnte man aber nicht deshalb anklagen, weil sie unsympathisch erschienen. Das zweifelhafte Benehmen und das schlechte Gedächtnis der einstigen Herren der Börse schafften es nicht, den Ruf der New Yorker Börse gänzlich zu ruinieren. Ein schlechter Eindruck von einem Kunden, Tippgeber oder Buchmacher führt auch nicht gleich dazu, die Institution als Ganzes zu verteufeln.

Wenn es in früheren Jahren Schwierigkeiten am Aktienmarkt gab, gerieten teilweise auch einzelne an der Börse gelistete Unternehmen in Konkurs, gelegentlich sogar dutzendweise. Doch in der ersten Woche des Crashs von 1929 musste keine einzige Mitgliedsfirma der New Yorker Börse schließen, ausgenommen ein kleineres Unternehmen, das der allgemeinen Panik zum Opfer fiel. Einige Kunden hatten sich auch wegen schlechter Behandlung beschwert. Aber es gab viel mehr Firmen, die selbst in den schlimmsten Tagen bei ihren Maklern noch anschreiben ließen, nachdem ihre Deckungskonten bereits zusammengebrochen waren. Die Geschäftsmoral der Börsenmitglieder lag Ende der Zwanzigerjahre noch immer weit über dem Durchschnitt. Vielleicht hätten die Börsenfirmen rigoroser sein können. Vielleicht ist das die beste Erklärung dafür, dass die Börse die Untersuchungen der Dreißigerjahre so gut überstanden hat. Sicherlich, sie kam nicht ungeschoren davon, aber sie wurde nicht so sehr mit Schmach überhäuft wie die großen Bankiers. Die Untersuchung durch den Kongress brachte an der Börse keinen Missetäter an den Tag, der als Schwarzer Peter hätte dienen können. Erst am 10. März 1938 stellte der Distriktanwalt Thomas

E. Dewey, der schon Charles Mitchell festgenommen hatte und in dem Ruf stand, die rächende Nemesis der Wall Street zu sein, Richard Whitney »wegen umfangreichen Diebstahls« unter Anklage.

Der Fall Whitney ...

Die plötzliche Eile, mit der man Whitney verhaftete, zeigt, wie sehr man darauf drängte, endlich das Böse des Aktienmarktes zu entlarven. Am Tag nach seiner Verhaftung wurde Whitney pro forma noch einmal festgenommen, und zwar durch den New Yorker Generalstaatsanwalt J. Bennett. Dieser hatte ebenfalls die jüngste Vergangenheit Whitneys untersucht und warf Dewey vor, lediglich einen einzigen strafbaren Tatbestand berücksichtigt, die anderen aber vernachlässigt zu haben. In den folgenden Wochen zitierte so gut wie jede öffentliche Körperschaft und jedes Tribunal, das einen einigermaßen plausiblen Grund anführen konnte, Whitney vor die Schranken, damit er sich dort wegen seiner Missetaten verantworte. Die Story von Richard Whitneys Unglück gehört in ihren Einzelheiten nicht zu dieser Geschichte. Vieles davon fand erst nach der Zeit statt, mit der sich vorliegendes Buch befasst. Hier sollen nur die Operationen betrachtet werden, die mit dem Aktienmarkt in Verbindung standen.

Whitneys Unredlichkeit hatte eher den Charakter gelegentlicher Lausbubenstreiche. Seine Teilhaber, die diese Tage miterlebt hatten, erklärten, er habe einfach nicht glauben wollen, dass die Spielregeln, nach denen sich alle richteten, auch für ihn gelten sollten. Viel schockierender als seine Unehrlichkeit war jedoch die Tatsache, dass er einer der schädlichsten Geschäftemacher der modernen Börsengeschichte war. Diebstahl war noch sein kleinstes Übel.

Anfang der Zwanzigerjahre war die Firma von Whitney and Co. in der Wall Street ein recht kümmerlicher Laden für Obligationen.

Whitney hatte wohl das Gefühl, dass diese Tätigkeit für seine unbändige Phantasie nicht genügend Spielraum bot. So stieg er bald in andere Unternehmungen ein, zum Beispiel in Mineralölgeschäfte. Er interessierte sich auch für die Großdestillation alkoholischer Getränke, vor allem für Apple Jack in New Jersey. Whitney hatte wenig Glück. Bekanntlich ist nichts so gefährlich wie illiquide Firmen, und von ihnen besaß Whitney drei. Um sie über Wasser zu halten, borgte er Geld von Banken, Investmentbanken, von anderen Börsenmitgliedern und am meisten von seinem Bruder George Whitney, einem Partner von JP Morgan & Co. Die Summe der Kredite, die er so seit Beginn der Zwanzigerjahre aufgenommen hatte, gingen in die Millionen, und viele davon waren ungesichert. Mit der Zeit geriet Whitney zunehmend unter Druck. Wenn ein Kredit fällig war, wurde er gezwungen, ihn mit einem anderen abzudecken. Er musste also immer weiter und immer mehr Geld borgen, allein um die Zinsen aufzubringen. Erst Anfang 1933 ging sein Geschäft in der Wall Street endgültig bankrott, obwohl das Unternehmen schon seit fünf Jahren zahlungsunfähig war.[143]

Wie so viele andere, lernte auch Whitney schließlich, was es kostet, in einem fallenden Markt Aktien zu stützen. Im Jahr 1933 erwarb Richard Whitney & Co. zwischen 10 und 15 000 Anteile der Distilled Liquors Corporation, New Jersey. Der Preis lag bei 15 Dollar pro Aktie. Im Frühjahr stieg das Papier überraschend auf 45. Whitney hatte nichts Besseres zu tun, als das Aktienpaket sofort als Sicherheit für neue Kredite einzusetzen. Das Geschäft musste schiefgehen: Vier Jahre später waren die Aktien keinen Cent mehr wert.

Im Herbst 1937 hatte er ein großes langfristiges Darlehen von seinem Bruder bekommen, um Wertpapiere auszulösen, die zum Stiftungsfonds gehörten, einem Fonds, der beim Tod von Börsenmitgliedern Zahlungen leistet. Diese Papiere hatte Whitney für

143) Diese Angaben sind entnommen aus: Securities and Exchange Commission in the Matter of Richard Whitney, Edwin D. Morgan, Etc., Band I, Untersuchungsbericht, Washington 1938.

einen Bankkredit verpfändet und war nun verzweifelt auf der Suche nach Leuten, die ihm Geld leihen sollten. Die Gerüchteküche vermeldete, dass es ihm sehr schlecht gehe. Trotzdem gab es am 8. März 1938 erstaunte Gesichter, als Präsident Charles R. Gray die Streichung von Richard Whitney & Company aus der Kursliste meldete und die Gesellschaft für insolvent erklärte. Die Wall Street war noch viel mehr entsetzt, als man erfuhr, dass Whitney seit Jahren in großem Stil Gelder beiseitegeschafft hatte. Geradezu selbstmörderisch enthüllte Whitney seine Transaktionen mit schonungsloser Offenheit, weigerte sich, irgendein Gesuch zu seiner Verteidigung einzureichen und verschwand für immer von der Bildfläche.

... und der Fall Alger Hiss

Der Bankrott der kleinsten Provinzbank kann viel mehr persönliche Entbehrung, Angst und Not auslösen als die Insolvenz eines Richard Whitney. Dessen Opfer konnten sich nämlich alle diesen Verlust leisten. Die Summen, die er veruntreut hatte, so beachtlich sie auch waren, brachten ihn nicht in eine Reihe mit den großen Betrügern dieser Tage. Sie waren bei Weitem nicht zu vergleichen mit dem Diebstahl eines Ivar Kreuger. Doch vom Standpunkt der Ankläger der Wall Street aus gesehen waren seine Betrügereien geradezu ideal. Selten wurde ein Verbrechen freudiger aufgenommen. Die Identifikation Whitneys mit der Börse, dem symbolischen Zentrum der Sünde, passte ausgezeichnet ins Konzept der Börsengegner. Darüber hinaus war er ihr Präsident und ihr kompromissloser Verteidiger vor dem Kongress und vor dem Volk gewesen. Der Republikaner Whitney, lose assoziiert mit dem Finanzblock von JP Morgan & Company, war immer an vorderster Front, wenn es um die Ehrlichkeit ging. Als er im Jahr 1932 in St. Louis eine Rede hielt

– zu einer Zeit, da seine Betrügereien schon vorangeschritten waren –, erklärte Whitney noch im Brustton der Überzeugung, eine der ersten Grundbedingungen sei es, dass in einem großen Markt die Makler ehrlich und verantwortungsbewusst seien. Er sehne den Tag herbei, an dem die finanzielle Kontrolle der Börsenmitglieder durch die Börse so streng sei, dass damit Konkurse so gut wie unmöglich würden.[144]

Schließlich wurde Whitney auch von seinen eigenen Mitarbeitern nicht mehr ernst genommen. Die letzte Würde büßte er ein, als er versuchte, von dem Kursspekulanten Bernard E. Smith Geld zu borgen. Smith, bestenfalls eine zweitrangige Persönlichkeit, sagte später zu einem Mitglied der Börsen- und Wertpapierkommission: »Er kam nach oben, um mich zu besuchen, und sagte, er würde gerne 250 000 Dollar auf sein ehrliches Gesicht hin von mir borgen. Ich meinte, dabei würde er aber seinen Kopf sehr hoch bewerten. Er erwiderte, das Wasser stehe ihm bis zum Hals und er müsse einfach die 250 000 Dollar haben. Ich sagte ihm, er hätte Nerven, mich um 250 000 Dollar anzupumpen, wo er mich doch sonst kaum grüßt. Ganz offen erklärte ich ihm, dass er mir unsympathisch ist und ich ihm nicht einen einzigen Cent leihen werde.«[145] Wäre darüber abgestimmt worden, welcher Mann am meisten dazu beigetragen hat, die Wall Street zu diskriminieren, so hätte Whitney mit großem Vorsprung gewonnen.

Die Parallele zwischen Whitney und einem der jüngsten Beschuldigten in der US-Geschichte ist interessant. In den Dreißigerjahren arbeiteten die Anhänger des New Deals mit großem Eifer daran, die finanziellen Unredlichkeiten der Opposition aufzudecken. Mit dem gleichen Eifer enthüllten in den Jahren nach 1945 die Republikaner, dass es unter den New Dealern die größten Kommunisten gebe. So

144) Richard Whitney: The New Stock Exchange, Vortrag vor dem Industrial Club of St Louis und der Handelskammer von St. Louis, St. Louis 27. September 1932.

145) Securities and Exchange Commission, Protokoll des Anhörungsverfahrens, Band II, a.a.O, S. 822f.

kam es, dass ein Jahrzehnt später Alger Hiss das Pendant zu Richard Whitney wurde. Beide spielten geradezu vorbildlich dem jeweiligen Klassenfeind in die Hände. Jeder von ihnen war von seiner Herkunft, seiner Bildung und seinem Umfeld her charakteristisch für seine Klasse. Whitney dürfte, vom Standpunkt seiner Gegner aus betrachtet, eine mehr Genugtuung hervorrufende Figur gewesen sein als Alger Hiss. Von Washington aus gesehen war Hiss ein ausgesprochener Routinier. Sein Ruhm als globaler Staatsmann wurde erst später erzeugt, und auch zwei lange Gerichtsverfahren machten ihn bekannt.

Weder die Tatsache, dass Whitney nachgewiesenermaßen Wertpapiere gestohlen hatte, noch der Umstand, dass Hiss Dokumente entwendet hatte, beweisen, dass ihre Freunde, Mitarbeiter oder Zeitgenossen das Gleiche taten. Im Gegenteil: es zeigte sich, dass die Mehrheit der Makler aus einer verinnerlichten Gewohnheit ehrlich blieb und die meisten New Dealer weit davon entfernt waren, mit den Russen zusammenzuarbeiten. Einige wünschten sich lediglich, einmal in der russischen Botschaft zum Kaviar-Essen eingeladen zu werden. Beide, die Liberalen und die Konservativen, die Linken und die Rechten, hatten nur persönliche Erfahrungen mit dem symbolischen Bösen. Gemäß einer alten, aber noch immer gültigen Regel sollte jedermann zu dem Schluss kommen, dass das Verbrechen immer die Tat einer Einzelperson ist und nicht die kollektive Schuld einer ganzen Klasse.

Washington beugt vor

Die Affäre Withney brachte eine entscheidende Wende in die Beziehungen zwischen der Börse und der Regierung und bis zu einem gewissen Grad auch zwischen der Börse und der allgemeinen Öffentlichkeit. Mit dem Security Act von 1933, dem neuen Wertpapiergesetz und noch umfassender mit dem Security Exchange Act von 1934 versuchte die Regierung, besonders spektakuläre Exzesse wie die von 1928 und 1929 für die Zukunft zu unterbinden. Bei der Ausgabe neuer Wertpapiere wurde völlige Transparenz verlangt. Doch wie sie künftige Investoren dazu bringen sollte, diese Veröffentlichungen auch zu lesen, wusste auch der Gesetzgeber nicht. Interne Geschäftstätigkeit und Fixgeschäfte in der Art, wie sie Wiggin abzuschließen pflegte, schloss das Gesetz aus. Das Federal Reserve Board bekam die Vollmacht, den Einschussbedarf im Termingeschäft festzusetzen. Dieser Einschussbedarf konnte, falls erforderlich, 100 Prozent betragen und so bestimmte Termingeschäfte ganz ausschließen. Börsenscheingeschäfte, die Verbreitung von Tipps oder gesteuerten Falschmeldungen sowie andere Manöver, die die Kurse künstlich beeinflussten, waren verboten. Handelsbanken mussten ihre Geschäfte säuberlich von den Wertpapiertransaktionen trennen. Das Wichtigste an diesem Gesetz aber war, dass die New Yorker Börse und die anderen Börsen unter staatliche Aufsicht gestellt wurden und dass die Wertpapier- und Börsenkommission das Recht hatte, diese Aufsicht durchzuführen. Das war für einige eine bittere Medizin. Zudem haben die Regulierungsbehörden, genauso wie die Personen, die diese einschließen, einen markanten Lebenszyklus. In ihrer Jugend sind sie dynamisch, aggressiv, evangelisch und sogar intolerant. In ihren späteren Jahren sind sie abgeklärt und im Alter – nach etwa zehn bis fünfzehn Jahren – werden sie, mit einigen Ausnahmen, entweder zum Arm des Gewerbes, das sie führen, oder sie werden senil. Die Börsenaufsicht (SEC) handelte besonders offensiv. Nach all dem stellte sich die Wall Street für jede junge Regulierungsbehörde als anspruchsvoller Gegner heraus. Bis zur Affäre Whitney hätte die Wall Street – natürlich mit Ausnahmen – zurückschlagen können. Sie bestand auf ihrem Recht, generell als Finanzierungsinstitution und speziell als Wertpapiermarkt, ihre Angelegenheiten nach eigenem Gutdünken zu regeln und sich selbst zu verwalten. Am Abend vor der öffentlichen Bekanntgabe von Whitneys Verhaftung reisten Charles R. Gay, der Präsident der Börse, und Howland S. Davis, der Vorsitzende des Verwaltungsausschusses, nach Washington. Dort legten sie die unerfreuliche Nachricht über Whitney den Abgeordneten William O. Douglas und John W. Hanes vor, die beide im Börsenkomitee saßen. Dieser Gang nach Canossa bedeutete nicht nur symbolisch, sondern auch faktisch die Kapitulation der Börse. Der Kalte Krieg um die Steuerung der Wall Street war damit zu Ende, und er wurde nie wieder aufgenommen.

Einerseits trugen die Verfehlungen Whitneys ihren Teil zum Sieg des New Deals bei der Herausgabe neuer Vorschriften und Durchführungsverordnungen bei und dienten darüber hinaus dazu, den ursprünglichen Verdacht von der moralischen Verderbtheit der Börse zu bestätigen. Andererseits war es Glück für die Wall Street, dass dies alles erst so spät eintrat. Bereits im Jahr 1938 flaute der Angriff des New Deals auf die Großindustrie wieder ab. Einige Apologeten der ursprünglichen Angriffsfront machten sich gerade daran, ihre Ansprachen wieder ein wenig in Richtung freies Unternehmertum zu überarbeiten. Damals galt im New Deal die Lehre, dass alle notwendigen wirtschaftlichen Reformen nun im Anlaufen seien, und was hier noch nicht Gesetzeskraft habe, werde vom Kongress bald verabschiedet. Weitere Reformen des Wertpapiermarktes standen nicht auf der Tagesordnung. Seitdem sieht die Wall Street mit Liebe heischenden Blicken nach Washington, doch Washington schaut nur mit ausdrucksloser Miene zurück. (Auch das hat sich seit den 1980er-Jahren stark geändert. Anm. d. Hrsg.)

Kapitel 9

Ursache und Wirkung

Auf den Crash folgte die Depression, die mit wechselnder Intensität ungefähr zehn Jahre dauerte. Das Bruttoinlandsprodukt war im Jahr 1933 ungefähr ein Drittel niedriger als 1929. Erst 1937 erreichte es wieder den Stand von 1929, fiel dann aber sofort wieder. Bis 1941 blieb dann der Dollar-Wert des Produktionsvolumens unter dem Stand von 1929. Nur einmal zwischen 1930 und 1940, nämlich 1937, ging die Arbeitslosenquote auf unter acht Millionen zurück. Fast 13 Millionen Menschen hatten im Jahr 1933 keine Arbeit, jeder vierte Amerikaner war arbeitslos. 1938 war immer noch eine von fünf Personen ohne Arbeit.[146]

In dieser trostlosen Zeit wurde das Jahr 1929 zum Mythos. Man wünschte sich die Zeit von 1929 zurück. Leute mit mutmaßlichem Weitblick taten in jenen Jahren bei feierlichen Anlässen kund, das Jahr 1929 sei für die Amerikaner gerade gut genug gewesen.

Die Börsenkrise ist viel leichter zu erklären als die ihr folgende Depression. Unter den Fragen, die mit den Auswirkungen der Krise in Zusammenhang stehen, ist keine schwieriger zu beantworten

146) Economic Indicators: Historical and Descriptive Supplement, Joint Committee on the Economic Report, Washington 1953. (Dt.: Wirtschaftsindikatoren: Geschichtliche und erklärende Ergänzung, Gemeinsamer Ausschuss für den Wirtschaftsbericht.)

als die, wer für den Crash verantwortlich war. Unter den Problemen, die sich bei der Abwägung der Gründe für den wirtschaftlichen Niedergang ergeben, ist keines schwieriger als die Frage, wem die Verantwortung für den Crash zuzuordnen ist. Die Nationalökonomie hat darauf noch keine endgültige Antwort gegeben. Trotzdem kann einiges dazu gesagt werden.

Spekulation und Vertrauen

Wie schon mehrfach erwähnt, hat die Spekulation, die dem Crash vorausgegangen war, den Keim des Zusammenbruchs bereits in sich getragen. Bei der Spekulation selbst war lediglich fraglich, wie lange sie dauern würde. Das war eine Frage des Vertrauens in die kurzlebige Realität der steigenden Aktienkurse. Brach dieses Vertrauen zusammen, so war klar, dass die Leute verkaufen würden, und genau das genügte, um die Realität der steigenden Werte zu zerstören. Aktienbesitz allein mit dem Ziel, Wertsteigerungen zu erzielen, wurde dann uninteressant. Die neue Realität hieß: sinkende Kurse. Jeder will verkaufen, um den immer wertloser werdenden Besitz abzustoßen. Diesen Weg sind bisher alle Spekulationsorgien gegangen. So war es auch im Jahr 1929, und so wird es auch in Zukunft sein.

Umstritten ist auch die Frage, warum gerade 1928 und 1929 die Spekulation so blühte. Lange Zeit galt die Erklärung, das, was die Leute angeregt habe Geld zu borgen und Stammaktien zu kaufen, seien die billigen Kredite gewesen. Das ist Unsinn. Es hat vorher und nachher immer wieder Zeiten gegeben, in denen die Kredite günstig waren, aber keine Spekulation stattfand. Darüber hinaus wurde so manche Spekulation in den Jahren 1928 und 1929 mit Geld ausgelöst, das noch zu alten, weit unattraktiveren Zinssätzen geliehen war. Gemessen am durchschnittlichen Maßstab war das Geld in den späteren Zwanzigerjahren sogar ziemlich knapp.

Viel wichtiger als Zinssatz und Kreditversorgung ist die innere Einstellung. Spekulation auf breiterer Basis verlangt ein gewisses Vertrauen, Optimismus und die Überzeugung, dass auch Otto Normalverbraucher die Chance hat, reich zu werden. Wer sich auf dem Aktienmarkt betätigen wollte, musste auch den Glauben an die guten Absichten und das Wohlwollen der anderen besitzen, denn es war ja die Hilfe anderer, durch die er reich werden wollte. Professor Dice bemerkte im Jahr 1929: »Das einfache Volk glaubt an seine Leitfiguren. Wir betrachten die Industriekapitäne nicht mehr als überdimensionale Gauner. Haben wir nicht ihre Stimmen im Radio gehört? Kennen wir nicht ihre Gedanken und Ambitionen, die sie so dargelegt haben, wie man sonst nur zu guten Freunden spricht?«[147] Solch ein Vertrauen ist Voraussetzung für eine Hausse. Sind die Leute vorsichtig, misstrauisch, grüblerisch und misanthropisch, werden sie immun gegenüber der Spekulationsbegeisterung.

In diesem Fall muss es auch gut bestückte Sparkonten geben. Auch wenn die Spekulation auf geliehenem Vermögen beruht, so muss sie doch von einem gewissen Kapital genährt werden. Wachsen die Sparguthaben schnell an, legen die Anleger häufig wenig Wert auf eine stabile Verzinsung, sondern neigen verstärkt dazu, einen Teil dieses Vermögens zu riskieren, wenn Aussicht auf einen größeren Gewinn besteht. Solide Wohlstandsperioden sind daher viel anfälliger für die Spekulation als beispielsweise die erste Phase des Aufschwungs nach einer Depression. Macauley vermerkte, dass zwischen der Stuart-Restauration und der »Glorious Revolution« die Engländer ratlos waren, was sie mit ihren Ersparnissen anfangen sollten und die »natürliche Auswirkung dieser Umstände war, dass eine Ansammlung von Planern – geistreich und töricht, ehrlich und betrügerisch – sich berufen fühlte, neue Maßnahmen zu erfinden, wie überschüssiges Kapital einzusetzen sei«.

147) New Levels in the Stock Market, S. 257.

Diese Faustregel galt auch für die South Sea Bubble der Briten, die sich aus einer Wohlstandsperiode heraus entwickelte und dann wie eine Seifenblase platzte.[148]

Spekulative Ausbrüche mit anschließendem Katzenjammer ziehen meist eine nachhaltige Immunisierung nach sich. Der Zusammenbruch nach dem Boom vernichtet jene mentale Einstellung, die für die Entwicklung der Spekulation notwendig ist. Deshalb ist ein solches Spekulationsgewitter oft eine vernünftige Prophylaxe gegen einen baldigen Rückfall. Verblasst die Erinnerung, so wird auch die Immunisierung wieder schwächer. Nichts hätte die Amerikaner dazu bringen können, etwa im Jahr 1935 ein neues spekulatives Abenteuer an der Börse zu wagen. Im Jahr 1955 zum Beispiel wären die Voraussetzungen für einen neuen Boom dagegen wesentlich besser gewesen.

Die Zyklentheorie

Wie schon erwähnt, ist es einfacher, eine Hausse und den nachfolgenden Eindruck zu erklären als ihre Bedeutung für die folgende Depression. Die Gründe für die Große Depression sind weiterhin alles andere als bekannt. Trotzdem gibt sich die vorhandene Literatur über diese Zeitspanne sehr selbstsicher. Darin wird viel darüber geredet, was schiefgegangen ist und warum es schiefgehen musste. Paradoxerweise kann dies aber auch ein Anzeichen von Unsicherheit sein.

Wenn Menschen unsicher sind, werden sie oft dogmatisch. Wir wussten noch nie so richtig, was die Russen vorhaben. Aber wir sind uns immer ganz sicher, was sie in der nächsten Zeit tun werden. So ähnlich ist es auch in der Wirtschaft. Bei der Deutung der Ereignis-

148) Walter Bagehot: Lombard Street, S. 130; Der Ausspruch von Macaulay, Zitat siehe oben, ebenda, S. 128.

se nach dem Jahr 1929 kann deutlich zwischen Erklärungen unterschieden werden, die richtig sein könnten und solchen, die offensichtlich falsch sind.

Bereits vor dem Crash war die Ansicht stark verbreitet, dass die 1930er-Jahre schlecht werden würden. Es hatte sieben fette Jahre gegeben, nun mussten gemäß einem okkulten oder biblischen Gesetz des Ausgleichs sieben magere Jahre folgen. Vielleicht sind diese unterbewussten Schwingungen, die für den Aktienmarkt unter anderem gültig sein mögen, bisweilen auch für die Konjunktur zutreffend. Da der Markt in den Jahren 1928 und 1929 die Realität weit übertraf, musste er irgendwann wieder zur Wirklichkeit zurückkehren. Diese Ernüchterung ist ebenso schmerzhaft, wie Illusionen trügerisch sind.

Es gibt auch die wenig differenzierte Überzeugung, dass das Wirtschaftsleben von einem festen Rhythmus beherrscht wird. Danach zerstört sich der Wohlstand nach einer gewissen Zeit selbst, wie auch die Depression sich selbst wieder korrigiert. 1929 ging die Wohlstandsperiode in Übereinstimmung mit diesem Diktat der Wirtschaftszyklen zu Ende. So lautete das Glaubensbekenntnis, das die Mitglieder der Harvard-Gesellschaft bereits im Frühjahr 1929 abgaben, als sie zu dem Schluss kamen, ein Rückschlag sei überfällig.

Keine dieser Auffassungen kann ernsthaft unterstützt werden. Weil die 1920er-Jahre relativ gut liefen, musste nicht unbedingt die folgende Dekade depressiv werden. Ein solcher Wechsel ist in der kapitalistischen Wirtschaft zwar normal, aber ein Gesetz der Regelmäßigkeit ist bei diesen Bewegungen kaum feststellbar. Es wird aber oft unterstellt.[149] Es gibt keinen vorgeschriebenen Rhythmus, der nach 1929 den Zusammenbruch und zwischen 1930 und 1940 die Depression forderte.

149) »At present it is less likely that the existence of business cycles will be denied than that their regularity will be exaggerated«. Wesley Clair Mitchell: Business Cycles and Unemployment, New York 1923, S. 6. (Dt.: Gegenwärtig ist es eher unwahrscheinlich, dass die Existenz geschäftlicher Zyklen geleugnet wird, aber umso mehr möglich, dass man ihre Regelmäßigkeit übertrieben hervorhebt.)

Auch war nicht wahr, dass die Wirtschaft der USA wegen ihres hohen Leistungsniveaus in der Vergangenheit 1929 einem solchen Druck oder solcher Anspannung ausgesetzt war, dass ein Niedergang zwingend folgen musste. Eine gewisse Glaubwürdigkeit hat die Idee, jede Wirtschaft habe ab und zu eine Ruhepause nötig, in der sie neue Kräfte sammeln kann. Ein Wirtschaftler, der zu Präsident Eisenhowers persönlichem Stab gehörte, erklärte im Sommer 1954, die (seinerzeitige) Rezession verhelfe der Wirtschaft nach den ungewöhnlichen Anstrengungen der vergangenen Jahre zu einer wohlverdienten Ruhepause. Aber im Jahr 1929 waren die Arbeiter und Angestellten nicht ermüdet, sie hätten auch weiterhin unbegrenzt produzieren können. Die wichtigsten Fabriken des Landes waren in vollem Umfang leistungsfähig, die meisten waren in den Jahren davor erneuert und verbessert worden. Die Stagnation in der Industrie kam erst in den späteren Jahren der Depression, nachdem die Neuinvestitionen immer stärker eingebrochen waren; 1929 jedoch waren die Unternehmer noch voller Tatendrang.

Weil sich also Menschen, Material, Fabriken und Führungskräfte jeder größeren Anstrengung gewachsen fühlten, war eine Ruhepause nicht erforderlich. Auch lief die hohe Produktion der 1920er-Jahre den Bedürfnissen der Bevölkerung nicht davon, wie zuweilen angenommen wurde. Es gibt keinen Beweis dafür, dass die Nachfrage nach Autos und Kleidern, nach Reisen und Erholung oder sogar nach Nahrungsmitteln gesättigt war, im Gegenteil: Gemessen am verfügbaren Einkommen hätte die Kapazität der Industrie sogar noch eine Ausweitung vertragen. Eine Depression war also nicht nötig. Mit anderen Worten: Die Produktionskapazitäten entsprachen dem Kaufwillen der Bevölkerung.

Was gab den Anstoß?

Worin liegen also die plausiblen Ursachen der Depression? Hierzu muss man zwei Fragen stellen. Erstens: Warum ging die wirtschaftliche Aktivität 1929 zurück? Zweitens, und diese Frage ist noch wichtiger als die erste: Warum brach sie, nachdem sie Ende 1929 erlahmte, weiter ein und blieb ein volles Jahrzehnt auf dem Tiefpunkt?

Der Federal-Reserve-Index, der beste Wertmesser wirtschaftlicher Aktivität und industrieller Produktion, erreichte im Juni 1929 seinen Höhepunkt. Dann fiel er bis zum Jahresende gleichmäßig zurück. Andere Wirtschaftsindikatoren wie die Lohnlisten der Fabriken, der Frachten-Markt oder die Warenhaus-Umsätze zeigten, dass der Trend erst im Oktober oder noch später klar nach unten ging. Dennoch, die Volkswirtschaftler, unterstützt von der Autorität des Nationalen Instituts für Wirtschaftsforschung[150], bestehen allgemein darauf, dass sich die amerikanische Wirtschaft bereits im Frühsommer vor dem Börsenkrach in einem Schwächezustand befunden habe.

Diese Schwächung kann man auf verschiedene Weise erklären. Eine wäre: Die industrielle Produktion habe im Sommer 1929 die Nachfragekapazität der Verbraucher überschätzt. Möglicherweise hätten einige Konzerne in ihrer Begeisterung über den Boom die voraussichtliche Zunahme der Nachfrage missdeutet und größere Warenstände als erforderlich aufgebaut. Demzufolge schränkten sie als Erste ihre Käufe ein, was wiederum zu einem Produktionsrückgang führte. Kurzum, der Sommer 1929 markierte den Beginn des allgemein bekannten Rückgangs der Lagerbestände. Doch diese Beweisführung ist nicht schlüssig, denn die verfügbaren Werte waren zum damaligen Zeitpunkt sehr begrenzt. Die Warenhausumsätze

150) Geoffrey H. Moore: Statistical Indications of Cyclical Revivals and Recessions, Occasional Paper 31, National Bureau of Economic Research, Inc., New York 1950.

schienen zu Beginn des Jahres 1929 nicht außerhalb des zu jener Zeit normalen Volumens zu liegen. Aber ein leichter Rückschlag im April könnte ein erstes Symptom für die sich bildende Depression gewesen sein.

Man vermutet jedoch, dass tieferliegende Kräfte am Werk waren. In den 1920er-Jahren wuchsen sowohl die Produktion als auch die Produktivität des einzelnen Arbeiters – von 1919 bis 1929 nahm sie um 43 Prozent[151] zu –, während Löhne, Gehälter und Preise relativ stabil blieben. Da die Kosten fielen, mussten die Gewinne steigen. Diese veranlassten die Wohlhabenden, weiterhin ihr Geld auszugeben und nährten so manche Hoffnung bezüglich des Booms am Aktienmarkt. Außerdem motivierten sie zu neuen Investitionen, deren Niveau im Allgemeinen sehr hoch war. In den Zwanzigerjahren betrug die Zuwachsrate der Produktion von Investitionsgütern 6,4 Prozent jährlich. Kurzlebige Konsumgüter wie Nahrungsmittel und Kleider stiegen nur um 2,8 Prozent[152], und die Zuwachsrate für dauerhafte Konsumgüter wie Autos, Möbel und Wohnimmobilien betrug 5,9 Prozent per annum. Es war daher verständlich, wenn die Investitionen an Kapitalgütern immer mehr zunahmen. Das bedeutet, dass auf diesem Sektor vor allem die Gewinne untergebracht wurden.[153]

Wurden diese Ausgaben einmal unterbrochen, waren Probleme die logische Folge. Das erste Problem lag darin, dass dann auch die Steigerungsquote sank. Der Hersteller konnte nicht erwarten, dass der Verbraucher diesen Verlust durch erhöhten Konsum kompensieren würde. Im Gegenteil: Wenn die Investitionen zurückgingen, dann musste auch die allgemeine Nachfrage sinken. Das hieß: rückläufige Aufträge, geringere Gewinne und weniger Investitionen.

151) H. W. Arndt: The Economic Lessons of the Nineteen-Thirties, London 1944, S. 15.

152) E. M. Hugh-Jones und E. A. Radice: An American Experiment, London 1936), 49. Zitiert in: H. W. Arndt, a.a.O., S. 16.

153) Dies ist weitgehend bekannt. Siehe: Lionel Robbins: The Great Depression, S. 4; Thomas Wilson: Fluctuations in Income, a.a.O., S. 154ff; J. M. Keynes: A Treatise on Money, New York 1930, II, S. 190ff.

Auch diese Theorie kann nicht bewiesen werden, denn leider weiß niemand, wie schnell Investitionen wachsen müssen, um mit den Gewinnsteigerungen Schritt halten zu können.[154] Dennoch stimmt diese Erklärung weitestgehend mit den Tatsachen überein. Hintergrund dieser Entwicklung mag auch die hohe Zinsrate gewesen sein – eine von den vielen Erklärungen, die man hierzu anführen kann. Aber eines dürfte ganz klar sein: Bis in den Herbst 1929 hinein war der allgemeine Wirtschaftsrückgang moderat. Bis zum November, so durfte man argumentieren, habe sich nichts ereignet, was besorgniserregend war. In anderen Phasen, beispielsweise 1924, 1927 und Ende 1949, durchlief die Wirtschaft eine ähnliche Entwicklung, doch setzte sich nur der Rückgang des Jahres 1929 bis zur Krise fort. Das ist das Einmalige der Erfahrung des Jahres 1929, und deshalb muss man es im Gedächtnis verankern.

Analysen

Es ist nun klar, dass – eine berühmte Floskel abwandelnd – festgestellt werden muss, dass die Wirtschaft im Jahr 1929 im Grunde genommen krank war. Diese Erkenntnis ist von größter Bedeutung. Folgende fünf Schwachpunkte gilt es hervorzuheben, die mit dem nachfolgenden Unglück in sehr engem Zusammenhang stehen:

154) Es möge mir erlaubt sein, dieses Thema fachlich etwas weiter auszuführen. Die Unterbrechung könnte auch in einer ungenügenden Wachstumsrate bei den Konsumentenausgaben begründet sein statt im Absinken der größeren Steigerungsrate bei den Kapitalgüterausgaben. Geringer Konsum und geringe Investition sind eine Seite der gleichen Münze. Nachdruck ist auf diese Erklärung gelegt durch die Tatsache, dass Ausgaben für dauerhafte Konsumgüter, wie zum Beispiel Häuser, schon seit Jahren abnehmend waren und einen weiteren wesentlichen Einbruch 1929 erlitten. Wie auch immer, die Funktion der Investition halten wir immer noch für weniger stabil als die Funktion des Konsums, obwohl wir bezüglich der Stabilität in der letzten Zeit weniger sicher sind als zuvor. Im gegenwärtigen Fall scheint es klug zu sein, ausschlaggebende Bedeutung dem Anteil der Ausgaben beizumessen, der die höchste Wachstumsrate beibehalten muss, wenn die Gesamtausgaben nicht unterbrochen werden sollten. Die Notwendigkeit, eine gewisse Wachstumsrate in den Investitionsaufwendungen aufrechtzuerhalten, ist von Thomas Wilson in seinem Buch, das ich so oft zitiert habe und dem Studenten dieser Zeitspanne Dank schulden, nur schwach hervorgehoben.

1. Die schlechte Einkommensverteilung

1929 waren die Reichen ganz besonders reich. Es gibt keine genauen Zahlen, aber es scheint festzustehen, dass mehr als 30 Prozent der privaten Einkommen von fünf Prozent der Bevölkerung erzielt wurden. Die Größenordnung des privaten Einkommens aus Zinsen, Dividenden und Mieten – vereinfacht ausgedrückt, das Einkommen der Wohlhabenden – überstieg die Zahlen nach dem Zweiten Weltkrieg um mehr als das Doppelte.[155] Aufgrund dieser höchst ungleichen Einkommensverteilung war die Wirtschaft von möglichst hohen Investitionen oder von einem möglichst hohen Verbrauch an Luxusgütern oder von beiden Faktoren gleichzeitig abhängig. Die Reichen konnten nicht Unmengen von Brot kaufen, um ihr Geld umzusetzen. Beides, Investitionen und Luxusausgaben, üben auf die Konjunktur einen weitaus stärkeren Einfluss aus und haben eine wesentlich breitere Streuung als die Ausgaben für Brot und Miete eines Arbeiters mit 25 Dollar Wochenlohn. Die Konsumfreudigkeit der oberen Zehntausend war logischerweise besonders anfällig für die niederschmetternden Nachrichten von der Börse Ende Oktober 1929.

2. Die prekäre Struktur der Kapitalgesellschaften

Im November 1929, wenige Wochen nach dem Crash, gab die Harvard-Gesellschaft bekannt, sie befürchte trotz des Einbruchs keine Depression, weil »die meisten Geschäfte in klugem und konservativem Geist getätigt werden«[156]. In Wirklichkeit jedoch öffneten gerade in den 1920er-Jahren viele amerikanische Unternehmungen ihre Direktionsbüros für eine außergewöhnliche Anzahl von ausgebufften Geschäftemachern, Blendern und Schwindlern. In der

155) Selma Goldsmith, George Jaszi, Hyman Kaitz und Maurice Liebenberg: Size Distribution of Income since the Mid-Thirties, The Review of Economics and Statistics, Februar 1954, S. 16 und S. 18.

156) Weekly Letter, 23. November 1929.

langen Geschichte solcher Aktivitäten war dies geradezu eine Flut von unternehmerischer Kriminalität.

Der hauptsächliche Schwachpunkt lag in der unüberschaubaren neuen Struktur der Holdings und Investment-Trusts. Die Holdings kontrollierten große Teile der Versorgungsbranche, die Eisenbahnen und zahlreiche Zweige der Vergnügungsindustrie. Bei den Investmentgesellschaften lag die große Bedrohung darin, dass die Hebelkraft, wie bereits beschrieben, ins Gegenteil umschlagen kann – was dann auch wirklich geschah. Mit ihren Dividenden bezahlten die Produktionsunternehmen die Zinsen für die Schuldscheine der Holding-Gesellschaften. Blieben die Dividenden aus, wurde den Obligationen der Boden entzogen. Die logischen Folgen waren Bankrott und Zusammenbruch. Unter diesen Umständen war die Versuchung groß, die Investitionen zurückzufahren, um die Dividendenzahlung fortsetzen zu können. Das verstärkte zugleich den deflationistischen Druck, der die Erträge belastete und die Wirtschaftsgiganten empfindlich schrumpfen ließ. Wenn dies geschah, war es unvermeidlich, dass die Wirtschaft weiter zurückging. Die Unternehmenseinkommen waren in den Finanzplänen nur noch für die Schuldenrückzahlung bestimmt. Geld für Neuinvestitionen aufzunehmen war fast nicht mehr möglich. Kaum ein Wirtschaftssystem wäre besser geeignet gewesen, eine Deflationsspirale in Gang zu halten, ja, sie noch zu beschleunigen.

3. Die Labilität des Bankenwesens

Seit den frühen 1930er-Jahren wurde einer ganzen Generation von Amerikanern von den Praktiken der Banken in den ausgehenden 1920er-Jahren erzählt – zuweilen mit einer gewissen Erheiterung, manchmal mit Entrüstung, zum Teil auch voller Wut. Bei Licht besehen waren einige dieser Praktiken allerdings nur unter dem Aspekt der Depression wirtschaftlich bedenklich. So wurden beispielsweise Darlehen, an denen unter normalen Umständen nichts auszusetzen war, vollkommen sinnlos, weil in der Branche des Kreditnehmers die Preise oder der ganze Markt für seine Erzeugnisse zusammengebrochen oder die Sicherheiten, die er gegeben hatte, wertlos geworden waren. Gerade den Bankiers, die sich noch am meisten verantwortlich fühlten und sahen, dass ihre Schuldner Opfer der widrigen Umstände geworden waren und deshalb zu helfen versuchten, wurde oft am schlimmsten mitgespielt. Die Bankiers trugen sicherlich genau wie jeder andere zu der euphorischen, optimistischen und oft unmoralischen Einstellung bei, aber sie waren dabei auch nicht schlimmer als die anderen Unternehmer. Würde sich die Depression von 1929 bis 1932 wiederholen, so würden sie auch unter den heutigen Bankern mit makellosem Ruf Schaden anrichten.

Doch obwohl die Banker im Jahr 1929 nicht besonders kurzsichtig waren, war die Struktur des Bankwesens doch von alters her schwach. Das lag an der großen Anzahl selbstständiger Institute. Brach eine Bank zusammen, dann wurden die Kapitalanlagen anderer Banken eingefroren. Die Kunden vieler Banken nahmen diesen Zusammenbruch als Warnung und zogen ihre Einlagen ab. Auf diese Weise zog der eine Zusammenbruch andere nach sich. Selbst in den besten Zeiten kann ein lokales Unglück oder ein Einzelfall von schlechter Unternehmensführung eine solche Kettenreaktion auslösen. (In den ersten sechs Monaten des Jahres 1926 brachen in den verschiedenen Teilen des Landes 346 Banken mit einer Gesamteinlagesumme von 115 Millionen zusammen.[157]) Wenn infolge einer Depression die Einkommen zurückgingen, die Beschäftigungslage schlechter wurde und die Sachwerte einbrachen, dann konnten sich die Bankinsolvenzen epidemieartig ausbreiten.

Genau dies war nach 1929 der Fall. Auch hier mussten die Begleitumstände die Furcht geradezu ins Uferlose wachsen lassen. Der Schwache ruinierte nicht nur den Schwachen, sondern er schwächte auch den Starken. Überall begegnete den Menschen, ob reich oder

157) Zusammengestellt aus dem Federal Reserve Bulletin, monatliche Ausgabe, 1929.

arm, das Unheil in Gestalt der simplen Erkenntnis, dass ihre Ersparnisse vernichtet worden waren. Es muss wohl nicht besonders betont werden, dass ein solches Bankensystem, das bereits in den letzten Zügen war, die Ausgabefreudigkeit der Geldeinleger zerstörte und die Kapitalanlagen ihrer Kunden extrem beeinträchtigte.

4. Der desolate Zustand der Außenhandelsbilanz

Die folgende Geschichte ist bekannt: Im Ersten Weltkrieg wurden die Vereinigten Staaten zum größten Gläubiger auf den internationalen Finanzmärkten. In dem folgenden Jahrzehnt Bestand der Handelsüberschuss der Exporte gegenüber den Importen weiter fort, der einst die Zinsen und Kapitalrückzahlungen für Darlehen aus Europa gespeist hatte. Die hohen Zölle, die die Einfuhren verteuerten und so dazu beitrugen, dass sich ein Exportüberschuss bildete, blieben erhalten. Jedoch auch historisch bedingte Faktoren und traditionelle Handelsgewohnheiten trugen ihren Teil zur Aufrechterhaltung einer so genannten »günstigen« Handelsbilanz bei.

Früher wurden die Zinszahlungen und die Kapitalrückzahlungen von der Handelsbilanz abgezogen. Jetzt aber, da die Vereinigten Staaten eine Gläubigernation geworden waren, schlugen sie natürlich auf der anderen Seite der Bilanz zu Buche. Doch die Überschussseite war nicht übermäßig groß. Nur in einem einzigen Jahr, nämlich 1928, überstiegen die Exporte die Importe um eine Milliarde Dollar. 1923 und 1926 betrug der Exportüberschuss nur 375 Millionen[158]. Doch ob der Saldo nun groß oder klein war, er musste abgedeckt werden. Andere Länder, die mehr im- als exportierten und darüber hinaus noch Schulden zurückzahlen mussten, suchten Mittel und Wege, um ihr Defizit mit den Vereinigten Staaten auszugleichen.

Während des größten Teils der Zwanzigerjahre wurde die Differenz durch Goldlieferungen an die USA und durch neue private

158) U.S. Department of Commerce, Bureau of Foreign and Domestic Commerce, Statistical Abstract of the United States, 1942.

Darlehen aus den USA an andere Länder jeweils in bar ausgeglichen. Die meisten Darlehen gingen an Regierungen, an nationale, bundesstaatliche oder kommunale Körperschaften und zu einem großen Teil nach Deutschland sowie nach Mittel- und Südamerika. Die Gewinnspannen der Emissionsbanken für die Abwicklung dieser Darlehen waren hoch, das Publikum nahm diese Anleihen mit Begeisterung auf, der Wettbewerb in diesem Geschäft war hart.

Wenn Korruption und Schmieren als Mittel des Wettbewerbs erforderlich erschienen, wurden auch diese Mittel eingesetzt. Gegen Ende 1927 erhielt Juan Leguia, der Sohn des Präsidenten von Peru, 450 000 Dollar, bezahlt von J. u. W. Seligman and Company und der National City Company (der Wertpapier-Tochtergesellschaft der National City Bank), für seine Dienste im Zusammenhang mit einer 50-Millionen-Dollar-Anleihe, die die genannten Häuser für Peru emittiert hatten.[159] Wie sich später herausstellte, waren die Dienste dieses Herrn eher negativer Natur: Er wurde dafür bezahlt, dass er das Geschäft nicht blockiert hatte.

Die Chase Bank räumte dem kubanischen Präsidenten Machado, einem Diktator mit einer ausgesprochenen Neigung für politische Morde, einen großzügigen persönlichen Kreditrahmen ein, der einmal sogar die Summe von 200 000 Dollar erreichte.[160] Machados Schwiegersohn erhielt eine Anstellung bei der Chase. Die Bank machte in dieser Zeit große Geschäfte mit kubanischen Schuldverschreibungen. Was diese Darlehen betrifft, so bestand die Neigung, schnell über etwas hinwegzusehen, was in irgendeiner Weise den Interessen des Geldgebers abträglich gewesen wäre. Victor Schoepperle, einer der Vizepräsidenten der National City Company, in dessen Zuständigkeitsbereich die Darlehen nach Südamerika fielen, erstellte folgendes Kreditgutachten bezüglich Peru als Kreditnehmer: »Peru: Schlechte Erfahrungen mit Krediten, hohes moralisches

159) Stock Exchange Practices, Bericht, 1934, S. 220f.
160) Ebenda, S. 215

und politisches Risiko, schlechte internationale Verschuldungslage. Die Außenhandelssituation ist jedoch ungefähr so zufriedenstellend wie jene von Chile in den vergangenen drei Jahren. Bodenschätze unterschiedlicher Qualität. Bei der wirtschaftlichen Entwicklung wird wohl Peru in den nächsten zehn Jahren rasch Fortschritte machen.«[161]

Auf der Grundlage solcher Auskünfte lancierte die National City Company ein Darlehen von 15 Millionen Dollar für Peru; wenige Monate später folgten eine Anleihe über 50 Millionen Dollar und etwa zehn Monate später eine Emission über rund 25 Millionen Dollar. Peru erwies sich als ein höchst nachteiliges politisches Risiko.Präsident Leguia, der die Darlehen aufgenommen hatte, musste aus dem Amt scheiden, und die Darlehen wurden restlos abgeschrieben.

Diese Finanzoperationen waren ein Teil der neuen Ära, ebenso wie Shenandoah und Blue Ridge. Sie waren auch genauso labil. Kaum war die Illusion der neuen Ära zerplatzt, waren sie schlagartig zu Ende. Dies machte es erforderlich, die Außenhandelspositionen der Vereinigten Staaten einer grundlegenden Prüfung zu unterziehen. Das Ausland konnte die Passivsalden gegenüber den Vereinigten Staaten nicht mehr oder nicht mehr lange mit erhöhten Goldüberweisungen bezahlen. Das hieß, es musste entweder seine Exporte in die Vereinigten Staaten ausweiten oder seine Importe aus den USA zurückfahren oder alternativ mit seinen Darlehensverbindlichkeiten in Verzug geraten. Präsident Hoover und der Kongress handelten rasch, um die erste Möglichkeit auszuschalten – dass also die Außenhandelsüberschüsse durch Importsteigerungen ausgeglichen würden –, indem sie die Zölle massiv anhoben. Diese Maßnahme führte dazu, dass die Auslandsschulden einschließlich der Kriegsschulden und der Reparationszahlungen notleidend wurden und die amerikanischen Exporte zurückgingen. Dieser Rück-

161) Stock Exchange Practices, Anhörungsverfahren, Februar–März 1933, Teil 6, S. 2091ff.

gang war im Vergleich zur gesamten amerikanischen Industrieerzeugung nicht außergewöhnlich hoch, doch er trug zum allgemeinen Elend bei und betraf die Farmer besonders hart.

5. Der schlechte Zustand der Ökonomie

Es ist wohl unfair, die Menschen einer bestimmten Epoche für besonders borniert zu halten. Zudem würde dies einen Präzedenzfall schaffen, den die Angehörigen der jetzigen Generation möglicherweise bedauern könnten. Trotzdem: es scheint sicher, dass die Ökonomen, die sich Ende der Zwanzigerjahre und Anfang der Dreißigerjahre als Wirtschaftsberater anboten, von einer geradezu einmaligen Verderbtheit waren. In den Monaten und Jahren, die auf den Börsencrash folgten, konzentrierte sich die seriöse Wirtschaftsberatung unverändert auf Maßnahmen, die die Situation nur noch verschlechterten. Im November 1929 gab Hoover eine Steuersenkung bekannt. In den großen Konferenzen, die darauf folgten, forderte er die Wirtschaft auf, die Kapitalinvestitionen und die Löhne auf dem gleichen Niveau zu halten. Beide Maßnahmen unterstützten zwar wirtschaftspolitisch die Erhöhung des verfügbaren Einkommens, doch leider blieben sie wirkungslos. Die Steuerermäßigungen waren, außer für die höheren Einkommensschichten, nicht der Rede wert. Die Unternehmer dagegen, die versprochen hatten, die Investitionsquote und die Lohnhöhe auf gleichem Niveau zu halten, hielten, übereinstimmend mit einem durchaus verständlichen Brauch, dieses Versprechen nur so lange für bindend, wie es finanziell nicht von Nachteil war.

Zunächst liefen die Anstrengungen in die richtige Richtung. Danach jedoch wurde durch die Wirtschaftspolitik fast immer die Situation verschlimmert. Auf die Frage, wie die Regierung am besten die wirtschaftliche Erholung fördern könne, musste ein vernünftiger und verantwortungsvoller Berater dringend empfehlen, den Staatshaushalt auszugleichen. Beide politische Parteien waren sich dahingehend einig. Für die Republikaner war ein ausgeglichener

Staatshaushalt seit eh und je oberste Maxime. Aber die Demokratische Partei forderte dies mit einer Schärfe, die für Politiker nicht gerade typisch ist und auch überflüssig für »einen Bundeshaushalt, der jedes Jahr auf der Grundlage genauer Regierungsschätzungen im Rahmen der Steuererträge ausgeglichen sein muss«.

Die Verpflichtung zu einem ausgeglichenen Haushalt ist immer allumfassend. Damals bedeutete dies: Bei der verstärkten Anstrengung die Kaufkraft zu erhöhen und die Not zu mildern, durften sich die Ausgaben der Regierung nicht erhöhen, und es konnte keine weiteren Steuersenkungen geben. Und bei buchstabengetreuer Auslegung bedeutete es noch viel mehr: Von 1930 an war der Staatshaushalt weit davon entfernt, ausgeglichen zu sein. Dies zu erreichen hieß daher: Steuererhöhung, Ausgabensenkung oder beides. Der Parteitag der Demokraten 1932 verlangte eine »sofortige und drastische Reduzierung der Staatsausgaben«. Ziel war eine Senkung der Staatskosten um mindestens 25 Prozent.

Der Ausgleich des Haushalts

Der ausgeglichene Haushalt war damals noch keine Glaubensfrage, sondern eher eine Formel. Jahrhundertelang hatte die Scheu, Schulden zu machen, die Leute vor schlampiger öffentlicher Haushaltsführung bewahrt. Aber die überaus saloppen und rücksichtslosen Wächter der öffentlichen Kassen hatten sich häufig komplizierte Argumente einfallen lassen, mit denen sie begründeten, warum das Gleichgewicht zwischen Einnahmen und Ausgaben keineswegs ein Zeichen von ökonomischer Tugend sei. Die Erfahrung hatte gezeigt: So bequem dieser Glaube kurzfristig erscheinen mochte, auf längerer Sicht folgten unweigerlich Elend und Katastrophen. Diese primitiven Vorschriften einer naiven Welt galten jedoch nicht mehr in der komplexen Welt der frühen Dreißigerjahre.

Vor allem die Massenarbeitslosigkeit hatte die Regeln verändert. Die Ereignisse spielten den Menschen böse mit, aber fast niemand machte den Versuch, das Problem von der Wurzel her anzugehen.

Ein ausgeglichener Staatshaushalt war nicht die einzige Zwangsjacke der Wirtschaftspolitik. Hinzu kam die ketzerische Idee, den Goldstandard aufzugeben und – überraschend genug – die Inflation zu riskieren. Bis zum Jahr 1932 hatten die Vereinigten Staaten ihre Goldreserven enorm ausgebaut, und statt einer Inflation hatte das Land die schlimmste Deflation seiner Geschichte erlebt. Doch jeder vernünftige Berater sah hierin eine Gefahr, insbesondere plötzlich einen ungebremsten Preisanstieg. Schon einmal – wenn auch in weit zurückliegenden Zeiten – waren die Amerikaner geneigt gewesen, mit ihrem Geldbeutel zu klimpern und die kurzen, aber von Nachwehen geprägten Freuden eines Preisaufschwungs zu genießen. 1931 und 1932 war die Gefahr eines solchen Booms gleich null, er kam nicht einmal als Möglichkeit in Betracht. Die Wirtschaftsexperten analysierten jedoch nicht die Gegebenheiten, sie dienten lediglich als Hüter schlechter Erinnerungen.

Die Inflationsangst verstärkte die Forderung nach einem ausgeglichenen Budget. Sie dämpfte auch die Bemühungen, die Zinssätze zu senken, die Kreditversorgung zu verbessern und die Geldaufnahme, den Umständen entsprechend, so einfach wie möglich zu machen. Die Abwertung des Dollars wurde unterbunden – ein schroffer Widerspruch zu den Regeln des Goldstandards. In einer Depression ist die Geldpolitik zumindest ein schwaches Schilfrohr, an das man sich klammern kann. Doch die wirtschaftlichen Denkmuster erlaubten nicht einmal den Einsatz dieser schwachen Waffe. Auch diese Einstellung war parteiübergreifend. Selbst Roosevelt, ein sonst sehr aufgeschlossener Mann, war ängstlich bemüht, seine Gefolgschaft nicht vor den Kopf zu stoßen. In einer Rede gegen Ende des Wahlkampfes 1932 sagte er:

»Die Richtlinien der Demokratischen Partei erklären insbesondere, dass wir eine gesunde Währung und ihren Schutz gegen alle

Gefahren befürworten. Diese Sprache ist klar genug. Als ich am 30. Juli über diese Richtlinien sprach, sagte ich, dass gesundes Geld eine internationale Notwendigkeit ist, nicht eine interne Überlegung für eine Nation allein. Weit droben im Nordwesten, in Butte, wies ich ebenfalls auf diese Verpflichtung hin, und auch in Seattle bekräftigte ich meine Haltung.«[162]

Im darauf folgenden Februar legte Hoover seine Auffassung, wie schon häufig zuvor, in einem Brief an den gewählten Präsidentschaftskandidaten dar: »Es würde das Land enorm stärken, wenn versichert würde, dass es keine Inflation geben wird und dass der Staatshaushalt ausgeglichen sein wird, selbst wenn weitere Steuererhöhungen erforderlich werden sollten. Ferner, dass die Kreditfähigkeit der Regierung gewahrt bleibt, indem die Regierung sich weigert, diese Kreditfähigkeit durch die Ausgabe von Schuldverschreibungen zu gefährden.«

Sowohl die aktive Fiskalpolitik – Besteuerung und Staatsausgaben – als auch eine vernünftige Geldpolitik zu unterlassen war das Gleiche, wie jegliche konstruktive Wirtschaftspolitik abzulehnen. Die Wirtschaftsexperten jener Tage besaßen genügend Einmütigkeit und Autorität, um die Führer beider Parteien zu veranlassen, alles, was Deflation und Depression hätte bekämpfen können, zu vermeiden – auf ihre Art eine bemerkenswerte Leistung, ein Triumph der Schulweisheit über die Praxis. Die Folgen waren verheerend.

162) Lawrence Sullivan: Prelude to Panic, Washington: Statesman Press 1936, S. 20.

Niemals resignieren!

Die Rolle des 1930er-Crashs muss man vor dem Hintergrund der geschilderten Schwächen der Wirtschaft sehen. Der Kurseinbruch traf in erster Linie die Wohlhabenden und Besserverdienenden. Diese bildeten aber in der Welt von 1929 eine lebenswichtige Gruppe. Ihre Mitglieder verfügten über einen großen Teil des kaufkräftigen Einkommens, und von ihnen stammte der Löwenanteil bei den privaten Ersparnissen und den privaten Geldanlagen. Alles, was die Ausgabenkapazität oder die Geldanlagemöglichkeit dieser Gruppe beschnitt, wirkte sich zwangsläufig auf die Ausgaben und das Einkommen der Wirtschaft aus. Für sie war der Crash ein schwerer Schlag. Zusätzlich raubte er der Wirtschaft die Unterstützung, die sie bis dahin durch den Konsum der Börsengewinne erfahren hatte.

Hinzu kam, dass der Crash jede Schwäche in der Wirtschaftsstruktur destruktiv nutzte. Die Unternehmen, die am Ende der Holding-Kette agierten, wurden vom Markt gefegt. Ihr Zusammenbruch und auch der Untergang der Investment-Trusts zerstörten die Fähigkeit, Geld zu borgen und auch das Bedürfnis, Geld für Anlagezwecke auszuleihen. Was zunächst als ein reiner Vertrauensschaden erschien, schlug sich in nachlassenden Auftragseingängen und steigenden Arbeitslosenzahlen nieder. Der Crash machte auch mit dem Geldverleihen an das Ausland Schluss, durch das bisher die Zahlungsbilanz ausgeglichen worden war. Nun musste man die Salden hauptsächlich dadurch ausgleichen, dass man die Exporte drosselte.

Dies brachte umgehend die Exportmärkte für Weizen, Baumwolle und Tabak unter Druck. Möglicherweise verzögerten die Auslandsanleihen den Ausgleich der Handelsbilanz, der eines Tages hätte eintreten müssen. Der Zusammenbruch der Börse führte diesen Ausgleich zu überstürzt und zu einem höchst ungünstigen Zeitpunkt herbei. Die Farmer, die das Problem auf die Börse zurückführten, lagen mit ihrer Vermutung nicht ganz falsch.

Als das Unglück eingetreten war, resignierten viele Leute. Das war die wohl schlimmste unmittelbare Konsequenz. In den Jahren 1930, 1931 und 1932 litten viele Menschen Hunger. Andere quälte die Angst, bald das gleiche Schicksal erleiden zu müssen. Einige wiederum peinigte die Schmach, durch ihren Abstieg in die Armut Ehre und Ansehen verloren zu haben, und viele Weitere fürchteten, die Nächsten zu sein. Jeder war von Hoffnungslosigkeit geplagt. Es sah so aus, als ob nichts unternommen werden konnte. Und auch mit den Ideen, die aus der Politik kamen, war nichts anzufangen.

Wäre die Wirtschaft 1929 gesund gewesen, dann hätte der Crash möglicherweise nur geringe Schäden angerichtet. Das Vertrauen und die Kaufkraft der Betroffenen wären bald wiederhergestellt gewesen. Aber in diesem Jahr war die Wirtschaft eben nicht gesund, sondern im Gegenteil sehr anfällig. Der Schlag, den sie von der Wall Street verpasst bekam, traf sie empfindlich. Wenn ein Gewächshaus unter einem Hagelsturm zusammenbricht, so fällt in der Regel dem Sturm die aktive Rolle zu. Ähnlich muss auch der Taifun bewertet werden, der im Oktober 1929 aus Manhattan blies.

1929 nicht vergessen!

Wenn ein Militärhistoriker seine Chronik niedergeschrieben hat, ist er entlastet. Man verlangt von ihm nicht, die Chancen eines möglichen neuen Krieges mit den Indianern, den Mexikanern oder den Konföderierten zu beschreiben. Auch wird man von ihm keine Erklärung fordern, wie dieser Krieg verhütet werden könnte. Der Wirtschaftshistoriker wird jedoch stets danach gefragt, ob sich das Unglück, über das er schreibt, wiederholen könne und wie das zu verhindern sei.

Aufgabe dieses Buches ist, die Ereignisse des Jahres 1929 wiederzugeben, nicht aber festzustellen, ob oder wann sich die Katastrophe von 1929 wiederholen könnte. Eine der wichtigsten Lehren aus diesem Jahr lautet: Jene Menschen, die glauben, die Zukunft stehe ihnen offen, trifft häufig ein ganz besonderes und persönliches Unglück. Trotzdem wollen wir bei der Betrachtung dieser lehrreichen Jahre einige Ausblicke auf die Zukunft gewinnen. Dabei unterscheiden wir zwischen Ereignissen, die wieder passieren könnten, und solchen, deren Eintritt durch die Nachwirkungen von 1929 unwahrscheinlich geworden sind. Außerdem können wir eventuell ein wenig die Gestalt und Größe der verbleibenden Risiken erkennen.

Auf den ersten Blick würde eine neue Spekulationsblase an der Börse mit ihrem unvermeidlichen Zusammenbruch die am wenigsten wahrscheinliche Variante sein. Die Erinnerung an jenen Herbst ist zwar verblasst, aber noch nicht gelöscht. Als sich das Unglück seinem Ende näherte, schüttelten Zehntausende von Amerikanern ihren Kopf und murmelten: »Nie wieder!«

In jeder größeren Stadt gibt es noch einige Überlebende aus dieser Zeit, die, gealtert aber immer noch geläutert, weiterhin warnend murmeln und den Kopf schütteln.

Außerdem gibt es nunmehr Regierungsmaßnahmen und wirksame Kontrollen. Die Machtbefugnisse des Federal Reserve Boards – jetzt das Board of Governors und das Federal-Reserve-System – wurden, was die einzelnen Reserve-Banken und deren Zweigbanken betrifft, ausgeweitet. Mitchells herausfordernder Alleingang vom März 1929 wäre heute undenkbar. Was damals die Demonstration eines arroganten, aber immer noch verständlichen Individualismus war, würde heutzutage als dumm angesehen. Zwar ist die New York Federal Reserve Bank autonom und eine moralische Instanz, aber dies reicht nicht aus, um einer starken Politik aus Washington zu widerstehen. Auch hier gibt es also eine Macht, die Grenzen ziehen kann. Falls erforderlich, kann der Spekulant gezwungen werden, den vollen Preis für die Papiere, die er kauft, zu hinterlegen. Auch falls ihn das nicht ganz entmutigen sollte, so kann bei Kursrückgängen wenigstens keine neue Welle von Fixgeschäften entstehen, die weitere Verkäufe auslöst und zum totalen Crash führt.

Eine weitere, wie man hofft, wirksame Barriere gegen groß angelegte Börsenmanipulationen ist die Securities and Exchange Commission (SEC). Sie hält die Kunstgriffe und die Verkaufstricks, durch die neue Spekulanten gewonnen werden, in Zaum. Dennoch ist die Möglichkeit der Wiederkehr einer Spekulationsorgie noch präsent. Die Amerikaner bleiben zweifellos weiterhin empfänglich für die Spekulation, denn sie sind weiter überzeugt, dass Unternehmungslust von unbegrenzten Gewinnen begleitet sein kann.

Kurssteigerungen können immer noch Reichtum bringen. Diese Entwicklung wird mehr und mehr Menschen anziehen, die daran teilhaben wollen. Die Vorbeugungsmaßnahmen und Kontrollen der Regierung sind zwar installiert; in den Händen einer entschlossenen Regierung entfalten sie sicherlich ihre Wirkung. Doch gibt es Hunderte von Gründen, warum eine Regierung sie nicht anwendet. In unserer Demokratie steht immer eine Wahl vor der Tür – selbst am Tag nach einer Wahl. Für einen Politiker lauten die wichtigsten Maximen: Depressionen vermeiden und Arbeitslosigkeit verhindern. Maßnahmen, eine Spekulationsblase zum Platzen zu bringen, müssen immer gegen das Risiko abgewogen werden, dadurch in einem politisch ungünstigen Augenblick Arbeitslosigkeit zu verursachen. Einen Boom kann man nicht aufhalten, bevor er nicht begonnen hat. Ist er aber vorhanden, so könnten die erschrockenen Beamten des Federal Reserve Boards wieder vor der gleichen Frage stehen wie 1929: Sollen sie sich für einen sofortigen Tod entscheiden oder für einen späteren?

Ohne gewisse zeitgemäße Anlässe wird sich der Aktienmarkt nicht auf eine neue wilde Spekulation einlassen. Aber beim nächsten Boom wird man betonen, dass die Leute berechtigt sind, die aktuellen Preise – wirklich jeden Preis – zu zahlen, weil das System des freien Marktes gewahrt werden müsse. Unter den Ersten, die diese Grundsätze akzeptieren, werden auch einige von denen sein, die früher Kontrollen forderten. Verschiedene Medien werden dem zustimmen und jene scharf verurteilen, die ein Eingreifen für richtig halten. Sie werden ihnen vorwerfen, dass sie zu wenig Vertrauen haben.[163]

Noch einmal ein Schwarzer Freitag?

Käme es irgendwann in der Zukunft wieder einmal zu einer Börsenspekulation samt anschließendem Crash, dann hätte dies auf die Wirtschaft freilich nicht die gleiche Wirkung wie im Jahr 1929. Ob sich die Wirtschaft dabei als gesund oder als ungesund erweist, wird sich leider erst nach dem Zusammenbruch zeigen.

Es besteht kein Zweifel: Viele Schwachstellen, die 1929 und später auftraten, wurden mittlerweile ausgemerzt. Die Verteilung der Einkommen ist nicht mehr so kopflastig wie damals. Die fünf Prozent der wohlhabendsten Bevölkerungsschicht vereinten 1948 nur noch ein Fünftel des privaten Gesamteinkommens auf sich und nicht mehr ein komplettes Drittel wie 1929. Von 1929 bis 1950 haben alle normal verdienenden Familien in den USA, deren Einkommen aus Löhnen und Gehältern, Pensionen und Renten sowie Arbeitslosenversicherung resultiert, ihren Anteil am Gesamtvolumen von 61 auf 71 Prozent erhöht. Das Einkommen der Reichen, aus Dividenden sowie Miet-, Pacht- und Zinseinnahmen, stieg ebenfalls. Gemessen an den Einnahmen aller Familien sank ihr Anteil jedoch von 22 auf 12 Prozent.[164]

Auch Allmacht und Gestaltungsreichtum der Investment-Trusts wurden seit 1929 stark beschnitten. Ihre Struktur wurde solider und schärfer abgegrenzt. Mit Hilfe der Banken-Kontrollgesetze trug die-

163) 1969, bei meiner Warnung vor der damals vorliegenden Spekulation, gelang es mir, dieses Beiwort in abgeschwächter Form anzuziehen.

164) Daten entnommen aus: Goldsmith u. a.: Size of Distribution of Income, S. 16 und S. 18.

Börsenaufsicht SEC die riesigen Pyramiden der großen Dachgesellschaften ab. Auch wenn der Trend der Fusionen und Übernahmen weiter anhält, wird sich eine Mammutkonstruktion, wie sie der »napoleonische« Kreuger aufbaute, kaum wiederholen. Auch die professionellen, kaltschnäuzigen Börsianer vom Typ Hopson oder Insull finden heute nicht mehr die reichen Fischgründe von damals vor. Im Übrigen hat das neue Gesetz zur Sicherung der Bankeinlagen noch nicht die Beachtung gefunden, die ihm gebührt. Denn dieses Gesetz wird jener Angst Einhalt bieten, die 1929 schließlich zur Panik und zu Kurzschlusshandlungen führte. Der Defekt des alten Systems, wonach ein Fehler den nächsten nach sich zog, wurde auf diese Weise behoben.

Das Problem der Außenhandelsbilanz hat sich in den letzten 25 Jahren stark verändert. Jetzt besteht in den USA die Tendenz mehr zu kaufen und auszugeben, als verkauft und eingenommen wird. Heute wird das Zahlungsbilanzdefizit von militärischer Hilfe, internationalen Bankanleihen und Subventionen getragen. Anders als die damaligen Anleihen an die lateinamerikanischen Republiken und die deutsche Regierung sind diese Zahlungen heute verhältnismäßig gut gegen Erschütterungen gefeit. Ein Crash würde sie nur wenig berühren – wenn überhaupt.

Schließlich lässt sich auch ein bescheidener Fortschritt innerhalb der Wirtschaftswissenschaften feststellen. Einer Depression würde man heute nicht mehr mit der sturen Entschlossenheit begegnen, sie noch schlimmer zu machen. Zwar würden im Weißen Haus zweifellos wieder unproduktive Konferenzen abgehalten, und so mancher würde dann wieder Abwarten und Hoffen als die beste Politik anpreisen. Auf keinen Fall würde als beste Politik angesehen, was Staatssekretär Mellon unglücklich so formulierte: »die Arbeit liquidieren, die Vorräte liquidieren, die Landwirtschaft liquidieren, den Grundbesitz liquidieren«.[165] Die Entschlossenheit, einer ernstlichen

165) Zitiert aus: Herbert Hoover: Memoirs, S. 30.

Depression sicher und angemessen zu begegnen, bedarf noch ihrer Feuertaufe. Aber es ist ein beträchtlicher Unterschied, ob es einem misslingt, ausreichend Richtiges zu tun, oder ob man entschlossen ist, alles falsch zu machen.

Auch andere Schwächen der Wirtschaft wurden beseitigt. Das viel kritisierte Farm-Programm gibt den Bauern mehr Sicherheit. Eine Arbeitslosenversicherung erreicht das Gleiche – wenn auch noch unvollständig – für die Arbeiter. Der Rest des sozialen Sicherungssystems der USA, bestehend aus Pensionen und öffentlicher Unterstützung, hilft die Einkommen zu schützen und sichert so die Kaufkraft breiter Bevölkerungsschichten. Das Steuersystem von heute dient der Stabilität mehr als das von 1929. Der liebe Gott mag in einem Anfall von Ärger den Kapitalismus mit seinen angeborenen Widersprüchen geschaffen haben. Aber er war so gütig, nachträglich die Sozialreform mit den verbesserten Strukturen dieses Systems in Einklang zu bringen.

Schlussbetrachtung

Trotz aller dieser Sicherungen wäre es vermutlich sehr riskant, die Wirtschaft dem Schock eines neuen Zusammenbruchs auszusetzen. Selbst die neuen Sicherungen könnten durchbrennen. Statt Investment-Trusts haben wir heute die »Mutual Funds«, und hier würde eine starke Konzentrationsbewegung stattfinden. Auch könnten sich Risse an anderen – und vielleicht ganz unerwarteten – Stellen des Wirtschaftsgebäudes zeigen. Es könnte sogar von Nachteil sein, die sofortige Wiederanlage von Börsengewinnen allzu rasch zu stoppen. Jeder Zusammenbruch, und mag er auch nur kleine Auswirkungen haben, würde den Ruf der Wall Street beschädigen

In jüngster Zeit hat sich die Wall Street sehr der Allgemeinheit geöffnet. Da ein Crash nur auf eine Hausse folgen kann, ist anzunehmen, dass die Wall Street von sich aus jedes Wiederaufleben der Spekulation unterbindet. Die Federal Reserve würde von den Bankiers und Maklern aufgefordert werden, die schärfsten Grenzen zu ziehen. Man würde massive Maßnahmen gegen jene ergreifen, die versuchten, ihre eigenen Papiere zu beleihen, um weitere zu kaufen. Die Öffentlichkeit würde wiederholt eindringlich gewarnt werden, Papiere zu erstehen, deren Kurse steigen. Die Verantwortlichen hätten sich im Fall eines Zusammenbruchs damit auch gut abgesichert, soweit das möglich ist.

All dies könnte man erwarten – theoretisch. In der Praxis wird es aber nicht eintreten. Nicht, weil der Selbsterhaltungstrieb der Wall Street zu wenig entwickelt ist– im Gegenteil, er ist ganz normal, vielleicht übernormal. Aber heute, wie im ganzen Verlauf der Geschichte, stehen finanzielle Potenz und politischer Weitblick im umgekehrten Verhältnis zueinander. Langfristige Maßnahmen durch die Wirtschaftspolitiker kamen nie gut an, wenn sie eine Störung des täglichen Lebens und Unannehmlichkeiten in der Gegenwart bedeuten. So plädiert man lieber für Untätigkeit in der Gegenwart, selbst wenn dies für die Zukunft böse Auswirkungen hat. Hier liegt, ebenso wie beim Kommunismus, die Gefahr für den Kapitalismus. Diese Gewohnheit ist der Grund, warum viele Menschen behaupten, die Dinge seien völlig in Ordnung, obwohl sie genau wissen, dass sie es nicht sind.

Register

– O –

– P –

– R –

– S –